Michael Martin / 30 Jahre Abenteuer

Für meine Eltern / Für meine Kinder Gina und David

Michael Martin /
30 Jahre Abenteuer

Fotografie und Text / Michael Martin
Typografie und Gestaltung / Yvonne Meyer-Lohr

FREDERKING & THALER

→→ Inhalt

6 / Vorwort

8 / Auf zwei Rädern zu den Sternen / 1978 - 1981
    Mit dem Fahrrad in die Alpen / Auf dem Mofa nach Marokko

26 / Ohne TÜV durch ein Meer aus Sand / 1981 - 1987
    Mit dem Opel ins Hoggar / Im VW-Bus in den Kongo /
    Im Peugeot nach Westafrika

62 / Sahara, Sahel, 4x4 / 1987 - 1991
    Vom Nil zum Niger / Ténéré

84 / Mit dem Motorrad durch Afrika / 1991 - 1999
    Transafrika / Zu den Quellen des Nil / Durch die Wüsten Afrikas

126 / Durch die Wüsten der Erde / 2000 - 2004
    Die Wüsten Asiens / Die Wüsten Australiens /
    Die Wüsten Amerikas / Die Wüsten Afrikas

172 / Unterwegs in Hitze und Kälte / 2008 - 2009
    Unter dem Kreuz des Südens / Wiedersehen mit Mali /
    Salzseen, Vulkane und das Meer / Island - Aufbruch ins Eis

208 / Specials
210 / Blende 16
222 / Sand im Getriebe
236 / Wüstenlatein
242 / Vollpension
250 / Wo gehts nach Timbuktu?
256 / Räuber und Gendarm
264 / Papier ist geduldig
270 / Traumberuf Abenteurer?
276 / Backstage

286 / Dank

Vorwort /

Seit nunmehr 30 Jahren prägen Unterwegssein und Fotografieren mein Leben. Mehr als 100 Reisen haben mich erst durch Afrika, dann durch die ganze Welt geführt. Das Faszinierendste waren für mich immer die Wüsten – daran hat sich seit jenem Septembertag 1981, als ich, noch Schüler, mit dem Mofa bis zum Nordrand der Sahara fuhr und auf die Sanddünen der größten Wüste der Welt blickte, nichts geändert.

Von den Erlebnissen und Erfahrungen rund um meine Reisen handelt dieses Buch. Der erste Teil stellt einzelne Touren in den Mittelpunkt, im zweiten greife ich acht Themen auf, die Einblicke in mein Leben als Reisender, Fotograf und Diareferent geben.

30 Jahre Abenteuer – das sind nicht nur viele Geschichten, sondern auch mehr als 200.000 Dias. Für dieses Buch habe ich aus meinem Fotoarchiv hauptsächlich Bilder ausgewählt, die noch nie veröffentlicht wurden. Nach wie vor ist die Fotografie für mich das Medium, das meine Reisen am besten dokumentiert. Die Kamera war stets mein Reisetagebuch, häufig auch meine Eintrittskarte in eine andere Welt, denn nicht selten ergab sich aus der Fotosituation eine Begegnung mit Einheimischen, die mich bereichert hat.

Die Zeitspanne von 30 Jahren legt die Frage nahe, welche Veränderungen ich beobachtet habe. In den Wüsten sind Straßen gebaut und Gebiete für den Tourismus erschlossen worden, alte Oasenstädte verfielen und Metropolen wie Dubai entstanden neu – das Landschaftsbild ist aber weitgehend gleich geblieben. Nach wie vor gibt es gewaltige, bis heute völlig unberührte Gebiete. Was sich am meisten verändert hat, sind die Lebensverhältnisse der Menschen. Neben Nomadenzelten stehen heute Satellitenschüsseln, das Kamel wurde durch Mopeds und Toyotas ersetzt, die Gesundheitsversorgung ist engmaschiger geworden, Nahrungsmittelkrisen können dank Satelliten-Monitoring, moderner Kommunikationsmittel und Infrastruktur besser bekämpft werden. Trotzdem bin ich mir nicht sicher, ob es den Menschen in den Wüsten jetzt besser geht als noch vor 30 Jahren. Althergebrachte gesellschaftliche Strukturen wurden im Zuge der Globalisierung ausgehöhlt, neue selbstbestimmte Lebensweisen haben sich noch nicht entwickeln können. Viele Menschen haben ihren inneren Kompass verloren und suchen nach neuer Orientierung. Die meisten Staaten sind politisch und wirtschaftlich weder in der Lage noch willens, den Wüstenbewohnern, die teils noch Nomaden, teils Tagelöhner in den Städten sind, eine Perspektive zu geben. Die sozialen Unterschiede zwischen wenigen Reichen und der breiten Bevölkerung sind noch krasser geworden. Von den natürlichen Reichtümern profitiert nur eine korrupte Elite.

An den Wüstenrändern sind die Menschen einer Verknappung der natürlichen Ressourcen ausgesetzt. Bevölkerungswachstum, zu große Herden, Brennholzeinschlag und nicht angepasste Anbaumethoden haben die Desertifikation, die Ausbreitung der Wüsten, weltweit zu einem existenziellen Problem werden lassen. Aber ich habe auch eine Veränderung zum Positiven beobachtet: Der Sahel ist mancherorts grün geworden, da die Bauern Bäume anpflanzten, die Holz liefern und den Boden bei einer Dürre nicht völlig austrocknen lassen.

Als einen unwiederbringlichen Verlust empfinde ich es, wenn traditionelle Kleidung durch europäische Altkleider ersetzt wird, wenn Gedichte, Lieder und Geschichten vergessen werden, wenn handwerkliche Fertigkeiten und ein verantwortungsvoller Umgang mit der Natur für immer verloren gehen. Als Fotograf habe ich es stets vermieden, die Menschen idealisiert als naturverbunden und traditionsbewusst darzustellen. Ich habe meist das fotografiert, was ich sah – und das schärfte mein Gefühl für Ungerechtigkeit und mein Bewusstsein, in welch privilegierter Situation wir in Europa leben.

Am meisten beeindruckten mich der Optimismus und die Warmherzigkeit vieler Wüstenbewohner, die trotz extremer naturräumlicher Bedingungen und schwieriger sozioökonomischer Verhältnisse immer spürbar waren. In den Zelten und Jurten der Nomaden wurde ich herzlich, vorurteilsfrei und selbstlos aufgenommen. Die in den Medien immer wieder beschriebenen Gräben zwischen den Kulturen empfand ich bei diesen Begegnungen nie als unüberwindbar.

Neben meinen Kindern ist Reisen und Fotografieren das Wichtigste in meinem Leben – so war es in den letzten 30 Jahren, und so wird es auch bleiben. Noch immer bin ich neugierig auf die Menschen und Landschaften der Wüste, noch immer freue ich mich auf die nächste Reise.

Michael Martin / August 2009

1978 - 1981 →→

Auf zwei Rädern zu den Sternen /
Mit dem Fahrrad in die Alpen
/ Auf dem Mofa nach Marokko

1978 / ## Mit dem Fahrrad in die Alpen

Als ich zwölf Jahre alt war, sah ich in der Stadtbibliothek ein Buch mit Abbildungen von Planeten, Galaxien und Gasnebeln. Ich war fasziniert! Die Sterne wurden mein Hobby. In meiner Begeisterung baute ich mir auf dem Dach unserer Garage eine Sternwarte für mein Spiegelteleskop, doch die Straßenlaternen und das Streulicht von Augsburg beeinträchtigten die Himmelsbeobachtung. So radelte ich mit meinem Freund Achim, ebenfalls ein leidenschaftlicher Hobbyastronom, hinaus aufs Land. Von Äckern und Waldlichtungen aus beobachteten wir die Sonne, den Mond und die Sterne und machten unsere ersten Fotos von den Himmelsobjekten. In einem Zeltlager in den Alpen erlebte ich, wie faszinierend es ist, den Sternenhimmel von einem Berggipfel aus – hoch über dem Dunst der Städte – zu beobachten. Als ich 14 Jahre alt war, erlaubten mir meine Eltern, mit Achim die 150 Kilometer von Augsburg nach Tirol ins Berwangertal zu radeln.

Wenn der Wetterbericht für ein Sommerwochenende einen klaren Nachthimmel vorhersagte, packten wir freitagmittags unsere Stative, kleine Fernrohre, Kameras, die Zeltausrüstung und Essensvorräte auf die Fahrräder. Der Weg war uns bald vertraut, er führte

Länder / Deutschland, Österreich
Route / Augsburg, Kaufbeuren, Füssen, Berwang
Fahrzeug / Fahrrad
Reisepartner / Achim Mende
Kilometer / 150
Dauer / 3 Tage
Kamera / Minolta SRT-101 b
Film / Fuji R 100
Vortragstitel / Um frei zu sein, bedarf es wenig

← Kurze Rast am Forggensee

Mit dem Fahrrad in die Alpen / 1978

von Gersthofen, unserem Heimatort, über Landsberg, Schongau und Füssen hinauf ins Hochtal von Berwang. Gegen Mitternacht kamen wir am Fuß des 2.000 Meter hohen Hönig an. Wir schulterten unser sperriges Gepäck und erreichten gerade noch rechtzeitig vor Einsetzen der Morgendämmerung den steilen Gipfel unseres Beobachtungsbergs. Beim Blick durch das Fernrohr sahen wir Kugelsternhaufen und Galaxien leuchten und hielten sie im Bild fest. Im Morgengrauen beobachteten wir Venus und Merkur, dann bauten wir an einer geschützten Stelle unser Zelt auf, krochen in die Schlafsäcke und fielen in einen kurzen Schlaf.

Den Samstag über erkundeten wir die Bergwelt, suchten den Taghimmel ab, ob wir Venus entdecken konnten, und fieberten dem Sonnenuntergang entgegen. Sobald es dunkel war, richteten wir unsere Kameras mit Weitwinkelobjektiven in den Himmel, öffneten den Verschluss für mehrere Stunden und bekamen zahllose Sternschnuppen aufs Bild. Bei Neumond dauerten unsere Beobachtungsnächte oft bis zur Morgendämmerung.

Sonntagvormittag setzten wir uns wieder auf die Fahrräder. Schließlich mussten zu Hause ja noch die Hausaufgaben gemacht werden! Solange wir zur Schule gingen, unternahmen Achim und ich jeden Sommer mehrere solcher Touren.

Der jugendlichen Begeisterung für die Astronomie verdanke ich viel, brachte sie mich doch zum Fotografieren und zum Reisen. Und bis heute fasziniert mich in der Wüste der klare, sternenübersäte Nachthimmel, den ich immer wieder gern fotografiere.

STERNE / ÖSTERREICH / 1978

Der Spruch »Bei Nacht sind alle Katzen grau« beschreibt gut das Unvermögen des menschlichen Auges, bei Nacht Farben zu sehen. So erscheinen Gasnebel, Galaxien und schwache Sterne in einem weißlichen Licht. Der Film oder der Sensor der Kamera dagegen sammelt das Licht während der gesamten Belichtungszeit, sodass selbst bei schwachen Objekten Farben sichtbar werden – umso deutlicher, je länger belichtet wird. Diesen Umstand machen Achim und ich uns zunutze, wenn wir unsere Kameras auf den Nachthimmel richten – von der kleinen Sternwarte aus, die sich jeder von uns auf dem Dach der elterlichen Garage eingerichtet hat. Unsere Sternwarten in Gersthofen nördlich von Augsburg haben den Nachteil, dass der Nachthimmel vom Lichtermeer der Stadt überstrahlt wird. Dieses Streulicht wird im gleiche Maße von der Kamera gesammelt und macht viele Bilder unbrauchbar. Auf den Gipfeln des Hönig und Olperer in den Tiroler Bergen sind wir dagegen weit genug von den Großstädten entfernt und können die Verschlüsse unserer Kameras eine Stunde und länger öffnen – wobei wir die Kameras fest aufs Stativ geschraubt haben. Bei Belichtungszeiten ab einer Minute führt die Erddrehung dazu, dass die Sterne – je nach ihrer Oberflächentemperatur in unterschiedlichen Farben – als Strichspuren abgebildet werden: Das Foto zeigt den nördlichen Sternenhimmel mit dem Polarstern in der Mitte. Manchmal nehmen wir eine elektrisch betriebene Montierung in die Berge mit. Dann werden Fernrohr und Kamera der Erddrehung nachgeführt, und wir können Objekte wie den Gasnebel M 42 im Sternbild Orion scharf abbilden.

OLPERER / ÖSTERREICH / 1978

Morgendämmerung am Olperer. Der vergletscherte Dreitausender in den Zillertaler Alpen ist unser zweiter Standort für Himmelsbeobachtungen. Die Luft ist dort oben noch klarer als auf dem 2.000 Meter hohen Hönig, der Anstieg allerdings hochalpin. Unterhalb des Gipfels haben wir unsere Teleskope und Kameras aufgebaut und ein Biwak eingerichtet, in dem wir während der Nacht vor Kälte und eisigem Wind immer wieder Schutz suchen. Bei Belichtungszeiten der astronomischen Aufnahmen von 30 Minuten und länger bereiten wir uns auf unserem Benzinkocher heiße Getränke und Suppen zu, um uns aufzuwärmen. Neben der Sternguckerei machen die physische Herausforderung und das Naturerlebnis unsere Wochenendtouren in die Berge zu einem einzigartigen Abenteuer.

1981 / Auf dem Mofa nach Marokko

Als jugendlicher Hobbyastronom war es mein Traum, einmal durch die größten Teleskope der Welt ins All zu blicken. Ich schrieb die großen Sternwarten in den USA, Chile, Spanien und der Sowjetunion an, und tatsächlich erhielten Achim und ich 1981 eine Einladung, die Europäische Südsternwarte auf dem Carlar Alto in Andalusien zu besuchen. Mein zweiter Traum war es, das Kreuz des Südens zu sehen und zu fotografieren. Die Einladung bot die Chance, auch diesen Traum zu verwirklichen, denn von Andalusien war es, wie ein Blick in den Atlas mir zeigte, gar nicht so weit nach Marokko, wo man den Südsternhimmel sehen kann. Im Frühling 1981, wir waren gerade 17 geworden, machten Achim und ich unsere jeweiligen Eltern mit unseren Reiseplänen für die großen Ferien bekannt: mit dem Mofa nach Marokko. Es gab einige Diskussionen, doch dann setzten wir unseren Willen durch.

Gleich am letzten Schultag der 12. Klasse brachen wir auf. Unsere Route führte über die Bundesstraße 300 zum Bodensee und dann weiter zum San-Bernadino-Pass. Spätestens dort wurde uns klar, wie ungeeignet Mofas für eine Fernreise sind. Über wie viele Pässe der italienischen Seealpen haben wir unsere schwer mit

Länder / Schweiz, Italien, Frankreich, Spanien, Marokko
Route / Augsburg, Nizza, Barcelona, Algeciras, Tanger, Meknes, Erfoud
Fahrzeuge / Herkules-Mofa, Peugeot-Mofa
Reisepartner / Achim Mende
Kilometer / 3.500
Dauer / 6 Wochen
Kamera / Minolta SRT-101 b
Film / Fuji R 100
Vortragstitel / Auf dem Weg nach Marokko

← Pause vor Memmingen

Auf dem Mofa nach Marokko / 1981

Fernrohren und Kameras beladenen Mofas geschoben! Kurzum, es dauerte vier Wochen, bis wir Südspanien erreichten. Auf dem über 2.000 Meter hohen Carlar Alto wurden wir vom Leiter des Max-Planck-Instituts für Astrophysik herzlich empfangen, und unser Traum wurde wahr, einmal durch das modernste Teleskop der Welt zu blicken. Nun hatten wir es eilig, nach Marokko zu kommen.

Ein Fährschiff brachte uns über die Meeresenge von Gibraltar nach Tanger. Wenn man zum ersten Mal den Fuß auf afrikanischen Boden setzt, sollte es tunlichst nicht im Hafen von Tanger sein. Schlepper, die uns gegen ein Entgelt durch den Zoll und in ein Hotel bringen wollten, bedrängten uns, zerrten an unseren Mofas und redeten wie wild auf uns ein. Es dauerte lange, bis wir das Hafengelände mit den notwendigen Papieren verlassen konnten. Mit gemischten Gefühlen fuhren wir weiter, merkten aber schnell, wie freundlich und hilfsbereit die Menschen in Marokko sind. Jugendliche luden uns zu sich nach Hause ein, Werkstätten warteten unsere 50-ccm-Motoren und wiesen jede Bezahlung von sich, Polizisten eskortierten uns durch unübersichtliche Orte. Ich bereute es, dass ich mich auf dem Gymnasium für Latein statt Französisch als zweite Fremdsprache entschieden hatte. Wie gern hätte ich mich mit all den netten Menschen unterhalten!

Das Ende der Schulferien rückte näher, und wir mussten Gas geben, sogar die Nacht durchfahren, wenn wir unser Ziel, den Nordrand der Sahara, noch erreichen wollten. Dann war es so weit: Wir standen auf einer Düne im Erg Chebbi, vor uns breitete sich das Sandmeer der Sahara aus. Die grenzenlose, von Menschen unberührte Landschaft, die Stille, das Licht – Achim und mir verschlug es die Sprache, wir waren zutiefst fasziniert. Welche Abenteuer in dieser endlosen Weite wohl zu erleben wären? Und dann unsere erste Wüstennacht: Was für ein Sternenhimmel! Trotz der Sommerhitze kein Dunst, kein Streulicht, nur Millionen Sterne. Die Milchstraße leuchtete vom schwarzen Himmel, am Südhorizont stand das Kreuz des Südens, im Südosten die Große Magellansche Wolke! Wir waren überwältigt.

Vor unserer Reise nach Marokko war die Sahara nur ein idealer Beobachtungsort für die Sterne des Südhimmels gewesen. Das änderte sich schlagartig, als wir die Wüste zum ersten Mal erblickten. Von diesem Moment an waren wir ihr für immer verfallen!

AUF DEM WEG NACH MAROKKO / SCHWEIZ / 1981

Als Achim und ich uns in den Kopf setzen, mit dem Mofa nach Marokko zu fahren, haben wir bestenfalls verschwommene Vorstellungen davon, was uns unterwegs erwarten wird. So bin ich mir nicht sicher, ob mein Herkules-Mofa im Falle einer Panne im Ausland repariert werden kann, Achim ist da mit seinem Peugeot-Mofa besser dran. Auch wissen wir nicht, wie viele Kilometer pro Tag wir schaffen werden. Unser Plan sieht 200 Kilometer vor, doch haben wir die Rechnung ohne die vielen Pässe gemacht. Allein für den San-Bernadino-Pass brauchen wir einen ganzen Tag, denn einmal ist der Tunnel auf halber Höhe für Mofas gesperrt, zum Zweiten sind die 50-ccm-Motoren so schwach, dass wir ab einer Steigung von zehn Prozent zusätzlich in die Pedale treten müssen, um überhaupt vorwärts zu kommen. Unterschätzt haben wir auch, wie eintönig Mofafahren ist. Auf dem Fahrrad durch die Berge, das war eine sportliche Herausforderung für uns gewesen, aber auf dem Mofa? Darauf sitzt man mit krummem Rücken und kriecht stundenlang in sengender Hitze die Landstraßen entlang! Eigentlich wollten wir mit dem Tandemrad nach Marokko radeln.

Ich will ein eingeschriebenes Päckchen nach Deutschland schicken
Quiero mandar un paquete certificado a Alemania.

Ich will Traveller-Schecks einlösen
Quiero cobrar cheques de viajero.

Ich bin unschuldig.
Yo soy inocente.

Mir ist etwas gestohlen worden. Können Sie das bitte für die
Me han robado algo. Por favor, ¿me pueden hacer un protocolo
Versicherung protokollieren.
para el seguro?

Ich bin krank. Können Sie mich behandeln
Estoy enfermo. ¿Me puede tratar ~~Vs~~ Usted?

23 /

Bei einer Probetour Richtung Süden mussten wir aber kurz hinter
Garmisch eine Nacht im Regen verbringen und konnten uns am
Morgen nicht richtig aufwärmen, was bei der ersten Steigung prompt
zu einer Zerrung am Knie führte, die sich nicht schnell genug
auskurieren ließ. Daher sitzen wir nun auf Mofas und brauchen
für die Anfahrt nach Marokko fünf Wochen. Die längste Strecke ist
die durch Spanien, wir sprechen aber kein Wort Spanisch. Um im
Notfall zurechtzukommen, habe ich während des Schulunterrichts
heimlich eine Übersetzungshilfe zusammengestellt.

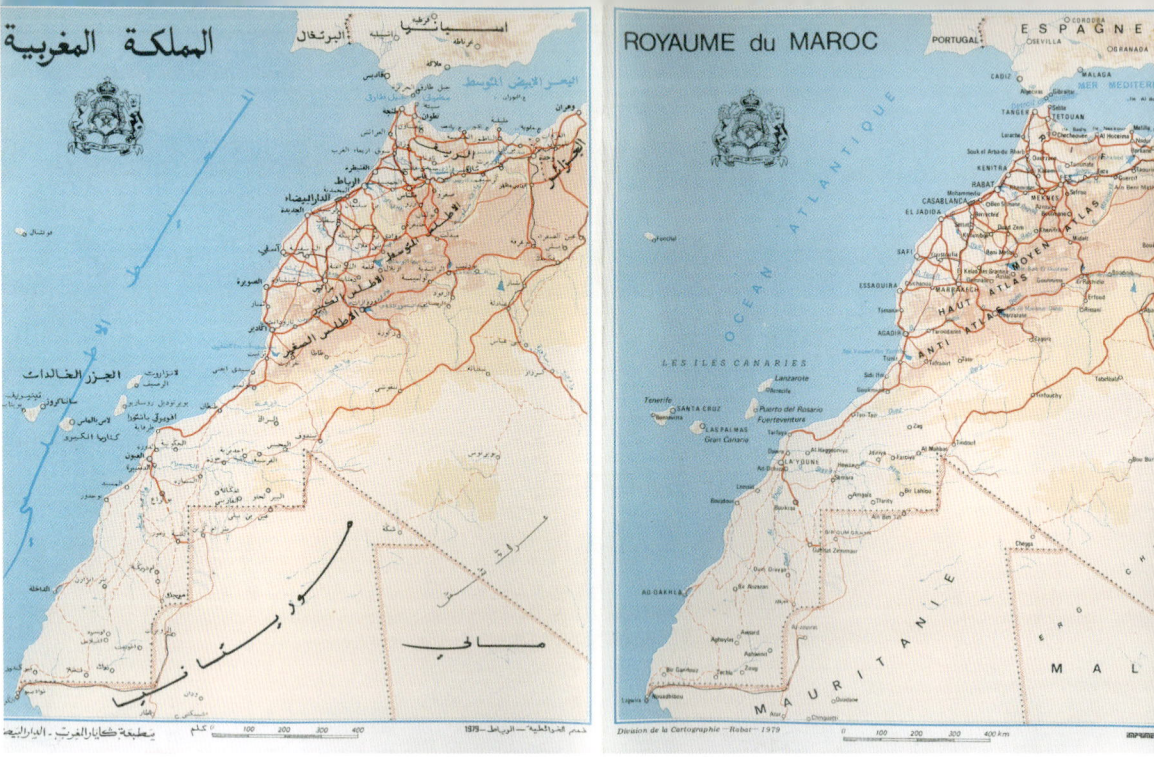

24 / **MEIN ERSTER BLICK AUF DIE WÜSTE** / MAROKKO / 1981

Auf der Überfahrt von Algeciras nach Tanger denke ich darüber nach, was mich in Marokko und in der Wüste im Süden des Landes wohl erwarten wird. Meine Gefühle sind gemischt: Abenteuerlust, Neugier und ein bisschen Angst, die angesichts des vermeintlichen Chaos im Hafen und auf den Straßen Tangers nicht unberechtigt scheint, sich aber schnell verliert. Die Gelassenheit und Freundlichkeit der Menschen sind so offensichtlich, dass ich mich frage, wie uns Freunde und Bekannte zu Hause ein so verzerrtes Bild von Marokko haben vermitteln können. Wahrscheinlich wollten sie uns von unserem wahnwitzigen Plan abhalten, denke ich mir. Wegen der extrem langen Anreise bleiben uns nur fünf Tage Zeit, dann müssen wir samt Mofas den Zug besteigen und die Rückreise antreten. Auf jeden Fall wollen wir so weit wie nur eben möglich nach Süden fahren, um den Südsternhimmel besser beobachten zu können. Auf kleinen, aber guten Straßen fahren wir von Meknes nach Ksar es Souk, die Vegetation wird spärlicher und verschwindet schließlich ganz.

Zum ersten Mal sehen wir eine Oase – Erfoud. 40 Kilometer südlich liegt der Erg Chebbi, ein Dünengebiet von eher geringer Größe, das heute Ziel ganzer Buskarawanen ist. In unserer Naivität fallen wir auf einen der Schlepper herein, der uns weismacht, wegen tiefer Sandpassagen sei die Strecke für unsere Mofas nicht befahrbar, und uns einen teuren Geländewagen mit Fahrer andient. Der setzt uns nach einstündiger Fahrt am Rand des Dünenfelds ab. Wir lassen Schlafsäcke, Fernrohre und Stative in einem Café zurück, eine knappe Stunde laufen wir kleinere Dünen hinauf und hinunter, um zu der Düne zu gelangen, die weit und breit die höchste ist. Am späten Nachmittag eines heißen Septembertags haben wir die Düne erklommen und stehen auf dem Kamm. Der Blick wirft mich schier um. Vor uns breitet sich ein Sandmeer in vollendeter Schönheit aus. So weit das Auge reicht – nichts als Sand. Diesen Anblick werde ich nie vergessen, meine Leidenschaft für Wüsten ist geboren.

1981 - 1987 →→

Ohne TÜV durch ein Meer aus Sand /
Mit dem Opel ins Hoggar / Im VW-Bus in den Kongo / Im Peugeot nach Westafrika

1982 / Mit dem Opel ins Hoggar

Die Mofafahrt nach Marokko hatte meine Abenteuerlust weiter angestachelt. Seit ich wieder zurück war, gingen mir die Wüstenlandschaft, das Licht und die Begegnungen mit den so faszinierenden Bewohnern nicht mehr aus dem Sinn. Ich konnte es kaum erwarten, wieder auf Wüstenfahrt zu gehen und die Sahara zu entdecken, ja, sie zu durchqueren. Nach knapp einem Jahr war es endlich so weit. Das Abitur in der Tasche, wollte ich die neu gewonnene Freiheit dazu nutzen, in die Sahara zu fahren. Zusammen mit Uli, einem Schulfreund, den ich von meinem Plan begeisterte, brach ich nach Afrika auf. Mit einem Opel Kadett B fuhren wir in die Zentralsahara.

Die dreiwöchige Tour wollten wir mit einem VW-Bus unternehmen. Der erste Bus wurde vom TÜV Augsburg aus dem Verkehr gezogen, ein weiterer schied einen Tag vor der Abfahrt wegen Motorschadens aus. Der hellblaue Kadett war dann eine Notlösung. Bei einem Anschaffungspreis von 400 DM kostete er viermal so viel wie jeweils ein VW-Bus, hatte 17 Jahre auf dem Buckel, und ich war beileibe kein Kadett-Fan, wurde aber schnell eines Besseren belehrt. Schon auf der langen Anfahrt durch die Schweiz, Italien,

Länder / Marokko, Algerien, Tunesien
Route / Augsburg, Tanger, Timimoun, El Golea, In Salah, Tamanrasset, Tunis
Fahrzeug / Opel Kadett B
Reisepartner / Ulrich Bubmann
Kilometer / 10.000
Dauer / 3 Wochen
Kamera / Minolta SRT-101 b
Film / Fuji R 100
Vortragstitel / Nordafrika

← Tankstelle bei In Salah

Mit dem Opel ins Hoggar / 1982

Frankreich und Spanien stellte der Wagen seine absolute Zuverlässigkeit unter Beweis.

Wir setzten über nach Marokko, passierten die damals geöffnete marokkanisch-algerische Grenze und standen dann, eine Woche, nachdem wir in Augsburg losgefahren waren, auf einer Düne am Rand des Grand Erg Occidental, der Großen Westlichen Sandwüste. Vor uns lag ein unendliches Dünenmeer, in der Ferne schmiegte sich die Oase Beni Abbès an die Dünen. Noch hatten Algeriens Ölmilliarden die alten Oasenstädte nicht zerstört. Die weitere Route führte uns nach Osten zu der Oase El Golea und über das trostlose Tademait-Plateau Richtung In Salah. Laut Karte sollten wir auf einer Asphaltstraße fahren, doch waren davon nur noch Teerfetzen mit tiefen Schlaglöchern übrig geblieben. Unser schwer mit Wasser und Benzin beladener Kadett schaffte die Strecke ohne die geringste Panne. Das Auto schien auch unter der Hitze lange nicht so zu leiden wie wir. Am 21. Juni 1982 überquerten wir den Wendekreis des Krebses, die Sonne stand mittags im Zenit und brannte gnadenlos auf die Wüste herab. Ich hatte noch nie Temperaturen von über 40 °C erlebt, jetzt waren es 50 °C im Schatten – den es nicht gab. Die Luft war so heiß, dass es sich anfühlte, als verbrenne der heiße Fahrtwind die Haut. Wir hielten die Fenster geschlossen und fuhren bei voll aufgedrehter Heizung – um den Kühlkreislauf zu unterstützen – durch ein lebensfeindlich erscheinendes Land. Von In Salah aus ging es ins Hoggar-Gebirge, wo die Höhenlage etwas Kühlung brachte. Wir schafften es bis nach Tamanrasset und nahmen die halsbrecherische Piste hinauf zu den Höhen des Assekrem in Angriff. Hier schließlich kapitulierte unser Kadett, und zu Fuß bewältigten wir die letzten Meter bis zu den französischen Patres, die dort in der Nachfolge ihres Missionsgründers, des Père Foucauld, leben und uns in ihren Steinklausen bewirteten. Vor uns lag ein atemberaubendes Panorama – und der 3.000 Kilometer lange Rückweg bis ans Mittelmeer. In Tunis angekommen, ließen wir den Kadett – aus Zeitgründen, aber nicht ohne Wehmut – samt Wagenschlüssel am Flughafen stehen und flogen mit dem billigsten Ticket nach Rom. Per Anhalter kehrten wir zurück nach Augsburg. In den Jahren von 1982 bis 1986 bereiste ich noch viele Male mit alten Autos die Sahara und den Sahel, einmal kam ich sogar bis in den zentralafrikanischen Regenwald.

32 / HOGGAR-ROUTE / ALGERIEN / 1982

Der nördliche Teil der algerischen Hoggar-Route ist zugleich der eintönigste. Zwischen El Golea und In Salah durchquert die löchrige Teerstraße das Tademait-Plateau, eine trostlose Hochebene aus Sand- und Kalkstein. Südlich von In Salah, einem der heißesten Orte der Welt, führt die Straße an den nördlichen Ausläufern des Hoggar-Gebirges vorbei und erreicht am 24. Breitengrad, kurz vor dem Wendekreis des Krebses, In Ekker.

IN EKKER / ALGERIEN / 1982

Im Granitmassiv Tan Affela bei In Ekker führte Frankreich 13 unterirdische Atomtests durch. Am rechten Straßenrand stehen noch die Überreste der Ehrentribüne, von der aus Präsident de Gaulle einen der unterirdischen Tests beobachtete. Die Franzosen hatten 1960 in der Nähe der algerischen Oase Reggane mit vier oberirdischen Atombombentests begonnen, die bei In Ekker unterirdisch fortgesetzt wurden. Im November 1961 wurde die erste Atombombe gezündet, beim zweiten Versuch im Mai 1962 kam es zu einem Ausstoß von radioaktiv verseuchtem Gas und Staub aus dem Teststollen, Anwohner und die Beobachter des Tests wurden kontaminiert, darunter auch französische Minister. Das unabhängige Algerien erzwang 1966 ein Ende der Atomwaffentests, die in die Südsee verlegt wurden. Die Region von In Ekker ist bis heute strahlenverseucht. Die Opfer haben Entschädigungsklagen gegen die französische Regierung eingereicht.

34 /   ASSEKREM / ALGERIEN / 1982

Der Assekrem-Pass im südalgerischen Hoggar-Gebirge war Ziel und Höhepunkt unserer Wüstenfahrt mit dem Opel Kadett. Auf der Strecke von Tamanrasset zur Passhöhe hinauf geraten wir mit unserem alten Auto an die Grenze des Machbaren. Im ersten Streckenabschnitt versinken wir in Sandfeldern und büßen schwer für unseren Leichtsinn, dass wir keine Sandbleche mitgenommen haben. Unsere Isomatten sind nur schlechter Ersatz, immer wieder müssen wir das gesamte Gepäck ausladen, um den Kadett freizubekommen. Dann geht gar nichts mehr: Felsstufen und Steine enormer Größe zwingen uns, das Auto am Wegesrand stehen zu lassen und den Anstieg zu Fuß fortzusetzen. Die Kletterpartie lohnt sich. Das Panorama, das sich uns auf der Passhöhe darbietet, zählt zu den schönsten der Sahara! Vor 20 Millionen Jahren durchbrachen Vulkanausbrüche das präkambrische Kristallinschild des Hoggar. Die zu Trachyttürmen erstarrten Lavafüllungen ehemaliger Vulkane sind eindrucksvolle Zeugen jener gewaltigen Eruptionen.

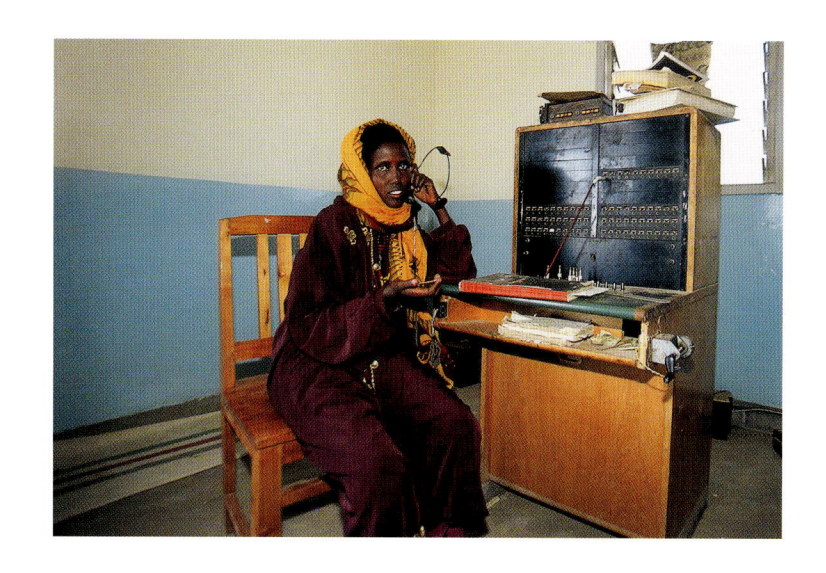

POSTE RESTANTE / ALGERIEN / 1982

35 /

Zurück in Tamanrasset, statte ich dem lokalen Postamt einen Besuch ab. Ich erwarte einen Brief meiner Eltern, den sie postlagernd hierher geschickt haben. Nach langem Suchen wird er mir ausgehändigt. Jetzt weiß ich wenigstens, dass es meinen Eltern gut geht – dass es ihnen jedenfalls zehn Tage vorher gut ging. Ich habe ihnen versprochen, mich aus Tamanrasset telefonisch zu melden, dieses Versprechen aber in völliger Unkenntnis des algerischen Telefonnetzes gegeben.

Während zweier Tage verbringe ich insgesamt 15 Stunden auf dem Postamt, an einem Uralttelefon wählt sich die Beamtin die Finger wund, um eine Verbindung herzustellen. Angesichts der maroden Technik ist ihre Bemühen zum Scheitern verurteilt. Ich bin verzweifelt, denn ich kann mir lebhaft vorstellen, wie groß die Sorge meiner Eltern ist, wenn wir uns nicht bei ihnen melden. Ich gebe mehrere Telegramme auf. Schließlich schafft eines den Weg nach Hause, meine Eltern sind beruhigt.

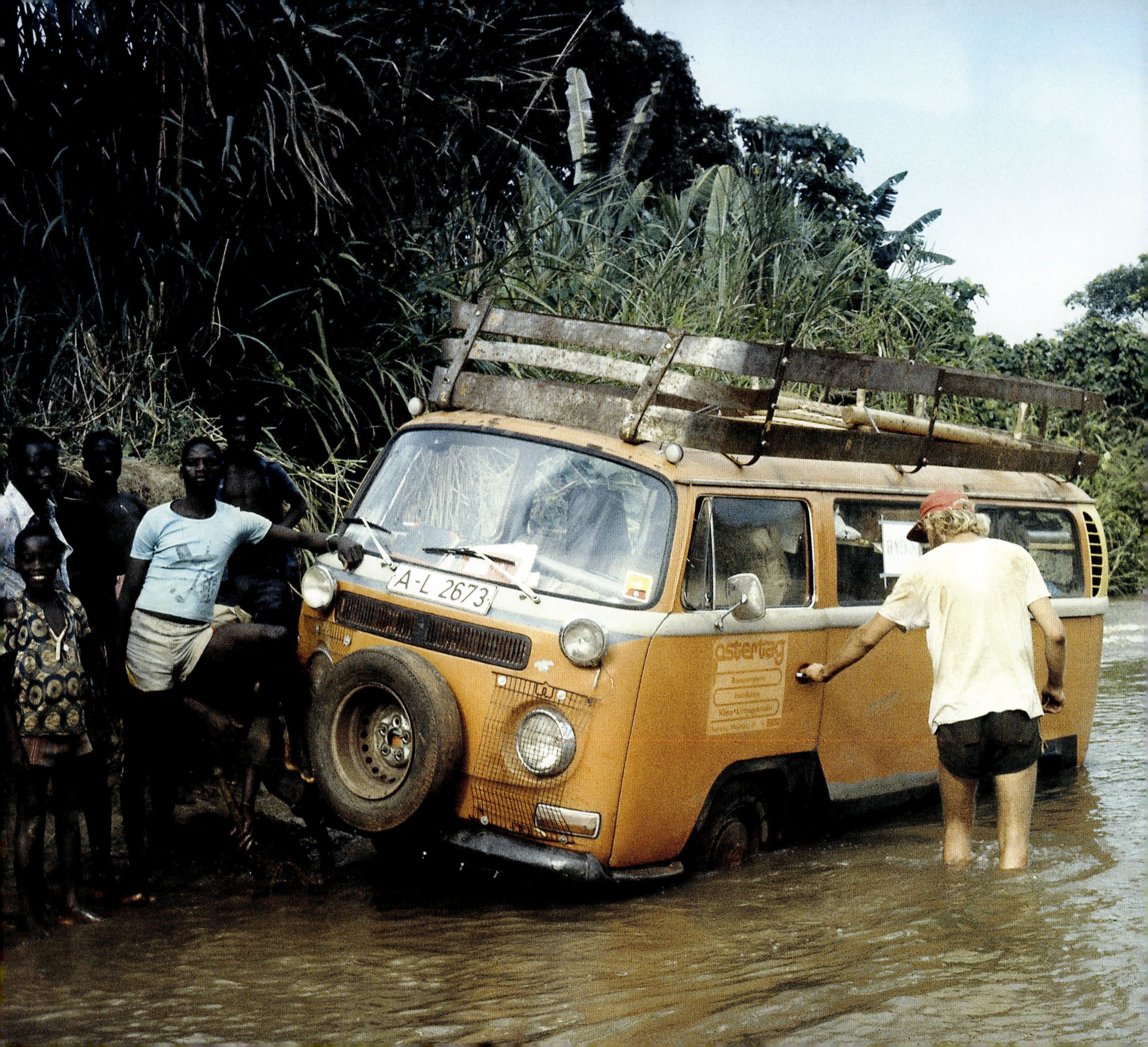
A-L 2673
ostertag

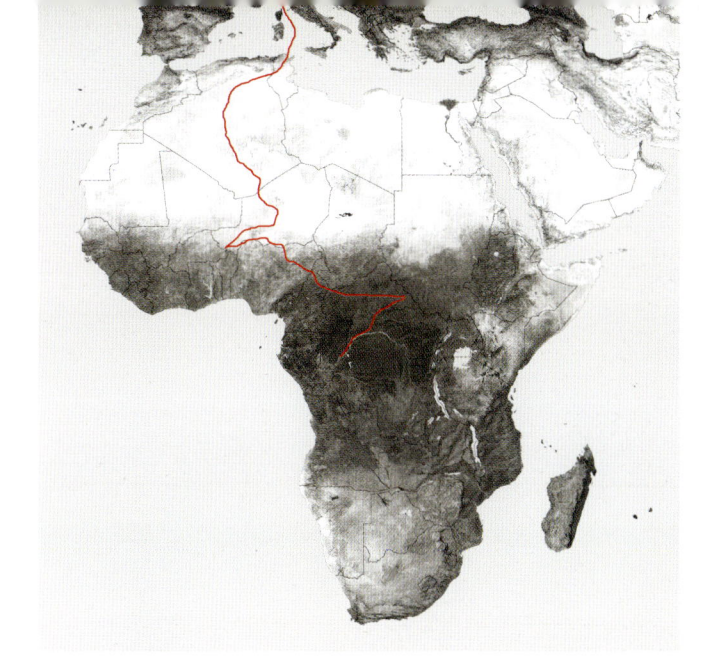

1982 / **Im VW-Bus in den Kongo**

Als ich nach dem Abitur von meinem Glück erfuhr, dass die Bundeswehr mich ausgemustert hatte, dachte ich nicht etwa daran, sofort ein Studium aufzunehmen. In meinen Augen war das genau der richtige Zeitpunkt für ein weiteres großes Abenteuer, diesmal wieder zusammen mit meinem alten Freund Achim. Wir hatten uns nichts Geringeres vorgenommen, als Afrika von Nord nach Süd zu durchqueren, von Tunis bis nach Kapstadt. Ein kühner Plan für zwei 19-Jährige! Nachdem meine Eltern ihr Einverständnis gegeben hatten, dass ich erst ein Jahr später an der Uni anfangen würde, gingen wir an die Vorbereitungen. Die Tour sollte ein halbes Jahr dauern und durch die Sahara nach Westafrika, dann quer durch den Kontinent nach Ostafrika, von dort in das südliche Afrika führen. Unsere schmale Reisekasse – im Wesentlichen Einnahmen aus unseren Vorträgen –, das Fehlen präziser Karten und die Vielzahl der Länder mit ihren unterschiedlichen Bestimmungen stellte unsere jugendliche Unbekümmertheit auf eine harte Probe.

Für 100 DM kauften wir von einem Augsburger Klempnerbetrieb einen VW-Bus, bauten eine neue Kupplung ein, ersetzten die verrosteten Türen und schlachteten einen zweiten Bus aus, damit

Länder / Tunesien, Algerien, Niger, Nigeria, Kamerun, Zentralafrikanische Republik, Republik Kongo
Route / Augsburg, Tunis, Tamanrasset, Niamey, Kano, Bangui, Brazzaville
Fahrzeug / VW-Bus
Reisepartner / Achim Mende
Kilometer / 13.000
Dauer / 8 Wochen
Kamera / Minolta SRT-101 b
Film / Fuji R 100
Vortragstitel / Sahara, Sahel, Regenwald

← Flussdurchquerung

Im VW-Bus in den Kongo / 1982

wir Ersatzteile mitnehmen konnten. Am 16.9.1982 fuhren wir im morgendlichen Herbstnebel los, setzten von Genua über nach Tunis. Über die sogenannte Hoggar-Route durch Algerien erreichten wir in knapp drei Tagen Tamanrasset, dann folgten wir der Piste nach Arlit im Niger, von dort aus durch Nigeria nach Kamerun. Viele Globetrotter hatten uns vor Nigeria gewarnt, vor seinen korrupten Polizisten und Militärs, doch alles ging glatt. Selbst ein Schaf, das ich umgefahren hatte, wachte nach zehnminütiger Bewusstlosigkeit wieder auf und sprang munter umher. Am Unfallort hatten sich bereits Hunderte Neugierige versammelt und astronomische Summen für das Tier gefordert. Irgendwo in Kamerun lag ein umgekippter Bierlaster am Straßenrand. Als wir anhielten, um nach dem Fahrer zu sehen, lag er sturzbetrunken zwischen den Bierkästen und ertränkte seinen Kummer.

Tagelange Regenfälle, extrem schlechte Pisten, die ein Vorwärtskommen im Schneckentempo und dauernde Reifenpannen – bis zu zehn am Tag – zur Folge hatten, zermürbten uns. Kurz vor dem geplanten Grenzübertritt nach Zaire fragten wir uns, ob wir angesichts der Strapazen wirklich weiterfahren wollten. Wir hatten auch Angst vor der Durchquerung Zaires, der heutigen Demokratischen Republik Kongo, nachdem uns immer wieder Horrorgeschichten über die dortigen Militärs und die Pisten mitten durch den Regenwald zu Ohren gekommen waren. Endlich stand unser Entschluss fest: Wir kehrten um und fuhren in die Hauptstadt Bangui zurück, wo wir den VW-Bus an einen libanesischen Werkstattbesitzer verkauften. Weiter ging es per Schiff den Ubangi- und den Kongo-Fluss hinunter nach Brazzaville, der Hauptstadt der Republik Kongo. Zwei Wochen genossen wir die Reise dicht am Regenwald entlang und freundeten uns mit anderen Passagieren an, die wie wir auf dem Unterdeck reisten. Frauen bereiteten auf kleinen Feuern Fische und Krokodile zu, die die Männer aus dem Fluss gezogen hatten. Von zwei jungen tschadischen Ziegenhirten, die ihre Tiere bis in den Kongo verkauften, erhielten wir frische Ziegenmilch – zum gebratenen Krokodil.

Von Brazzaville flogen wir mit einer Aeroflot-Maschine nach Hause. Bis nach Kapstadt waren wir nicht gekommen, aber die erste Begegnung mit Schwarzafrika hatte uns Mut zu weiteren Entdeckungsreisen durch diesen faszinierenden Kontinent gemacht.

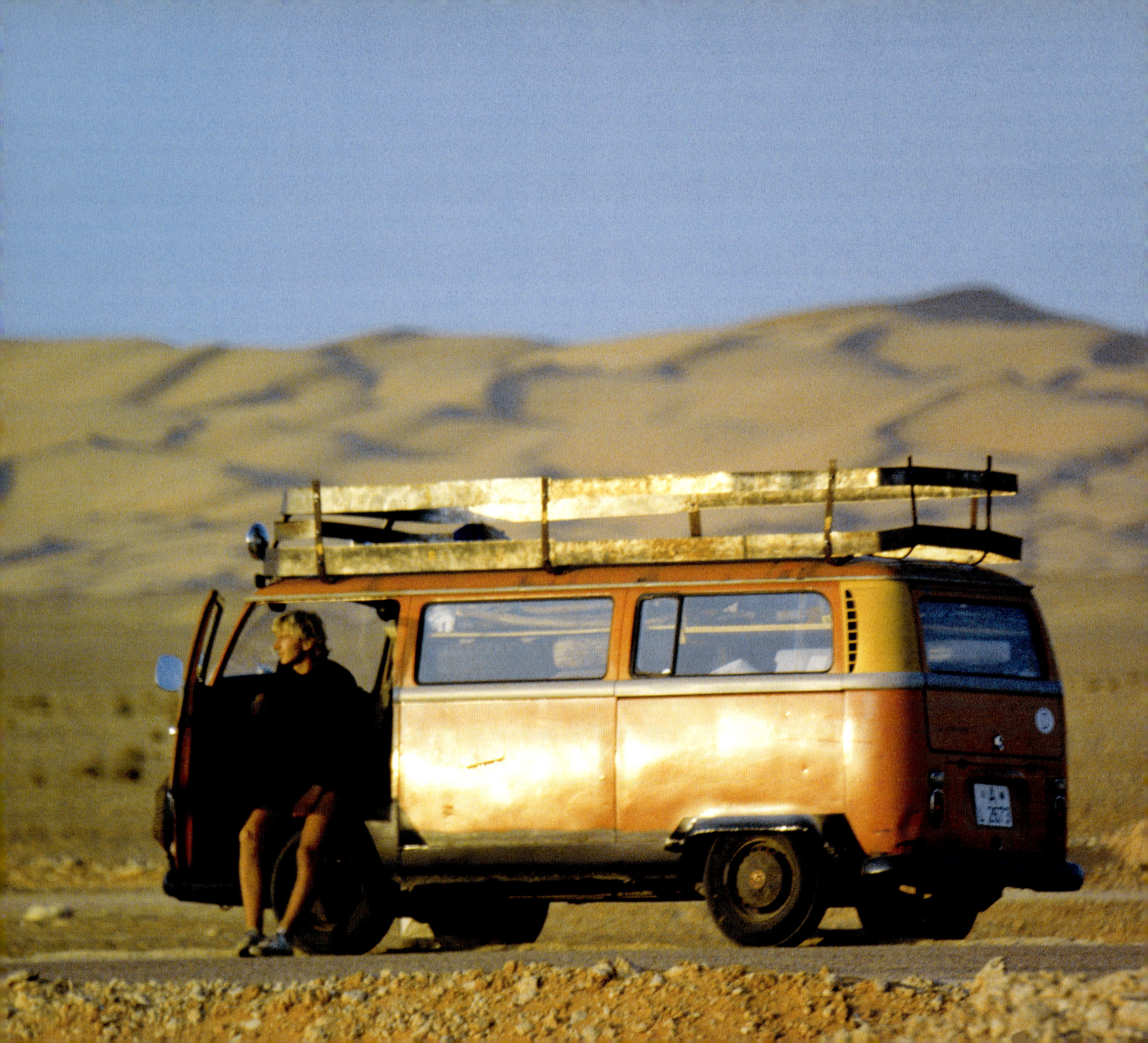

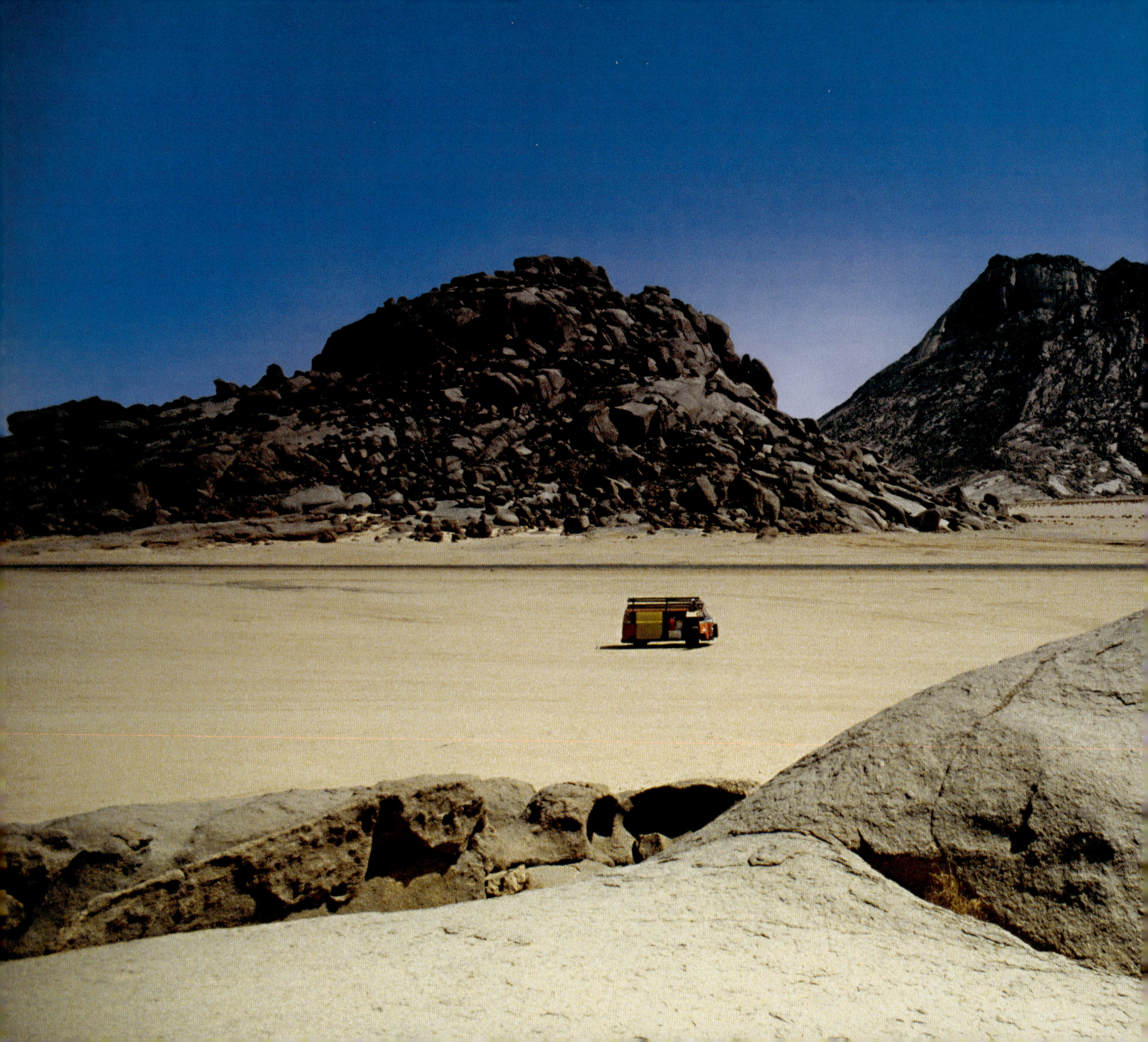

2 x 50 PS / ALGERIEN / 1982

Als wir mit dem VW-Bus im Hoggar-Gebirge ankommen, haben wir seit zu Hause gut 3.000 Kilometer zurückgelegt, und das Vertrauen in unseren Bus ist stark gewachsen. Er hat zwar eine Menge Macken – so ist mehrmals die Schiebetür herausgeflogen und der Motor ausgegangen, sobald man die Motorhaube öffnet –, aber er springt zuverlässig an, die Gänge lassen sich mit einiger Übung einlegen, die Bremsen funktionieren einigermaßen. Und für den Notfall haben wir ja einen kompletten 50-PS-Ersatzmotor, ein Ersatzgetriebe, eine Windschutzscheibe und unzählige Kleinteile dabei, die allesamt aus einem Schrottfahrzeug stammen. VW-Busse sind in Afrika kaum verbreitet, daher erschien uns die großzügige Mitnahme von Ersatzteilen sinnvoll, wenn der Wagen deswegen auch ein enormes Gesamtgewicht erreicht, denn wir transportieren auch noch 200 Liter Benzin und 200 Liter Wasser. Als wir den VW-Bus zwei Monate später in Bangui, der Hauptstadt der Zentralafrikanischen Republik, verkaufen, ahne ich, welches Schicksal ihn erwartet: Er wird zu einem afrikanischen Sammeltaxi, regelmäßig beladen mit 35 Passagieren.

TAGEBUCH / 1982

Mein Tagebuch von der Kongo-Reise dreht sich fast ausschließlich um Pleiten, Pech und Pannen. In kurzen Sätzen berichte ich von Einsandungen, Behördenschikanen und hoher Öltemperatur. Mir fehlte einfach die Muße, das zu beschreiben, was ich sah und erlebte, außerdem scheute ich mich, meine Gefühle niederzuschreiben. Schon bei meinen ersten Fahrten fing ich aber an, die Kamera als mein Tagebuch zu benutzen. Ich fotografierte konsequent alles, was mir interessant erschien. Diese Bilder helfen mir bis heute, mich auch an winzige Details zu erinnern. Dazu kommt, dass meinen vielen Reisepartnern zahlreiche Einzelheiten unserer Reisen im Gedächtnis geblieben sind, oft andere als mir. In der Entstehungsphase dieses Buchs haben wir per Telefon oder bei einem Abendessen die gemeinsamen Erinnerungen aufgefrischt. Das Tagebuch von der Reise in den Kongo im Jahre 1982 ist bis heute mein einziges geblieben.

13:30 30044 km Ankft Aoumada. Kurz spät
treffen wir 2 Autos mit 2 Frauen die auf die
Ankft warten, die einen Reifen u. Blitzableiter [?]

15:00 Wir [suchen] Richter! Die Strecke ist eben wie
Sandgebiet.

16:00 Treffen Nomaden. Wir schenken
dem Chefpaar 1 Kanister Wasser u. machen
noch Fotos. Der Alte peilte mir den Bus
sofort in Wasser. (→ 136°C ?)

18:00 Reifpanne   KM 30205
Unser linker Vorderreifen ist platt. Wir flicken und neue Reife
fahren auf. Gleich geht die Sonne unter.
Pier 3 Peugeots fuhr uns weit voraus. Wir glauben,
nicht weit davon, heute noch Abt. zu
[...]. Doch nach 10 km [...] weiter [...]
[...] OTTO.

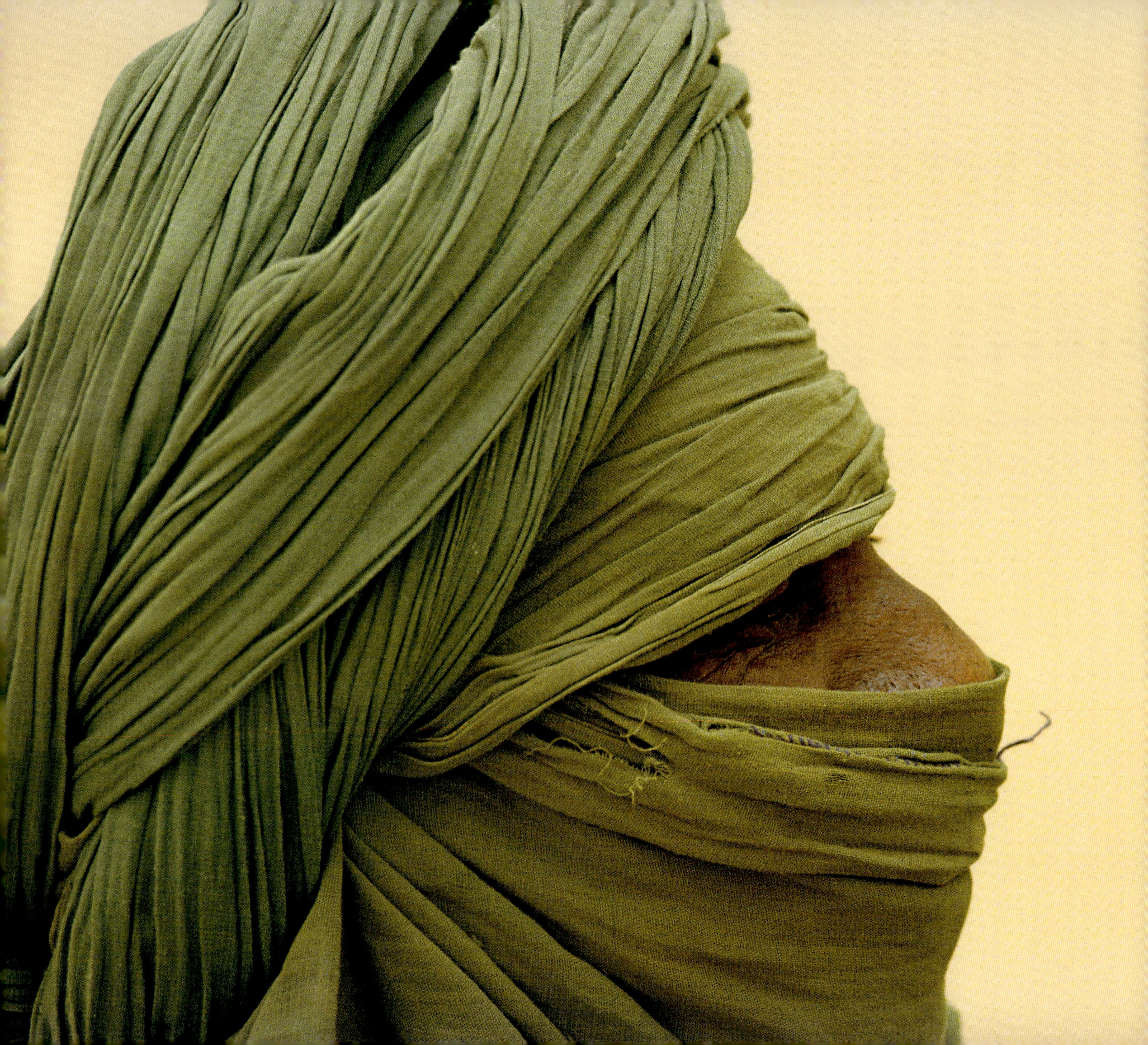

TARGI / NIGER / 1982

Auf der Strecke von Assamaka, dem Ort an der Grenze zwischen Algerien und Niger, nach Arlit gerieten wir in einen Sandsturm. Vorsichtig tasten wir uns von Markierung zu Markierung. Plötzlich taucht vor uns ein Targi (Einzahl von Tuareg) auf und bittet um Wasser. Vorsichtig fasst er mit zwei Fingern an den Tugulmust, seinen Gesichtsschleier, und schiebt den unteren Teil etwas nach unten, damit er den Wasserkanister ansetzen kann, den wir ihm reichen. Der Tugulmust bietet Schutz vor Sonne, Sand und Wind und verringert die Körperaustrocknung. An der Art und Weise, wie er getragen wird, an Farbe und Qualität können regionale Herkunft und soziale Positionen abgelesen werden. Am vornehmsten sind die tiefblauen, glänzenden Tugulmust – sie werden mehrfach mit Indigo gefärbt und in Wasser getaucht, dem Baumharz zugesetzt wurde. Durch jahrelanges Tragen färben sie die Gesichtshaut leicht bläulich, daher das Klischee von den »blauen Rittern der Wüste«, das so gar nichts mit der Lebenswirklichkeit der Tuareg heute zu tun hat.

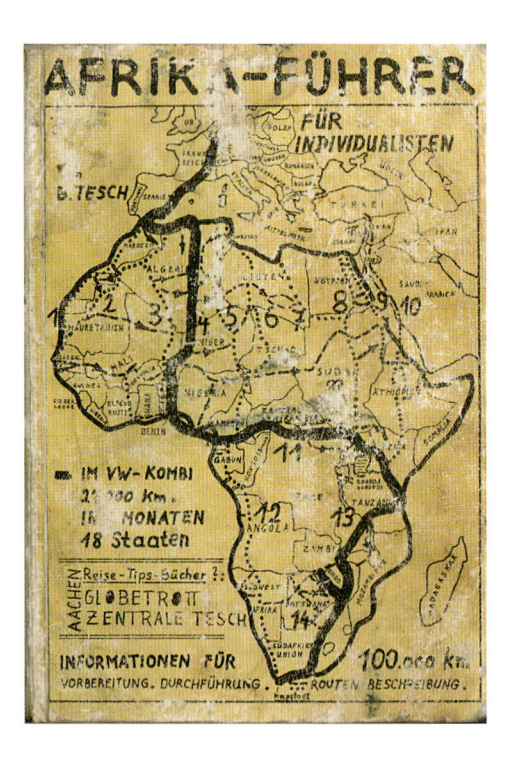

46 /   **DEMORALISIERT /** ZENTRALAFRIKANISCHE REPUBLIK / 1982

Zwei Monate nach dem Start in Augsburg ist unsere Reise in ein kritisches Stadium eingetreten. Eigentlich wollen wir mit unserem VW-Bus bis nach Kapstadt fahren, aber im zentralafrikanischen Bangassou, kurz vor dem Grenzübertritt nach Zaire, unserem nächsten Ziel, denken wir an Aufgabe. Tagelange tropische Regenfälle haben die Pisten in reißende Ströme verwandelt, und von den Straßen in Zaire heißt es, dass sie seit dem Ende der belgischen Kolonialherrschaft nicht mehr repariert worden sind und Löcher aufweisen, in denen selbst Lkws für immer versinken. Ein belgischer Pater erzählt uns einen ganzen Abend lang Geschichten von korrupten Polizisten, die Autos beschlagnahmen und astronomische Summen als »Lösegeld« fordern, von betrunkenen Militärs, die mit Maschinengewehren im Anschlag Geld erpressen. Das Problem ist, dass sich diese Gerüchte nicht überprüfen lassen. Es gab 1982 kein Internet, in dem man in entsprechenden Foren aktuelle Reiseinformationen und -berichte einsehen oder die Einschätzung des Auswärtigen Amtes nachlesen konnte. Die beiden einzigen Reiseführer für Autoreisen im zentralafrikanischen Raum waren damals das Buch »Durch Afrika« des Schweizer Automobilklubs TCS und der mit Schreibmaschine beziehungsweise handschriftlich abgefasste »Afrika-Führer« des Globetrotters Bernd Tesch. Die Angaben darin sind absolut subjektiv und oft um Jahre veraltet. Trotzdem studieren wir die beiden Bücher immer wieder, um wenigstens ein paar Anhaltspunkte zu haben. Einheimische fallen als Informationsquelle praktisch aus, wir treffen nie auf einen Lkw, der aus Zaire kommt und dessen Fahrer uns berichten könnte. In dieser Lage halten wir den Verkauf unseres VW-Busses in Bangui für die beste Lösung und entscheiden uns, in die heruntergekommene Hauptstadt der Zentralafrikanischen Republik zurückzukehren und von dort aus per Schiff auf dem Ubangi und dem Kongo bis nach Brazzaville, der Hauptstadt der Republik Kongo, zu fahren. So durchqueren wir vergleichsweise bequem den zentralafrikanischen Regenwald.

MIT DEM SCHIFF DURCH DEN REGENWALD / ZENTRALAFRIKANISCHE REPUBLIK / REPUBLIK KONGO / 1982

Schnell finden wir einen Käufer für unseren VW-Bus. Monsieur Skeiki, ein libanesischer Werkstattbesitzer, bietet 200.000 Franc CFA, rund 1.200 DM - immerhin zwölfmal mehr, als der Wagen in Augsburg gekostet hat. Die miserable Zahlungsmoral des Libanesen verschafft uns einen zweiwöchigen Zwangsaufenthalt in Bangui. Tag für Tag hält er uns hin, lässt sich verleugnen, zögert die Bezahlung hinaus, bis er das Auto aufgemöbelt und einen Käufer gefunden hat. Währenddessen pendeln Achim und ich zwischen dem verdreckten Campingplatz, der Autowerkstatt, dem Zoll und einer französischen Patisserie, dem einzigen annehmbaren Ort in der ganzen Stadt. Aufgrund der Äquatornähe wird es früh dunkel, in der - glücklicherweise nur kurzen - Dämmerung fallen Moskitos über uns her. Auf das Geld verzichten und einfach weiterreisen können wir auch nicht, denn unsere Pässe liegen beim Zoll, wir bekommen sie erst zurück, wenn die Zollgebühren bezahlt sind. Am Tag 14 unseres Aufenthalts geht dann alles sehr schnell. Monsieur Skeiki hat einen Käufer gefunden, der hat den Kaufpreis entrichtet, so kann der Händler den Zoll und auch uns bezahlen. Wir bekommen das Geld gerade rechtzeitig vor der Abfahrt des Schiffs, das einmal die Woche zwischen Bangui und Brazzaville verkehrt. Als der Kahn nach stundenlanger Verspätung ablegt, fühle ich mich endlich wieder wohl, es geht weiter.

SCHIFFSREISE / ZENTRALAFRIKANISCHE REPUBLIK / REPUBLIK KONGO / 1982

Nach der nervenaufreibenden Wartezeit in Bangui sind die beiden Wochen auf dem Ubangi und Kongo pure Erholung. Das Schiff besteht aus sechs zusammengezurrten Pontons, von denen einer mit einem Dieselmotor angetrieben wird. Die Reisegeschwindigkeit liegt bei zehn Knoten pro Stunde - sofern wir fahren. Mehrmals laufen wir auf Sandbänke auf. Die vielen Hundert Passagiere werden dann per Lautsprecher vom Kapitän gebeten, ins Wasser zu springen, um den gewaltigen Kahn zu entlasten und ihn durch vereintes Schieben wieder flott zu bekommen. Zwischendurch gibt es immer wieder ruhige Tage ohne Zwischenfälle. Dann liegen Achim und ich stundenlang auf dem Dach des Kapitänsunterstands und beobachten einfach nur Wasser, Himmel und Wolken. Unsere Sorge gilt den Kumuluswolken - wenn sie sich zu Wolkentürmen entwickeln, gehen kurze Zeit später heftige Tropengewitter auf unser Lager unter freiem Himmel nieder. Zehn Tage, nachdem wir in Bangui abgelegt haben, erreichen wir die Mündung des Ubangi in den Kongo, der so breit ist, dass wir seine Ufer im Dunst kaum mehr erkennen können. Mit zweitägiger Verspätung fahren wir in den Hafen von Brazzaville ein, Hauptstadt der damals noch sozialistischen Volksrepublik Kongo. Nach langem Umherirren in der quirligen schwarzafrikanischen Millionenstadt finden wir die sowjetische Botschaft und in deren Garten das Aeroflot-Büro, wo man uns, da wir mit Devisen zahlen, sofort zwei Tickets für den Nachtflug Brazzaville-Moskau ausstellt. Während des Flugs bekomme ich hohes Fieber, eine Nachwirkung der feuchtkühlen Nächte auf dem Schiff. In Moskau holt mich ein Sanitäter aus dem Flugzeug, und in einem unterirdischen Lazarett werde ich eingehend untersucht. Die russischen Ärzte stellen fest, dass ich an keiner gefährlichen Tropenkrankheit leide, und man bringt mich zu Achim ins Hotel. Das Hotelzimmer, in dem wir zwei Tage auf unseren Weiterflug nach Frankfurt warten, ist so trostlos, dass wir umgehend von der Sehnsucht nach Afrika ergriffen werden.

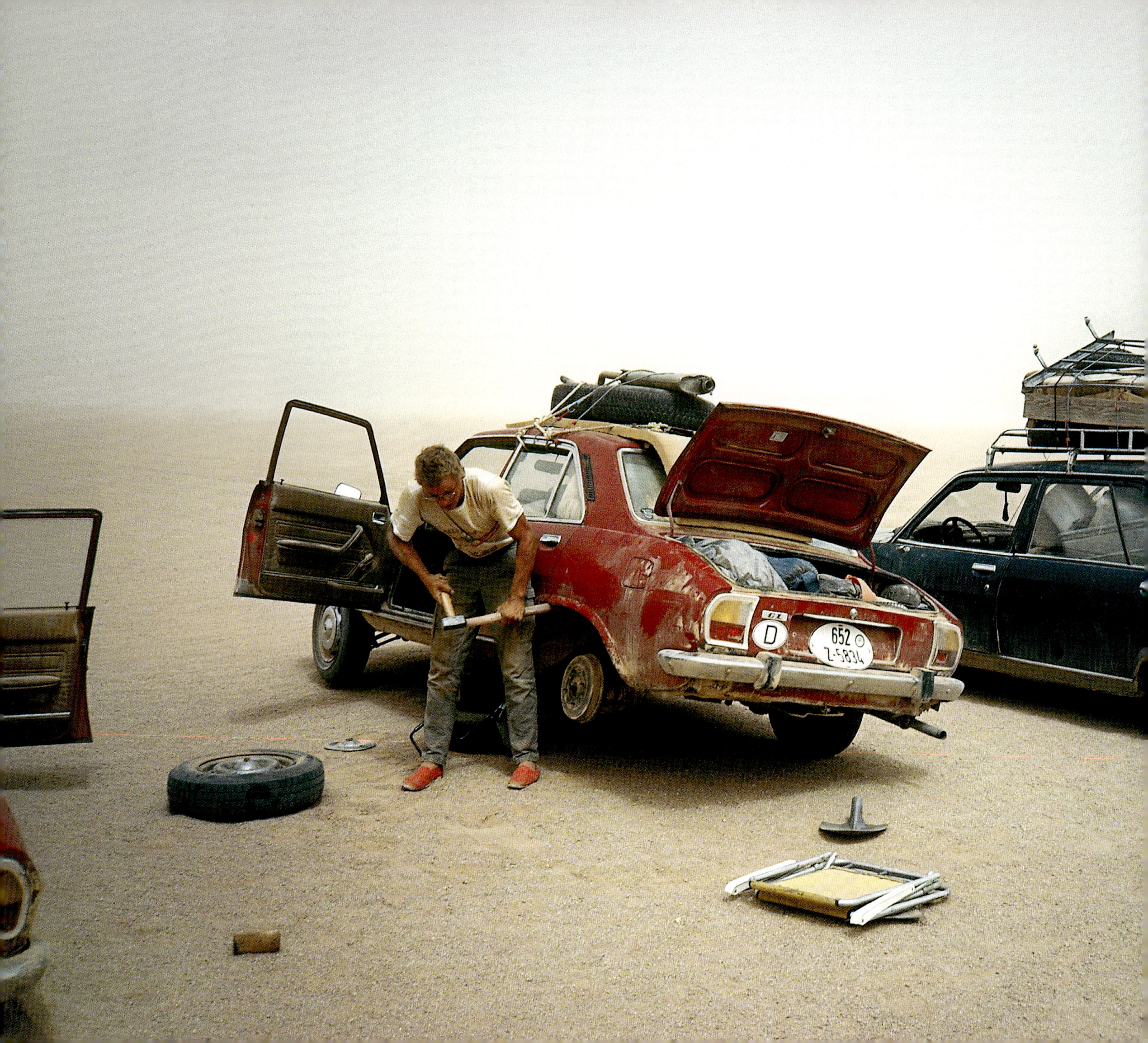
D
652
Z-5834

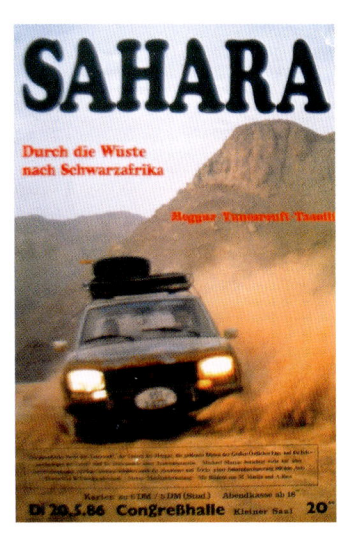

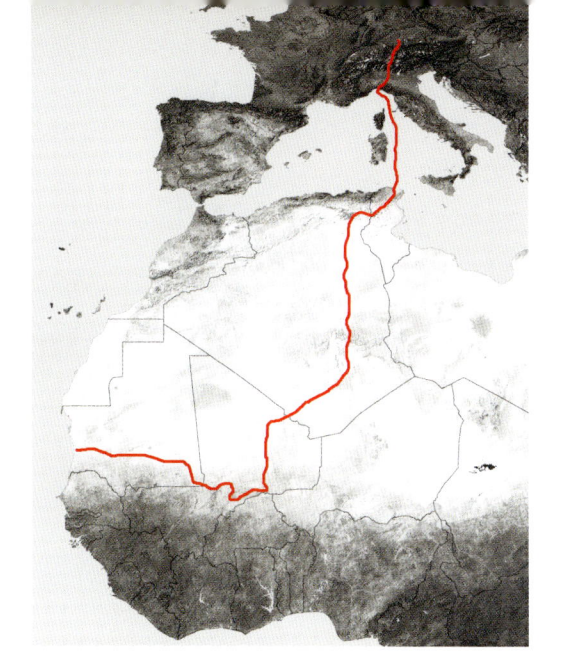

1985 / Im Peugeot nach Westafrika

In den 1980er-Jahren bot die Sahara ein relativ sicheres und überaus verlockendes Reiseziel quasi vor Europas Haustüren. Zu Tausenden machten sich junge Deutsche, Schweizer und Franzosen auf nach Nordafrika. Manche unternahmen eine Rundreise durch die größte Wüste der Welt und kehrten in ihren VW-Bussen und 2CVs wieder zurück nach Europa, die meisten aber kauften sich einen alten Peugeot 504, ein in Westafrika sehr beliebtes Fahrzeug, betätigten sich nach der Wüstendurchquerung als Hobby-Autoschieber und kehrten per Schiff oder Flugzeug heim. Die überwiegende Mehrheit reiste aus reiner Abenteuerlust. Für den, der Autoschieberei professionell betrieb, stand das Geschäft im Vordergrund. Die Einheimischen sahen dem Treiben recht gelassen zu, sie wussten, dass sich die Staubwolken der Konvois bald wieder verzogen. Eine kleine Schicht, die sich einen Gebrauchtwagen leisten konnte, profitierte von der »Peugeot-Invasion«.

Von 1983 bis 1987 durchquerte ich die Sahara 16-mal, anfangs auf den beiden Hauptrouten, der Hoggar- und Tanezrouft-Route, dann auf einsameren Pisten. 1986 war ich mit Steffi, meiner damaligen Freundin, und Freunden nach Mauretanien unterwegs. Die

Länder / Tunesien, Algerien, Niger, Mali, Mauretanien
Route / München, Tunis, Hassi Messaoud, Tamanrasset, Gao, Nema, Nouakchott
Fahrzeug / Peugeot 504
Reisepartner / Stefanie Ramisch, Ralf Jahraus, Walter Heimbach, Detlev Kratz, Armin Peither u.v.m.
Kilometer / jeweils ca. 8.000
Dauer / jeweils 2 - 8 Wochen, insgesamt 16 Reisen
Kamera / Minolta XD 300
Film / Fuji RD 100
Vortragstitel / Sahara

← Klempnerarbeiten im Nirgendwo

Im Peugeot durch Westafrika / 1985

»Habib«, eine heruntergekommene Autofähre, die zwischen Genua und Tunis verkehrte, spuckte uns abends im Hafen von Tunis aus. Wir fuhren sofort weiter bis zur algerischen Grenze, um dann am nächsten Morgen als Erste abgefertigt zu werden. Glücklicherweise übersahen die strengen Grenzbeamten die Pastis-Flaschen, die wir gegen Benzin tauschen wollten. So kamen wir in Hassi Bel Gebour »preisgünstig« an 200 Liter Benzin für Tank und Kanister, bevor wir die Teerstraße verließen.

Sofort war das mir vertraute Wüsten-Feeling wieder da, dieses wunderbare Gefühl, in der Sahara auf der Piste unterwegs zu sein, und bald kam ein erster landschaftlicher Höhepunkt in Sicht, der Erg Amguid, dessen 200 Meter hohe Dünen zu den schönsten Algeriens gehören. Abseits von der nach Osten weiterführenden Piste fuhren wir querfeldein in südlicher Richtung. Unser einziger Anhaltspunkt war der Garet el Djenoun, der höchste Berg des Tefedest. Mir fiel ein Stein vom Herzen, als er nach zwei Fahrtagen tatsächlich am Südhorizont auftauchte – bei den knapp kalkulierten Benzinvorräten wären wir, wenn wir uns verirrt hätten, in eine gefährliche Lage geraten.

Über Tamanrasset, wo es Wasser und Benzin gab, und Timaouine ging es auf einsamer Piste nach Gao in Mali. Für die 1.300 Kilometer lange Strecke brauchten wir fast eine Woche – irgendwann habe ich nicht mehr gezählt, wie oft der Wagen im Sand stecken blieb.

In Gao fassten wir den verwegenen Plan, mit unserem Peugeot 504 das Nigerbinnendelta zu durchqueren. Nur allzu bald begriff ich, warum das noch niemand versucht hatte: Der niedrige Wasserstand des Niger gibt zwar am Ende der Trockenzeit zahllose Flächen im Delta frei, dazwischen liegen aber Tausende Kanäle und Schlammlöcher. Immer wieder versank der Wagen im Schlamm, doch nach drei Tagen hatten wir es geschafft und setzten unsere Fahrt in Richtung mauretanische Grenze fort. Im mauretanischen Nema begann die letzte Etappe: 1.100 Kilometer auf der »Route de l'espoir«, der »Straße der Hoffnung«, die den Osten Mauretaniens mit der Hauptstadt Nouakchott am Atlantik verbindet. Zwei Monate nach unserem Aufbruch waren wir am Ziel, verkauften den Peugeot und bestiegen das nächste Flugzeug nach Las Palmas. Schon am ersten Abend an den verbauten Stränden Gran Canarias sehnen wir uns wieder nach der Wüste.

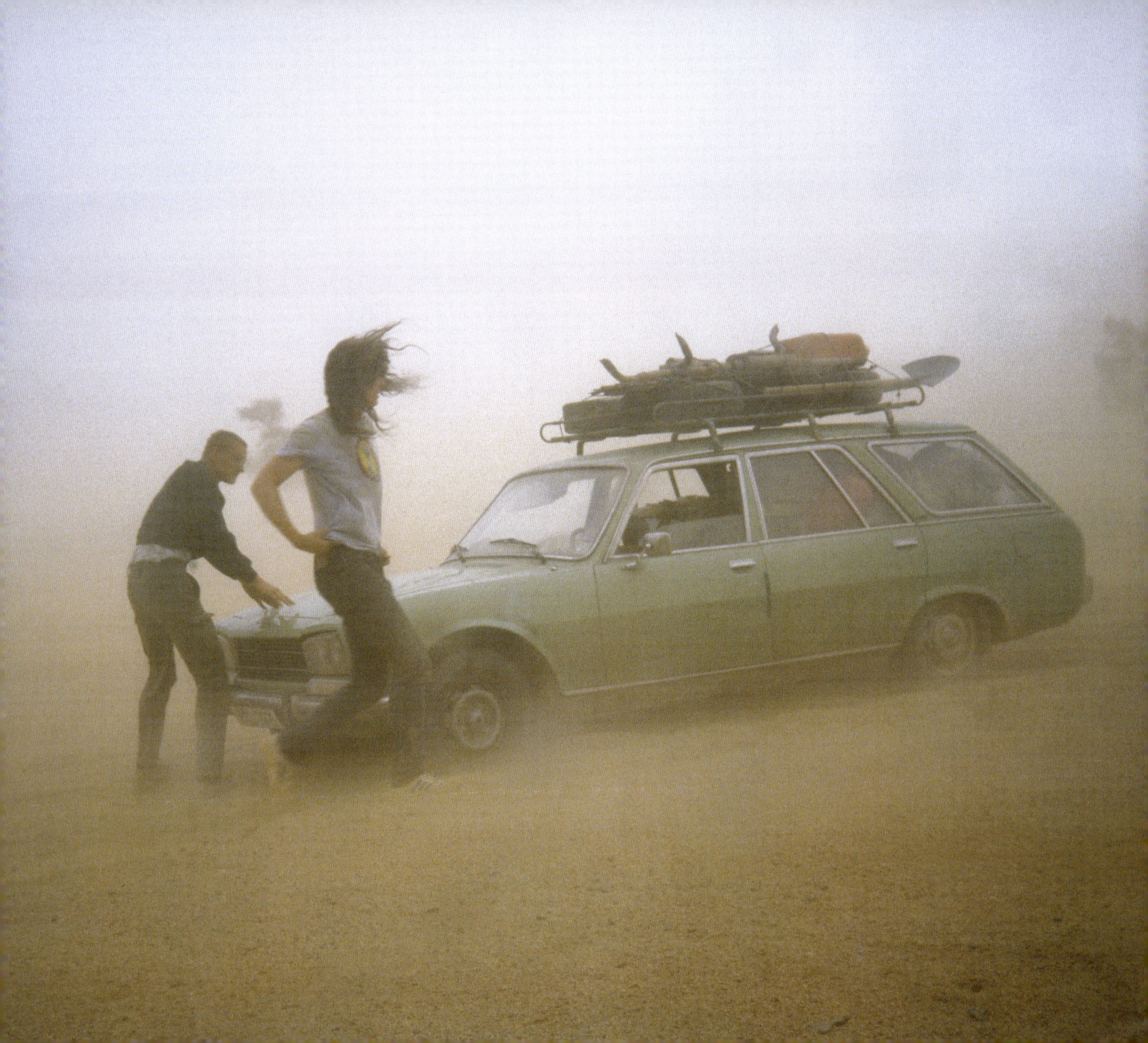

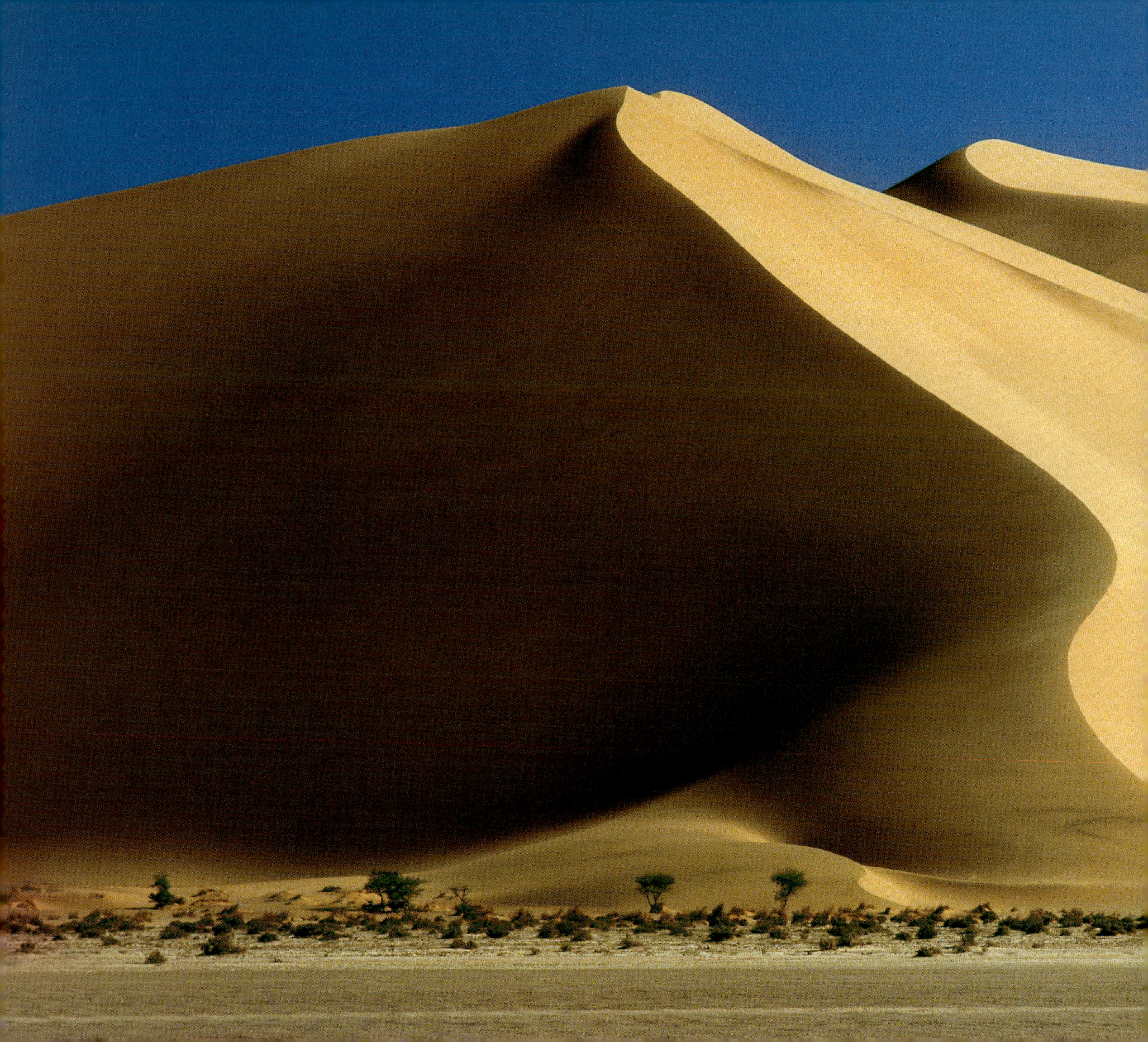

ERG AMGUID / ALGERIEN / 1985   55 /

Je besser ich auf den Reisen mit dem Peugeot 504 die Sahara
kennen lernte, umso wagemutiger wurde ich im Ausprobieren neuer
Routen. Eine davon war in Südalgerien die Route entlang des
Erg Amguid zum Tefedest-Gebirge, das nördlich des Hoggar liegt.
Allein dieses Bild rechtfertigt die Strapazen der Strecke, die eigentlich
nur mit Geländewagen befahrbar ist, und das fernab bekannter
Pisten höhere Sicherheitsrisiko. Ich habe das Foto an der Westflanke
des Erg Amguid im Nachmittagslicht mit Polfilter aufgenommen,
dessen Lichteffekte ich erst kurz zuvor schätzen gelernt hatte.
Als ich das Dia sah, machte ich es sofort zum neuen Titelmotiv
meines Vortrags »Sahara«.

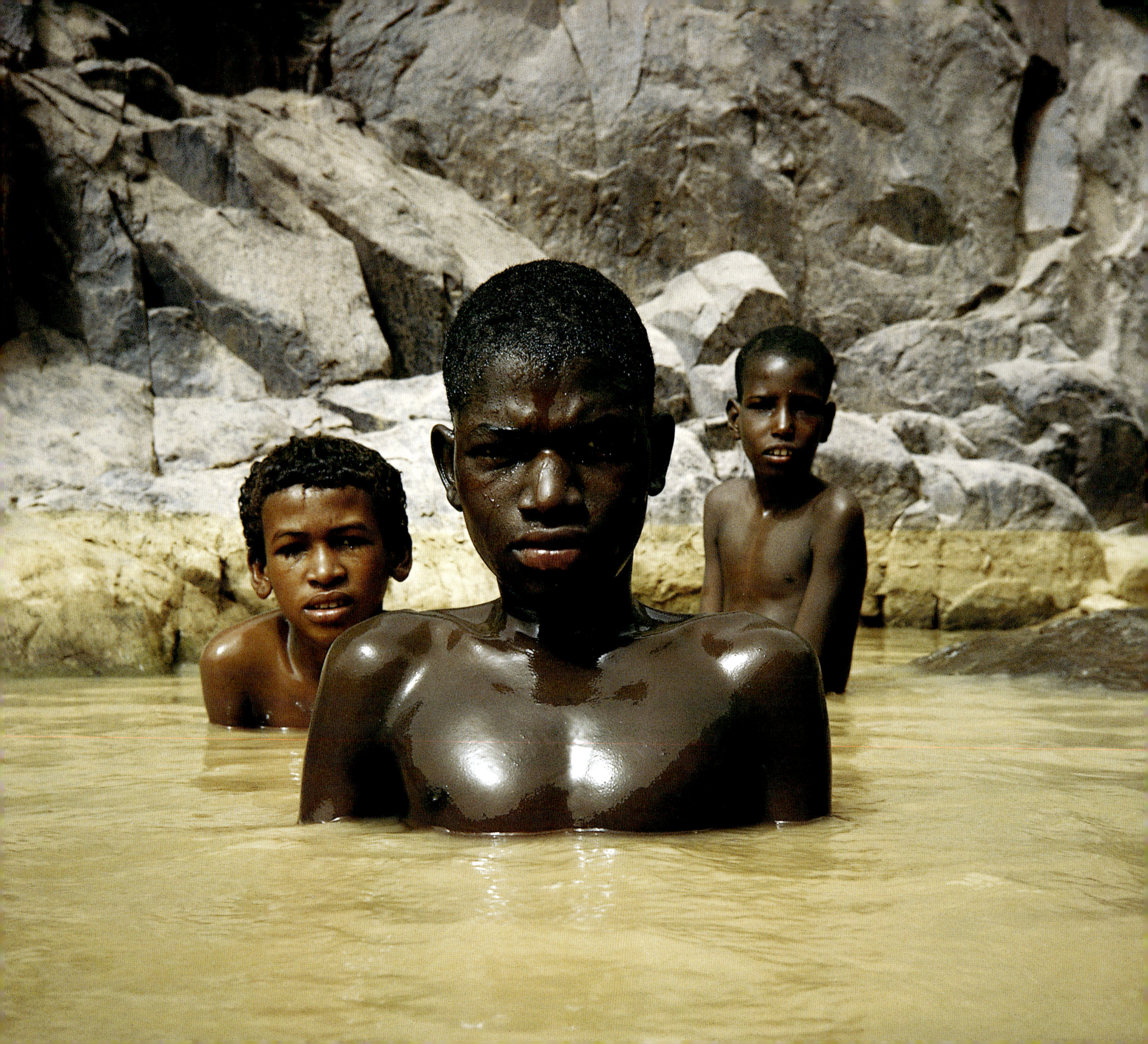

PISCINE / MALI / 1985

»Piscine, piscine«, rufen die beiden Tuareg-Jungs, die mich schon länger dabei beobachten, wie ich bei über 40 °C unter dem Auto liege und den Auspuff ausbaue. Ich krieche unter dem Wagen hervor und frage ungläubig zurück: »Piscine?« Hier im äußersten Norden Malis, inmitten der kargen Felsen des Adrar-des-Iforas-Gebirges ein Schwimmbad? Die Jungs, sie sind vielleicht 13 Jahre alt, machen mir unmissverständlich klar, ich solle mit ihnen kommen. Hoffentlich nicht zu weit, denn meine Freunde, die mir in einem zweiten Fahrzeug folgen, werden sich wundern, wenn sie auf meinen aufgebockten, abgesperrten Peugeot stoßen. 15 Minuten sind wir schon unterwegs, als ich gestenreich nachfrage. Statt einer Antwort laufen die beiden nur schneller. Nach weiteren 15 Minuten werde ich ungeduldig, ich kann auch nicht mehr. Die Hitze macht mich fertig, ein falscher Tritt kann in den spitzen Felsen fatale Folgen haben. Sie bedeuten mir, es sei nicht mehr weit. Also weiter. Ich gebe uns noch 15 Minuten. Vielleicht habe ich die Jungs falsch verstanden, wollte »piscine« hören, obwohl sie etwas ganz anderes meinten? Der Gedanke an ein Schwimmbad hier mitten im Nirgendwo erscheint mir nun absurd. Andererseits ist die Vorstellung, so verschwitzt und verdreckt, wie ich bin, ins Wasser zu springen, verlockender als meine Erschöpfung. Nun klettern die Jungs über große Felsblöcke nach oben, ich hinterher. Plötzlich verschwindet der eine im Nichts, dann der andere, kurz darauf stehe auch ich an einer Felskante, unter mir das »piscine« - ein natürliches Wasserbecken zwischen hohen Felsen. Geographen sprechen von einem Guelta. Als vorsichtiger Mensch verzichte ich auf einen Kopfsprung in das trübe Nass, steige die Felsen hinab und tauche ein in das wunderbar kühle Wasser. Was für ein Gefühl! Baden mitten in der Sahara. Das werden mir die anderen niemals glauben! Ich hole meine kleine Sucherkamera und fotografiere die Jungs, wie sie sich immer wieder von der vier Meter hohen Kante ins Becken hinabstürzen. Zuletzt postieren sie sich vor mir im Wasser.

IM AUFTRAG DER SICHERHEITSKRÄFTE / MALI / 1985

100 Kilometer vor Gao, mitten im malischen Sahel, stehen Soldaten am Rand der Piste und bringen uns gebieterisch zum Stehen. Es ist das erste Mal für mich, dass ich unterwegs in eine Militärkontrolle gerate. »Passeport«, bellt der Uniformierte, greift nach unseren Reisedokumenten und lässt sie in seinen Hosentaschen verschwinden. »Öffnen Sie den Kofferraum!« Ziellos wühlt er zwischen unseren Gepäckstücken herum, dann die barsche Order: »Ihr Auto ist konfisziert! Geben Sie mir die Schlüssel!« Unser Protest verunsichert ihn ein wenig, und er fühlt sich bemüßigt, uns den Grund für seine Maßnahme zu erklären: »Wir haben den Auftrag, algerische Schmuggler zu jagen. Leider haben wir kein Auto.« Nur nicht grinsen! Um Schlimmeres zu verhindern, biete ich mich als Chauffeur an. Kaum hat der Chef des immobilen Einsatzkommandos mitsamt Waffe umständlich in unserem Wagen Platz gefunden, gibt er auch schon Befehle: »Wenden und zurück!« Ich versuche, mir die Strecke einzuprägen, doch die Piste teilt sich immer wieder. Nach 20 Kilometern und angesichts der einbrechenden Dunkelheit greife ich zu einer Notlüge: »Wir bekommen ein Benzinproblem.« »Weiter!«, herrscht er mich an. Rechts und links der Piste Dornbüsche und ein paar Gazellen, sonst ist nichts zu sehen. Plötzlich entdeckt er in großer Entfernung einen Lkw. »Die Schmuggler!«, ruft er mit Siegermiene. Ich lenke den Peugeot aus der tiefen Sandspur und suche mir einen Weg durch die Büsche. Die dornigen Äste schrammen kreischend am Lack entlang. »Schneller, schneller, fahren Sie doch«, ruft er ungeduldig. Der Lkw stoppt, der Uniformierte packt sein Gewehr, springt aus dem Wagen und hastet hinüber zu dem algerischen Laster. Ich sehe, wie der Fahrer mit erhobenen Händen aussteigt, sehe, wie er hinter den Lkw gezerrt wird. Schreie. Minuten später kommt der Fahrer mit blutigem Gesicht hinter seinem Lastwagen hervor. Der Uniformierte befiehlt ihm, zwei Säcke Datteln in unser Auto umzuladen. »Retour!«, kläfft er und dirigiert mich mit knappen Handbewegungen zurück. Auftrag erledigt. Mit der Verlautbarung »Die Algerier sind alle Verbrecher!« entlässt er uns wieder auf die Wellblechpiste. In vielen Staaten Westafrikas schlüpfen Soldaten je nach Situation in die Rolle von Richtern, Verkehrspolizisten, Plünderern, Kriminellen und Mördern. Der ihnen von der Bevölkerung entgegengebrachte Respekt gründet sich meist auf die bittere Erfahrung, dass ein umgehängtes Gewehr mehr zählt als das Recht.

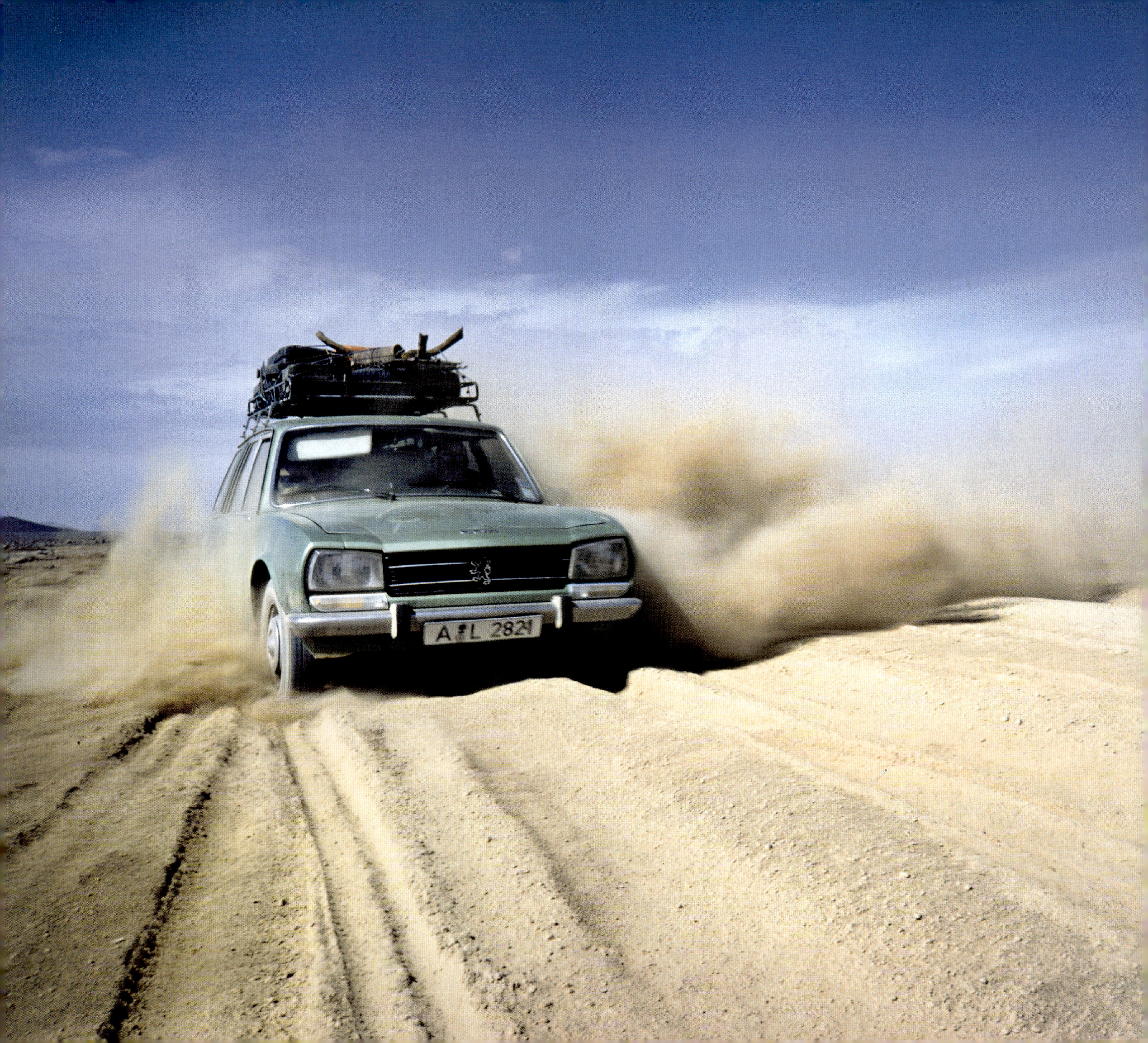
A L 2821

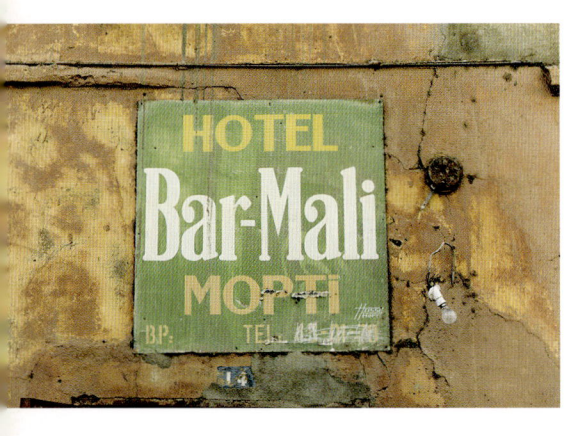

APPENDICE / MALI / 1985

Bar-Mali – hätte ich gewusst, dass sich hinter dem Namen ein stark frequentiertes Stundenhotel verbirgt, wäre ich hier niemals abgestiegen. Ein enges Zimmer, eine schmuddelige Matratze, kein Moskitonetz. Nach einer unruhigen Nacht wache ich schweißgebadet auf, von Mücken zerstochen, und setze mich aufs Bett. Plötzlich ein heftiger Schmerz im rechten Unterbauch. Schlecht gelegen? Ich stehe auf, gehe zwei Schritte durch das winzige Zimmer. Die Schmerzen bleiben. Ich ziehe mir etwas über und begebe mich ins Freie. Nur raus aus diesem Loch! Etwas Bewegung wird mir guttun. Ziellos und doch mit dem Ziel, die Schmerzen loszuwerden, laufe ich durch die noch menschenleeren Straßen Moptis. Ich gehe schnell, dann wieder langsam, doch der Schmerz ist immer noch da. Noch wehre ich mich gegen den Gedanken an eine Blinddarmentzündung, rede mir ein, es wäre ein harmloses Seitenstechen. Es darf einfach keine Blinddarmentzündung sein! Aber auch ein Tee und ein Stück Brot haben keinerlei Wirkung, der Schmerz bleibt, wird stärker.

Ich muss zu einem Arzt. Ich suche ein Taxi, frage den Fahrer nach einer Privatpraxis. Minuten später stehe ich vor einem heruntergekommenen Haus. Auf einem Schild neben der Tür lese ich: Dr. Amadou Traore … Ein Wachmann bedeutet mir, dass die Sprechstunde nicht vor neun Uhr beginnt. Um zehn liege ich endlich auf einer zerschlissenen, verklebten Liege und blicke in das runde Gesicht von Dr. Traore, der sich über mich beugt, meinen Bauch abtastet und mir ohne jede Emotion verkündet: »Appendice, opération tout de suite – Blinddarm, sofort operieren.« So sicher, wie er die Diagnose stellt, habe ich keinen Zweifel, dass sie richtig ist. Erschrocken frage ich, ob eine Operation in Mopti möglich sei. »Oui, ici – ja, hier«, sagt er und deutet auf die der Praxis angeschlossene kleine Klinik. Er führt mich in einen weiteren einfachen Behandlungsraum und zeigt mir seine Beatmungsmaschine, einen gewaltigen, mit einem Fußpedal betriebenen Blasebalg. Hier komme ich nicht mehr lebend raus, schießt es mir panikartig durch den Kopf. Ich verabschiede mich mit der Bemerkung, ich müsse nachdenken.

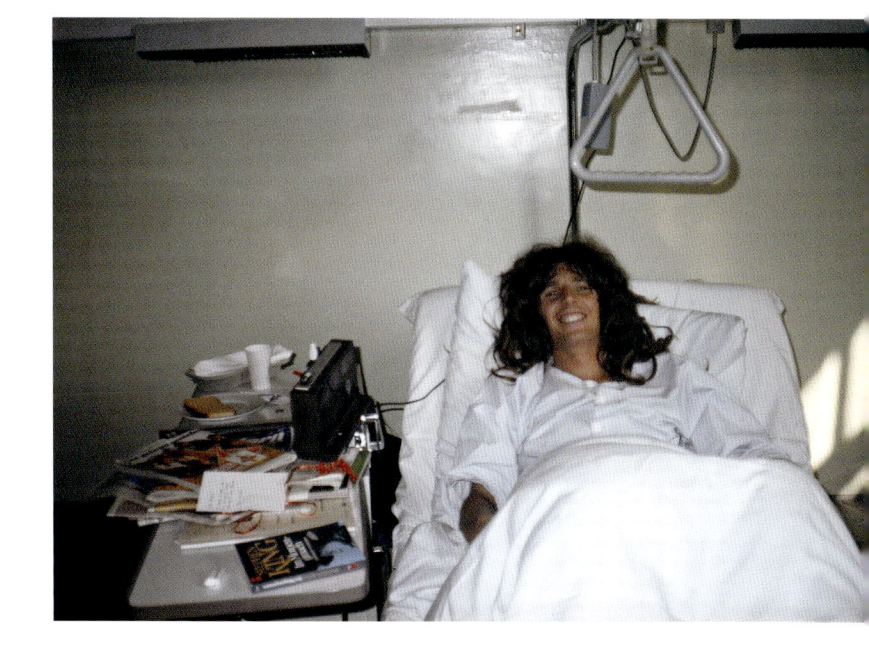

»Nicht zu lange«, ist seine lakonische Antwort. Zurück im Bar-Mali, raffe ich mein Gepäck zusammen, bezahle die Rechnung und mache mich auf die Suche nach einem Überlandtaxi. Als der Fahrer hört, dass ich in die 650 Kilometer entfernte Hauptstadt Bamako will, verlangt er eine Anzahlung. Ich spüre Erleichterung, aus Mopti wegzukommen, gleichzeitig quält mich die Angst, dass ich es nicht mehr bis in die Hauptstadt schaffe. Bei jedem Schlagloch schreie ich vor Schmerzen auf, außerdem bilde ich mir ein, ich habe Fieber. Ich möchte nicht irgendwo zwischen Mopti und Bamako am Blinddarmdurchbruch sterben! Wir kommen nur langsam voran. Um drei Uhr nachmittags haben wir gerade 200 Kilometer hinter uns gebracht. Nicht nur die Schlaglöcher, auch die dauernden Straßenkontrollen der Armee verlangen meiner Geduld und meinem entzündeten Blinddarm viel ab. Bei Einbruch der Dunkelheit sind wir in Segu, noch 200 Kilometer bis in die Hauptstadt. Die Schmerzen sind nach wie vor heftig, aber nicht stärker geworden. Um zwei Uhr morgens fahren wir durch die Vororte von Bamako.

In der Stadtmitte fragen wir nach dem Krankenhaus, dem größten Malis. Ein Nachtwächter öffnet mir die Tür und führt mich auf meine Bitte hin in den OP-Bereich. Aus den Zimmern höre ich das Stöhnen der Patienten, Schwestern oder Ärzte sind nicht zu sehen. Dann stehen wir im OP, einem großen Raum mit zwei blutverschmierten OP-Tischen, sonst gähnende Leere. Schockiert laufe ich zum Taxi zurück. »Aéroport«, höre ich mich sagen. Dort geht alles ganz schnell. Die Nachtmaschine der Air France ist stark verspätet, soll gleich abfliegen. In Windeseile stellt man mir ein Ticket aus, ich komme noch mit. Selten habe ich die engen Sitze der Economy Class als so komfortabel, selten das professionelle Lächeln der Stewardessen als so angenehm empfunden. Die Schmerzen sind stärker geworden, aber in fünf Stunden bin ich in Paris, beruhige ich mich. Bevor ich in die Maschine nach München umsteige, rufe ich meine Eltern an, bitte sie, mich vom Flughafen abzuholen und in die Uniklinik zu fahren. Wenige Stunden später bin ich meinen Blinddarm los.

1987 - 1991 →→

Sahara, Sahel, 4 x 4 /
Vom Nil zum Niger / Ténéré

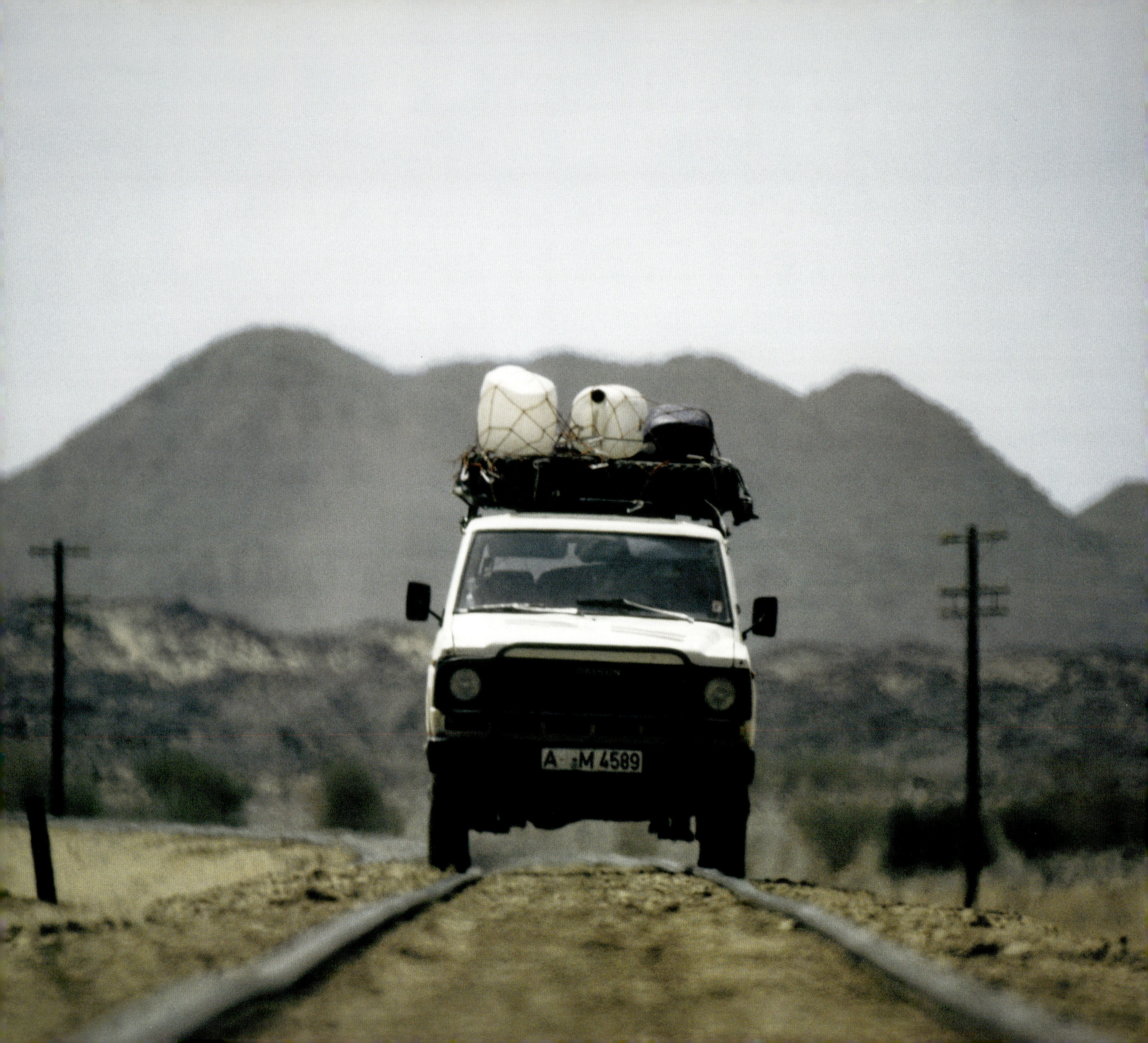
A M 4589

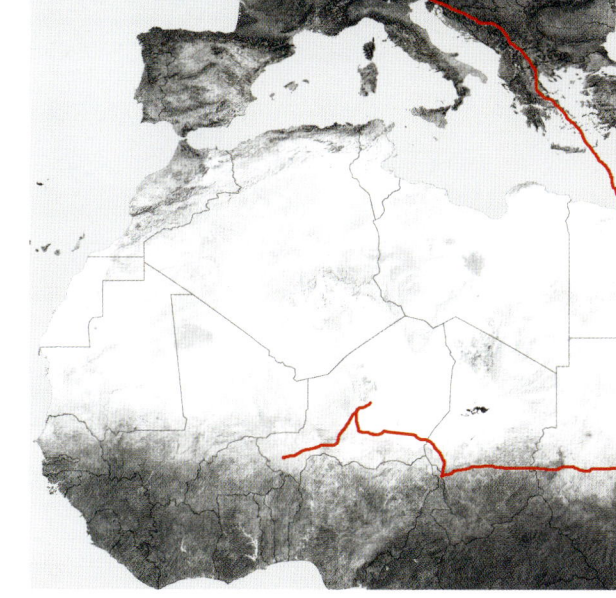

1987 / **Vom Nil zum Niger**

Ein glücklicher Zufall wollte, dass ich Anfang 1987 einen Geländewagen preisgünstig erstehen konnte, einen Nissan Patrol, der wegen seines algerischen Zollkennzeichens in Deutschland keinen Käufer fand. Nach einigem Hin und Her gelang es mir, ihn umzumelden, und im Januar 1987 brachen Steffi und ich mit dem Wagen zu einer Reise vom Nil zum Niger auf. Wir starteten, wie gewohnt, in München und setzten dann von Griechenland nach Alexandria über. Von jener Stelle, wo der Nil nach fast 6.000 Kilometern durch Afrika ins Mittelmeer mündet, führte unsere Fahrt das Niltal hinauf, vorbei an den Pyramiden von Gizeh bis hin zu den Tempeln und Gräbern Oberägyptens. Ebenso beeindruckend wie die Zeugnisse der alten Hochkultur erschienen uns die heutigen Ägypter. Auf kaum einer Reise sprachen Menschen mich so häufig an, selten habe ich so viele spannende Gespräche und eine so herzliche Gastfreundschaft erlebt. Nach all den faszinierenden Erlebnissen kamen wir hochgestimmt an die ägyptisch-sudanesische Grenze, wo uns eine Enttäuschung erwartete: Ein Grenzübertritt war hier unmöglich, die Fähre über den Nasser-Stausee lag schon seit Monaten wegen Motorschadens im Hafen. Auf der berühmten Terrasse des

Länder / Ägypten, Sudan, Tschad, Niger
Route / München, Alexandria, Assuan, Karthoum,
   N'Djamena, Agadez, Niamey
Fahrzeug / Nissan Patrol
Reisepartnerin / Stefanie Ramisch
Kilometer / 12.000
Dauer / 8 Wochen
Kamera / Minolta 9000
Film / Fuji RD 100
Vortragstitel / Afrika - Vom Nil zum Niger

← Auf Schienen durch die Wüste

Vom Nil zum Niger / 1987

Old Cataract Hotels in Assuan – Agatha Christie schrieb hier ihren Roman *Tod auf dem Nil* – überdachten wir unsere Lage. Wir hatten die Wahl, heimzufahren oder zu versuchen, von Suez über das Rote Meer in den Sudan zu gelangen – ein Umweg von 4.000 Kilometern, bis wir im Sudan wieder den Nil erreichen würden!

Ein paar Tage später hatten wir samt Auto einen Platz auf einem Pilgerschiff ergattert, das von Suez nach Dschiddah in Saudi-Arabien unterwegs war und dann Port Sudan anlief. Die Fahrt dauerte drei Tage, ebenso lange zogen sich die sudanesischen Zollformalitäten hin. Von Port Sudan aus führte eine Piste parallel zur Eisenbahn nach Atbara am Nil. Die Piste war in einem so schrecklichen Zustand, dass wir streckenweise auf den Schienen fuhren – immer in der Hoffnung, dass kein Zug kam.

Unvergesslich ist mir unser Besuch der Pyramiden von Meroe, in der Nähe von Atbara oberhalb des Nil gelegen. Meroe war von ungefähr 400 v. bis 350 n. Chr. ein Zentrum des Handels zwischen Schwarzafrika und dem Mittelmeerraum und die Hauptstadt von Kusch, dem Reich der »schwarzen« Pharaonen. Die 40 gut erhaltenen Pyramiden lagen 1987 noch vollkommen verlassen in der Wüste. Unberührte Dünen zeugten davon, dass sie nur selten besucht wurden, nicht einmal ein Wärter war zu sehen.

In der Hauptstadt Khartoum besorgten wir uns Permits für die Weiterfahrt nach Darfur und den Grenzübertritt in den Tschad. Sobald man das Niltal verließ, wurde die Piste zu einer tief ausgefahrenen Lkw-Spur. Wir brachten die Strecke in Lkw-Konvois hinter uns, die Gefahr, von Banditen überfallen zu werden, war zu hoch. Von der Grenzstadt Abeche aus erreichten wir N'Djamena, die Hauptstadt des Tschad. Bei der nördlichen Umfahrung des Tschadsees galt es, eine der schwierigsten Pisten zu bewältigen, die ich kenne – wir mussten Dünen von 200 Metern Höhe überqueren! Spätestens jetzt lernte ich die Vorzüge eines Geländewagens schätzen. Ohne Allradantrieb wäre diese Reise nicht möglich gewesen. Nach drei Tagen Graben und Schieben war die Grenze erreicht, und die Durchquerung von der Republik Niger begann. Bevor wir in der Hauptstadt Niamey ankamen und am Ufer des Niger-Flusses standen, blickte ich vom Ostrand des Aïr-Gebirges zum ersten Mal in die Ténéré-Wüste – sie zog mich sofort in den Bann und würde mein nächstes Reiseziel sein.

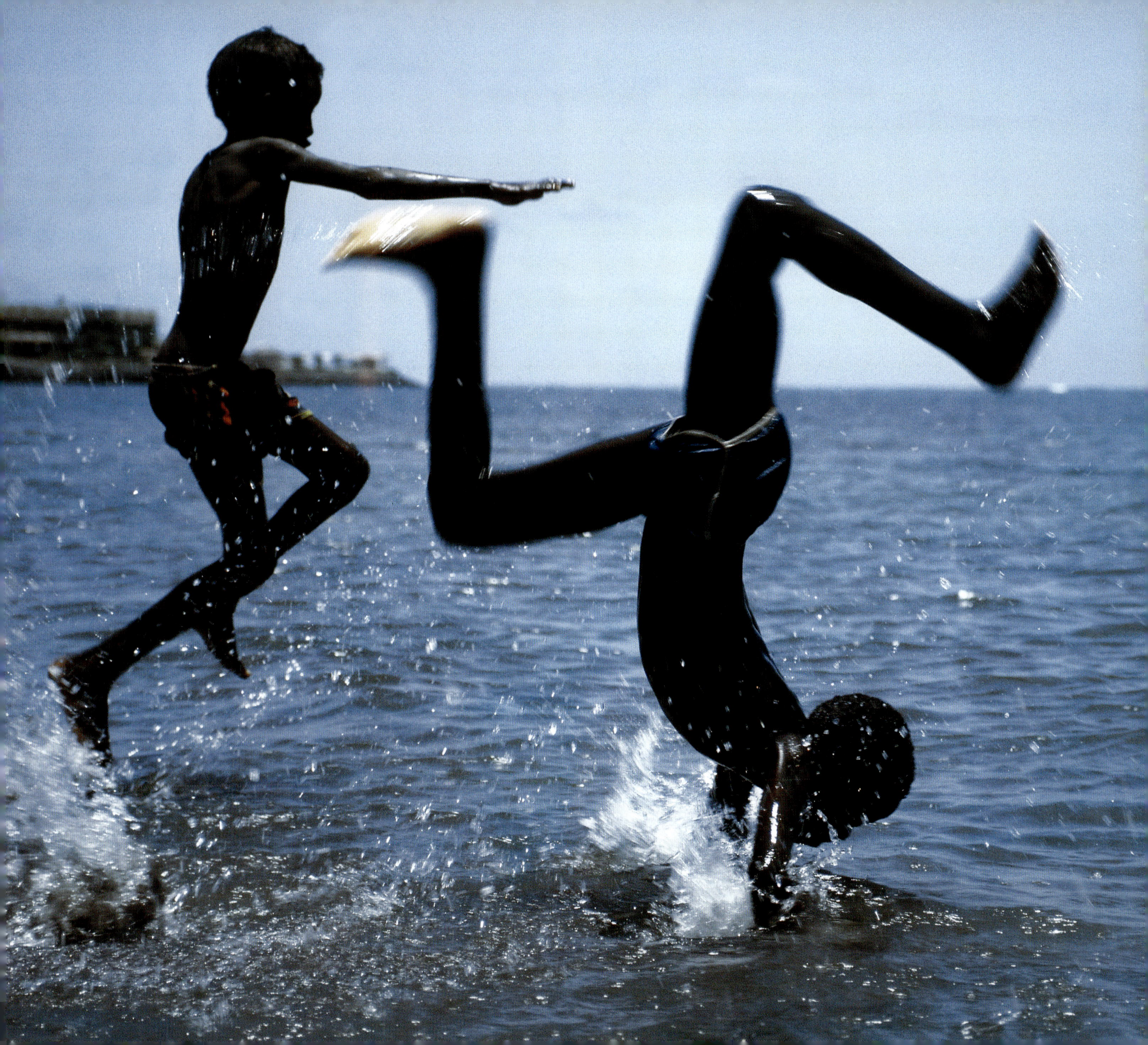

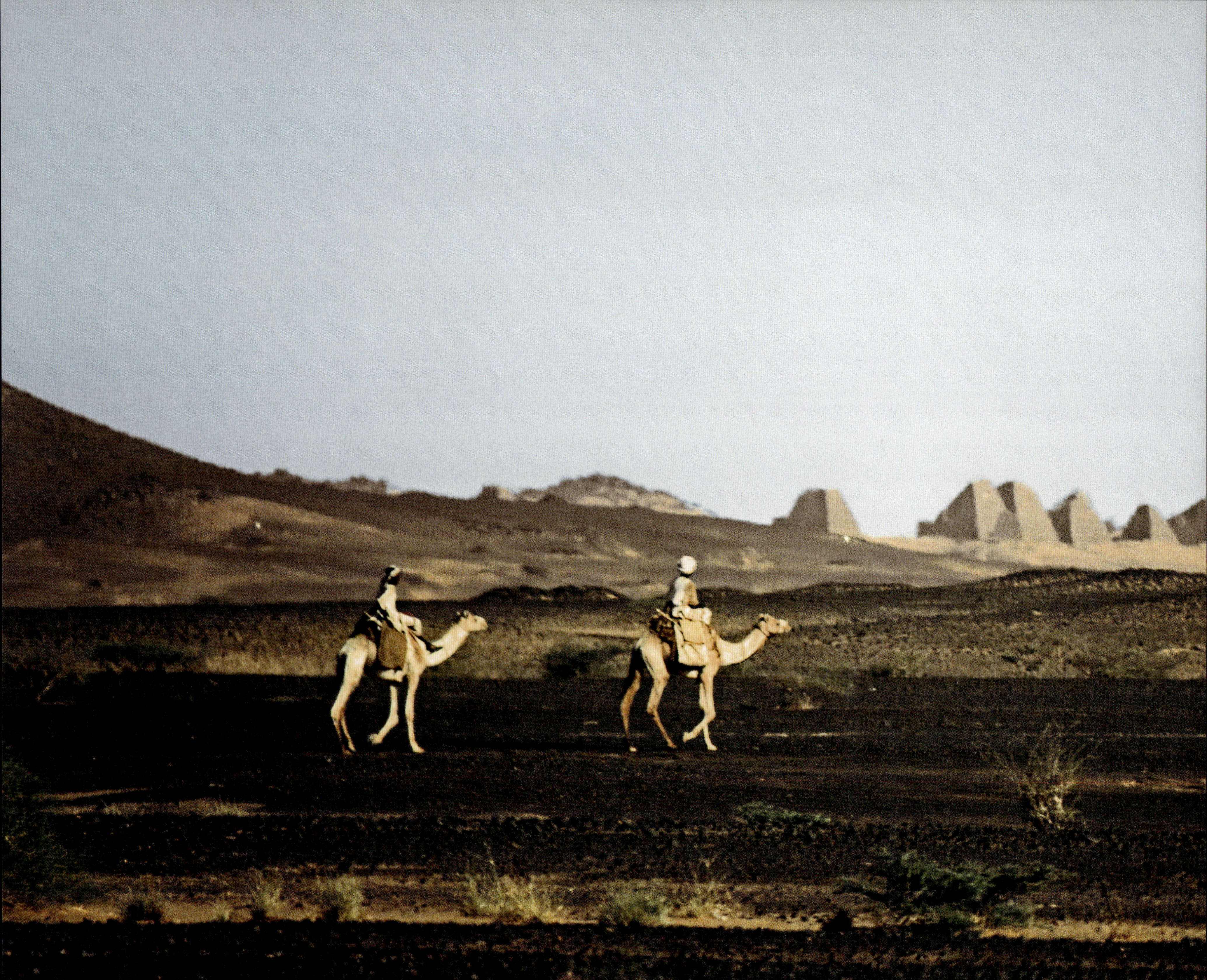

PYRAMIDEN VON MEROE / SUDAN / 1987

Auch heute noch gilt Afrika nicht selten als kulturloser Kontinent, dessen Geschichte erst mit Livingstones und Stanleys Entdeckungen ihren Anfang nahm. In Wirklichkeit beginnt Afrikas Geschichte vor zweieinhalb Millionen Jahren, als im Rift Valley die Wiege der Menschheit stand. Zweieinhalb Jahrtausende vor der vermeintlichen Entdeckung Afrikas durch die Europäer – Mitteleuropa erlebte gerade den Übergang von der Bronze- zur Eisenzeit – existierte am Mittellauf des Nil der älteste innerafrikanische Staat, der durch Aufzeichnungen belegt ist: das Reich Kusch, das über große Teile des Niltals herrschte, zeitweise sogar über Ägypten. Die Hauptstadt war Napata in Obernubien, später Meroe am Zusammenfluss von Nil und Athara, wo eine von Ägypten weitgehend unabhängige Hochkultur entstand. Wie in vielen Regionen Schwarzafrikas hatten hier Frauen in der Rolle der Königinmutter wesentlichen politischen Einfluss. Von Meroe reicht der Blick weit hinein in die Bayuda-Wüste, wo die Königinnen und Könige von Kusch in 120 Pyramiden begraben liegen. Es ist später Nachmittag, als wir auf dieses größte Pyramidenfeld der Erde stoßen. Touristen haben die Sehenswürdigkeit noch nicht entdeckt, bis auf die beiden Kamelreiter ist weit und breit niemand zu sehen.

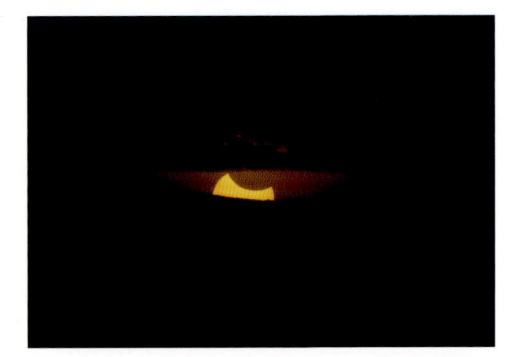

SONNENFINSTERNIS / DSCHIBUTI / 1987

Für den 29. März 1987 haben die Astronomen eine ringförmige Sonnenfinsternis angekündigt. Der Mond solle sich vollständig vor die Sonne schieben, sie aber nicht ganz bedecken, sodass der äußere Rand – der Ring – der Sonne sichtbar bliebe. Das Spektakel würde am frühen Morgen über Südamerika beginnen und am Horn von Afrika sein Ende finden. Dort, im Zwergstaat Dschibuti, will ich das seltene Himmelsereignis fotografieren. Am Tag der Sonnenfinsternis zieht mittags plötzlich Bewölkung auf, die sich schnell verdichtet. Minutenlang bin ich wie gelähmt. Dann kommt mir eine Idee. In einem klapprigen Taxi fahre ich zum winzigen Flughafen, wo es einen Aeroklub gibt. Meine hektischen Fragen nach einem Flugzeug führen endlich dazu, dass der Wärter den Vorsitzenden des Aeroklubs anruft. Diesem versuche ich in holprigem Französisch mein Anliegen klarzumachen: Ich muss sofort in die Luft! Keine zehn Minuten später bringt mich ein klappriger Renault 4 auf das Flugfeld. Dort steht François, ein Pilot der französischen Garnison, der in seiner Freizeit die Cessna fliegt. Die Sonne ist hinter den Wolken verschwunden, und ein Blick auf die Uhr sagt mir, dass die Finsternis weit vorangeschritten sein muss, als wir uns in die enge Kabine quetschen.

Gegen 16 Uhr heben wir ab, 30 Minuten vor dem Höhepunkt des Spektakels. Viel zu langsam gewinnt die Maschine an Höhe. Meine Kamera liegt bereit, gleich muss die Sonne in unser Blickfeld kommen. Wir durchbrechen die Wolkenschicht, ich traue meinen Augen nicht. Hoch über uns noch mehr Wolken! Der Pilot zieht den Gashebel, wir steigen weiter. Fünf Minuten bevor man den Ring sehen kann, durchbrechen wir die zweite Wolkenschicht. Schräg über uns steht die Sonnensichel. Dann geht alles ganz schnell. Der Mond schiebt sich vollständig vor die Sonne, ein schmaler, gleißender Sonnenring steht in vollendeter Schönheit am dunklen Himmel, Sterne leuchten auf. Ich bin überwältigt. Vor lauter Aufregung kann ich fast nicht fotografieren. Plötzlich bricht sich ein erster Sonnenstrahl Bahn, für den Bruchteil einer Sekunde funkelt die Sonne wie ein Ring aus unzähligen Diamanten. Dann kommt sie immer mehr hinter dem Mond hervor, es wird hell, und die Sterne verschwinden. Der Pilot drückt die Maschine nach unten, der Sauerstoffmangel hat uns schon zu schaffen gemacht. Rasch durchfliegen wir beide Wolkenschichten. Kurz vor Sonnenuntergang landen wir, neben uns liegt das Meer. Im Westen geht gerade die Sonne unter – als Sichel.

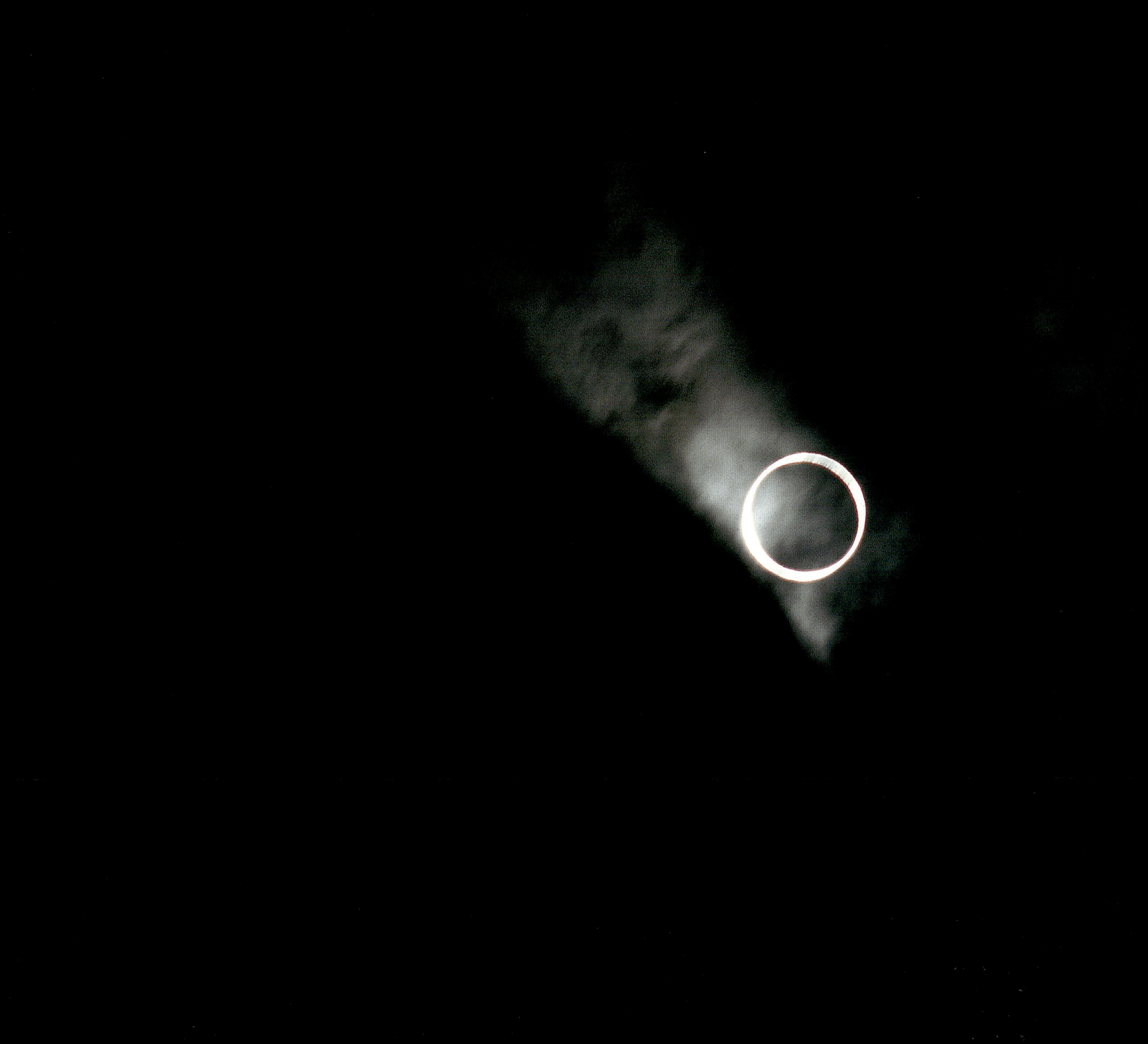

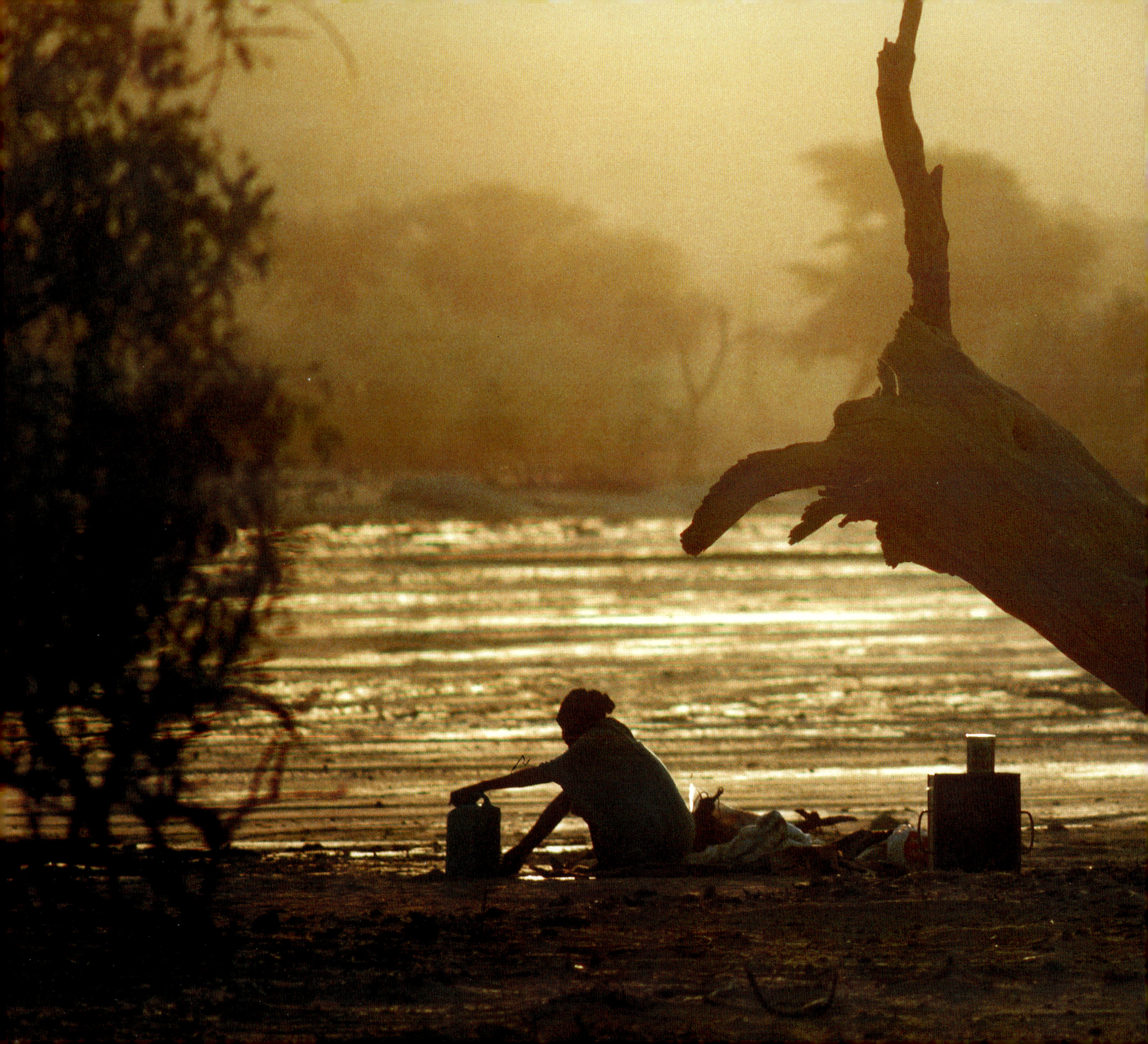

ISMAIL / NIGER / 1987

Vom Tschadsee kommend, sind Steffi und ich in Agadez im Niger angelangt, von wo aus wir zum Ostrand des Aïr-Gebirges fahren wollen. Wir tun uns mit zwei französischen Familien zusammen und engagieren für die schwierige Tour einen Führer. Es begleitet uns Ismail, einer der erfahrensten und angesehensten Führer von Agadez. Schnell fällt uns auf, mit welcher Herablassung unsere Reisepartner ihn behandeln. Sie sehen in Ismail einen »Eingeborenen« und Diener, der auf der sozialen Leiter mehrere Sprossen unter ihnen rangiert. Als wir im Oued Issaouane unser erstes Nachtlager aufschlagen, hält er sich abseits, bereitet sein eigenes Essen und sitzt dann in einiger Entfernung von der Gruppe auf seiner Matte. Steffi und ich finden das unerträglich, nehmen unsere Sachen und setzen uns zu dem uns erfreut anlächelnden Ismail. Trotz unserer geringen Französischkenntnisse unterhalten wir uns bald mit ihm über die Routen und Orte im Aïr. Auch in den nächsten Tagen achten wir darauf, dass der alte Mann sich nicht ausgeschlossen fühlt. Nach der gemeinsam verbrachten Woche schenkt mir Ismail zum Abschied sein Messer, das ich bis heute in Ehren halte.

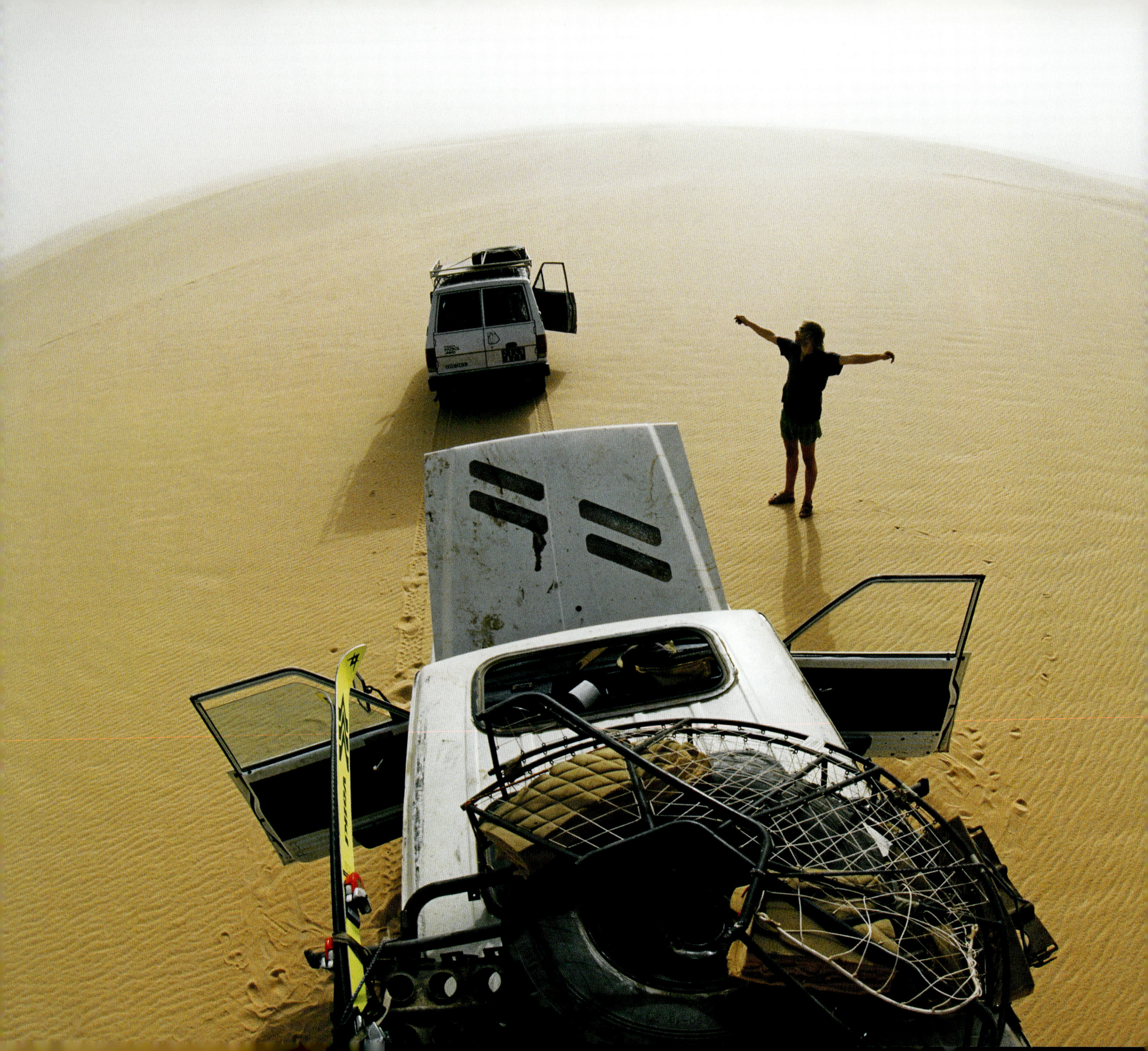

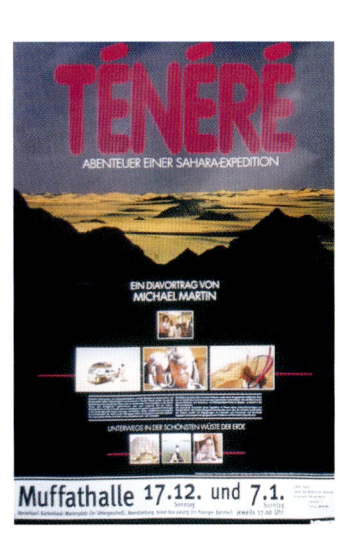

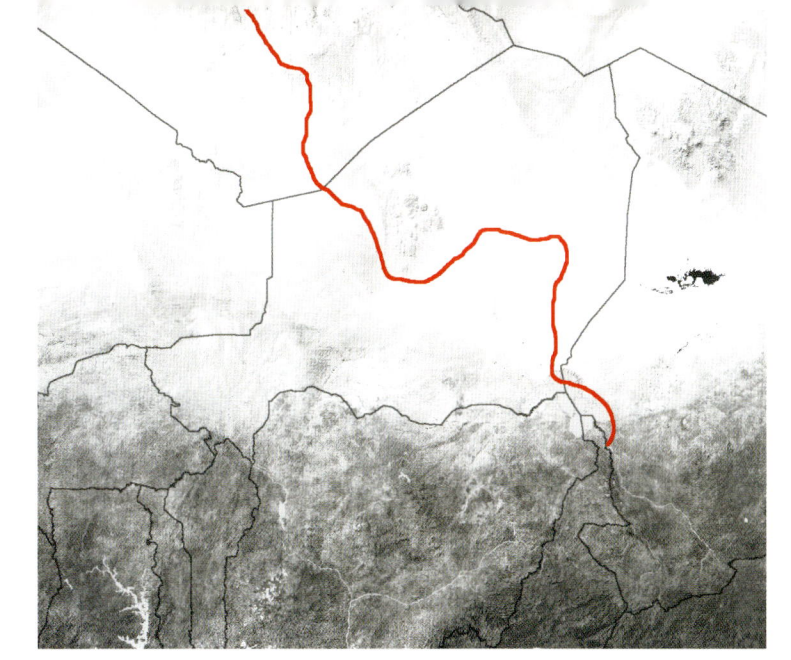

1989 / Ténéré

Das nächste Reiseziel hieß »Ténéré«. Mein Plan war, von Agadez im Niger aus die Ténéré-Wüste zu durchqueren und durch den Erg de Bilma zum Tschadsee vorzustoßen. Ich kaufte einen zweiten Nissan Patrol und begeisterte drei Freunde von mir, Gregor, Armin und Alex, für die Idee. In der 400.000 Quadratkilometer großen Ténéré, die im Westen die höchsten Sanddünen der Sahara bildet, ist eine gute Ausrüstung lebenswichtig. Dafür suchte ich erstmals aktiv Sponsoren.

Zusammen mit Mohamed, der uns als Führer drei Wochen durch das »Land dort draußen« – so die Tuareg-Bezeichnung für die Ténéré – begleitete, verließen wir Agadez vor Sonnenaufgang, schwer beladen mit Wasser- und Treibstoffvorräten. Die Vegetation wurde langsam spärlicher, am Nachmittag tauchten die ersten Dünen auf, und abends schliefen wir schon im unberührten Sand der Ténéré. Die weitere Fahrt ähnelte dem Kreuzen auf einem Ozean. Wir mussten Dünenketten überqueren, Tiefsandfeldern ausweichen, auf unbefahrbare Sandrippel achten und dabei unser Etappenziel im Auge behalten. Erstes Ziel war der Brunnen am Arbre du Ténéré, der hier als einziger Baum im Umkreis von rund 400 Kilometern

Länder / Niger, Tschad
Route / Agadez, Fachi, Bilma, Nguigmi, N'Djamena
Fahrzeuge / 2 Nissan Patrol
Reisepartner / Gregor Karch, Alexander Ramisch, Armin Peither, Mohamed Al Fatou
Kilometer / 3.000
Dauer / 6 Wochen
Kamera / Minolta 9000
Film / Fuji RD 100
Vortragstitel / Ténéré

← Durchquerung der Ténéré

Ténéré / 1989

gestanden hatte, bis er 1973 Opfer der Dürre oder – wie Gerüchte besagen – eines unachtsamen Lkw-Fahrers wurde. Unser nächstes Ziel hieß Fachi, eine Salzoase im Sandmeer der Ténéré. Die Strecke ist kaum befahren, nicht markiert, ohne Spuren und stark versandet – kurzum die hohe Schule des Saharafahrens.

Die Ostrichtung zwang uns zu häufigen Dünenüberquerungen, denn die Dünenketten sind aufgrund des Passatwinds von Nordost nach Südwest ausgerichtet. Nach zwei Tagen Sandfahrt tauchte die Bilderbuchoase auf. Wir waren seit Wochen das erste Auto, das Fachi erreichte, entsprechend begeistert war der Empfang, den die Kinder uns bereiteten. Am frühen Morgen erlebten wir den Aufbruch einer Karawane, die, schwer beladen mit der Handelsware Salz von den dortigen Salinen, den Rückweg durch die Ténéré in den Sahel antrat. Wir steuerten den Ort Bilma am Ostrand der Ténéré an, Ausgangspunkt für die schwerste Strecke der Sahara, vielleicht die schwerste Wüstenstrecke überhaupt: die Durchquerung des Grand Erg de Bilma. Auch hier verlaufen die Dünen in Ketten, doch sie sind viel höher und folgen dichter aufeinander als in der Ténéré. Ohne Mohamed wären wir in diesem Sandlabyrinth verloren gewesen. Überall kannte er die besten Stellen, die Dünen hinauf- und sie wieder hinabzufahren. Dabei sind die Südflanken der Dünen so steil, dass der Wagen sich bei kleinsten Fahrfehlern zu überschlagen droht. Für eine Strecke von 300 Kilometern Luftlinie brauchten wir fast eine ganze Woche. Zwei Wochen, nachdem wir Bilma verlassen hatten, erreichten wir Nguigmi und die Grenze zum Tschad. Unser letztes Ziel war das Ufer des Tschadsees, dessen Größe je nach Niederschlagsmengen stark schwankt. Als Paläotschad bedeckte der See vor rund 30.000 Jahren weite Teile der Ténéré und war mit einer Fläche von bis zu einer Million Quadratkilometern viermal so groß wie Deutschland. In der Hauptstadt N'Djamena endete unsere Reise. Wir verkauften die Autos und flogen nach Hause.

Gern hätte ich die Sahara weiter erkundet, doch in den 1990er-Jahren machten die Tuaregrebellion in Niger und Mali sowie der algerische Bürgerkrieg Reisen durch weite Teile Nord- und Westafrikas unmöglich.

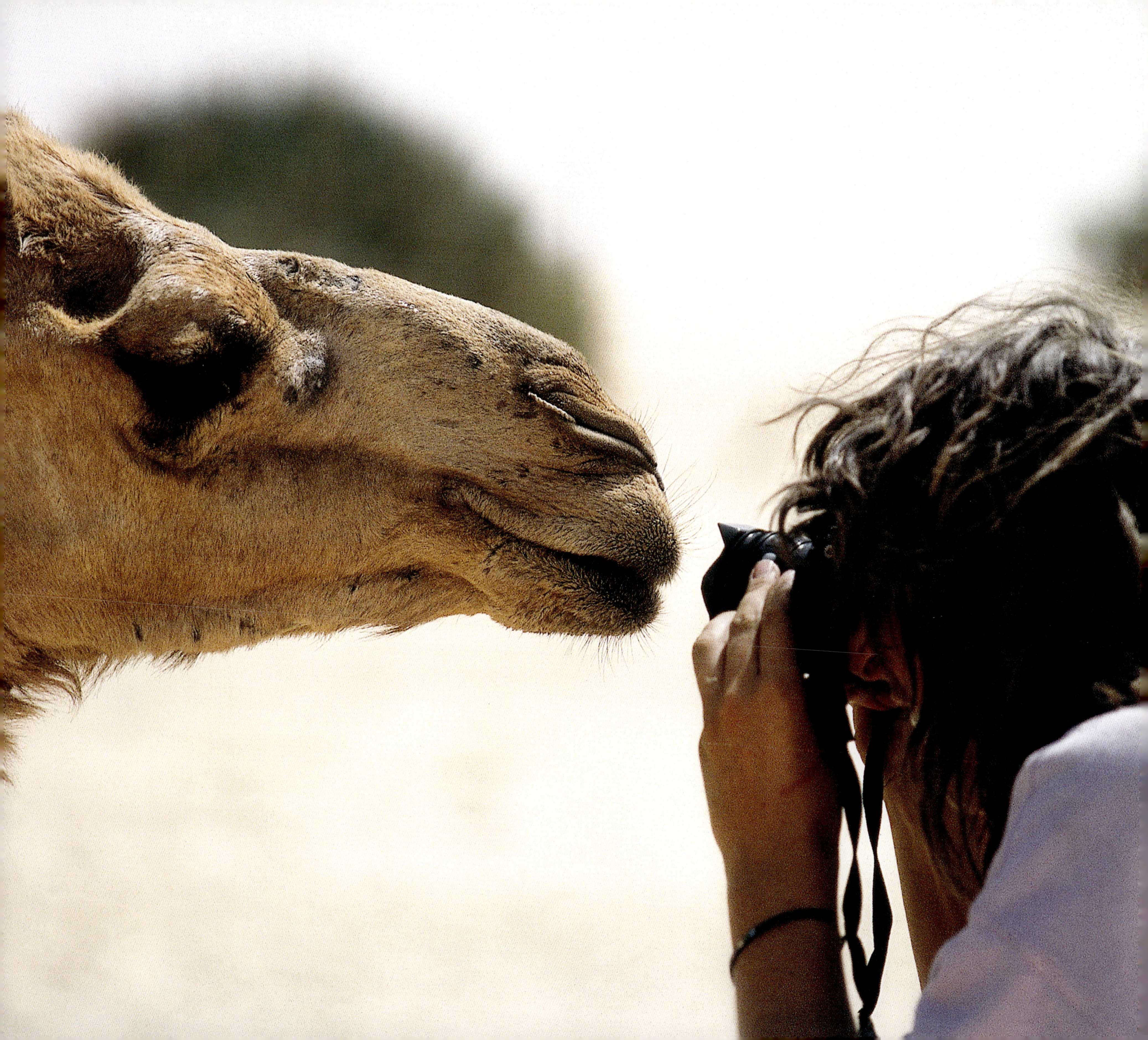

78 / **EDMOND UND EDDY** / NIGER / 1989

Als ich wieder einmal das Restaurant von El Hadj betrete, deutet er auf zwei junge Männer, die an den Wänden Figuren skizzieren. Er will es seinen Konkurrenten gleichtun und das Lokal mit Wandmalereien verschönern lassen. Als El Hadj sich zum Mittagsschlaf zurückzieht, setzen sich die beiden Wandmaler an meinen Tisch. »My name is Eddy, we come from Ghana. I am the manager of Edmond. He is painting now the president of the Republic of Niger, Mr. Ali Saibou. In each country the president is our best painting, everybody wants it. In Ghana we paint Jerry Rawlings, in Mali Mr. President Moussa Traoré, no problem. You must know we have a dream. Our dream is Germany, so we try to get the money for the boat to Europe. Then we visit you. – Ich heiße Eddy, wir kommen aus Ghana. Ich bin Edmonds Manager. Er malt gerade den Präsidenten der Republik Niger, Mr. Ali Saibou. In allen Ländern verkauft sich das Präsidentenbild am besten, jeder will es haben. In Ghana malen wir Jerry Rawlings, in Mali den Präsidenten Moussa Traoré, kein Problem.

Weißt du, wir haben einen Traum. Unser Traum ist Deutschland, daher versuchen wir, das Geld für das Schiff nach Europa zusammenzukriegen. Dann besuchen wir dich«, erzählt mir Eddy. Ich gebe ihnen meine Adresse, sechs Monate später liegt bei mir zu Hause ein Brief aus Libyen im Briefkasten. Die beiden berichten von guten Geschäften mit Porträts von Oberst Gaddafi in libyschen Cafés und bitten mich um Hilfe bei der Beschaffung eines Visums für Deutschland. Sie hätten sich schon ein Porträt von Kanzler Kohl besorgt, um zu üben. Ich setze mich mit der deutschen Botschaft in Tripolis wegen eines Touristenvisums für die zwei Maler in Verbindung, doch die Konsularbeamten machen mir wenig Hoffnung. Ein gutes halbes Jahr später ein Anruf aus Graz. Eddy ist in einem österreichischen Asylantenheim, wir treffen uns eine Woche später in einem nahen Gasthof. Die Geschäfte laufen nicht so wie erwartet, sagt er.

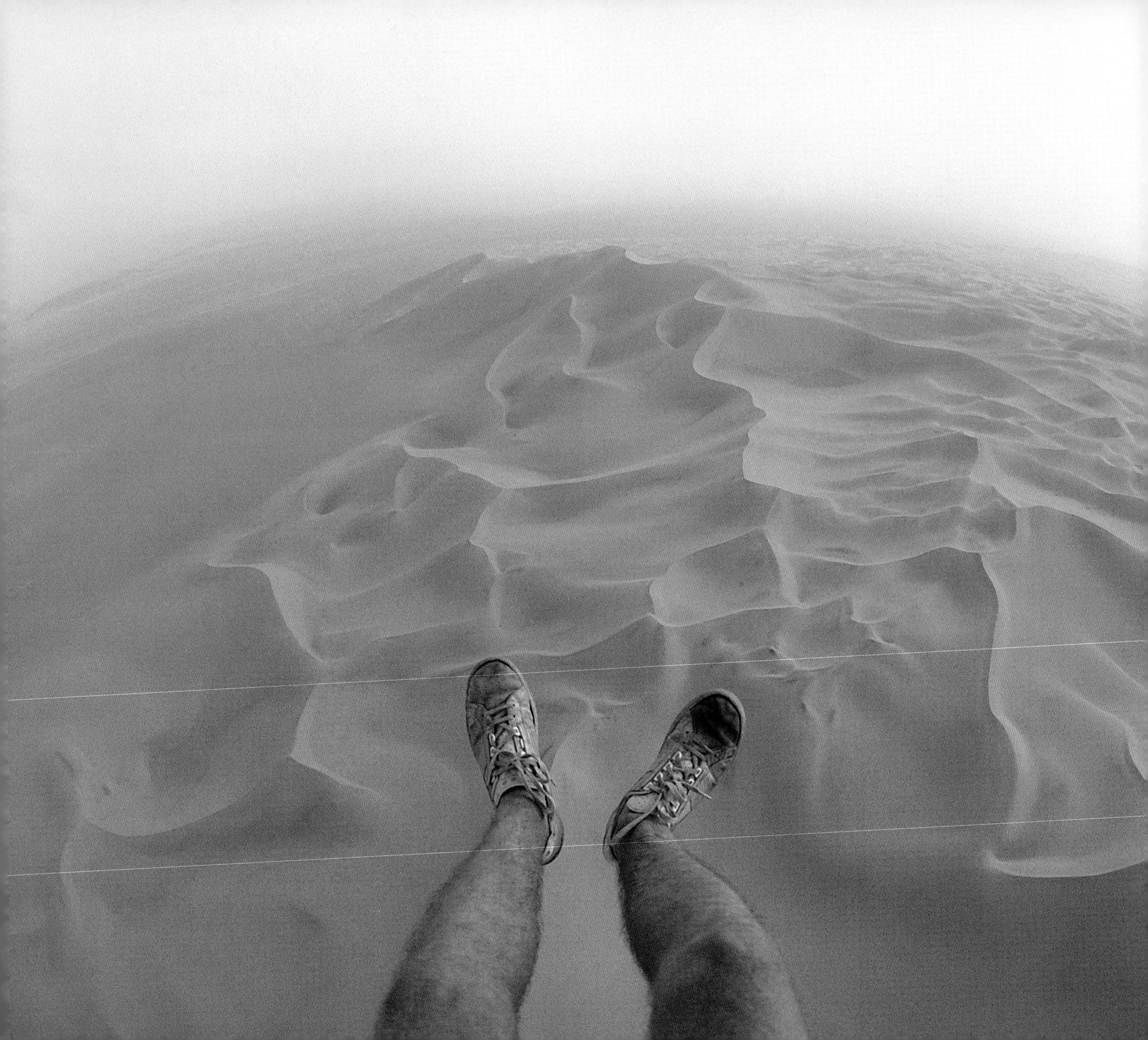

GLEITSCHIRMFLUG / NIGER / 1989

Mohamed, unser Führer, reicht Achim begeistert ein Glas Tee. Nach seinem Jungfernflug mit dem Gleitschirm in der Ténéré ist Achim gerade gelandet, auf dem Rücken einen Propellermotor. Solche Fluggeräte sind in den 80er-Jahren noch weitgehend unbekannt, im Niger sind wir die Ersten, die sich auf diese Weise einen Blick aus der Vogelperspektive verschaffen. Achims Füße stecken während des Flugs in Schlaufen, die das Ende der Lenkseile bilden, mit dem Biss auf eine überdimensionierte Wäscheklammer gibt er Gas. So bekommt er die Hände für die Kamera frei.
Das Fliegen mit Gleitschirm empfiehlt sich in den frühen Vormittagsstunden, bevor die Sonne die Wüste aufheizt und gefährliche Turbulenzen entstehen. Als wir zwei Wochen zuvor am Grenzort Assamaka in den Niger eingereist sind, haben wir den an einem Tragegestell befestigten Tank als Düngemitteltank, den Gleitschirm als Zelt und den Propeller als Deckenventilator ausgegeben. Die Einfuhr von Fluggeräten bedarf der Genehmigung des Innen- und Verteidigungsministers – die wir niemals bekommen hätten.

82 / **RALLYE PARIS-DAKAR** / NIGER / 1989

Immer wieder stoßen wir in der Ténéré auf Reste der Rallye Paris-Dakar, obwohl Thierry Sabine, der Begründer und langjährige Organisator der Rallye, anfangs immer wieder beteuert hatte, dass das Rennen keinerlei Spuren in der Sahara hinterlasse und die Umwelt nicht beeinträchtige. In den Nachtlagern und entlang der Strecken verrotten Fahrzeugteile, Kanister und sonstiger Müll. Der Nutzen der Rallye für die Anrainer ist umstritten. Befürworter verweisen auf den Ausbau von Infrastruktur und Handel längs der Strecke, Kritiker halten die Rallye angesichts der Lebensverhältnisse der lokalen Bevölkerung für eine soziale Provokation. Immer wieder finden Einheimische bei Unfällen den Tod, bislang hat die Rallye mindestens 59 Menschenleben gefordert, auch ihr Gründer ist 1986 bei einem Helikopterabsturz ums Leben gekommen. Erstmals am 26.12.1978 gestartet, hat die Rallye auf wechselnden Routen einmal jährlich stattgefunden, bis sie 2008 wegen Terrorgefahr abgesagt worden ist. 2009 wurde sie erstmals in Südamerika ausgetragen.

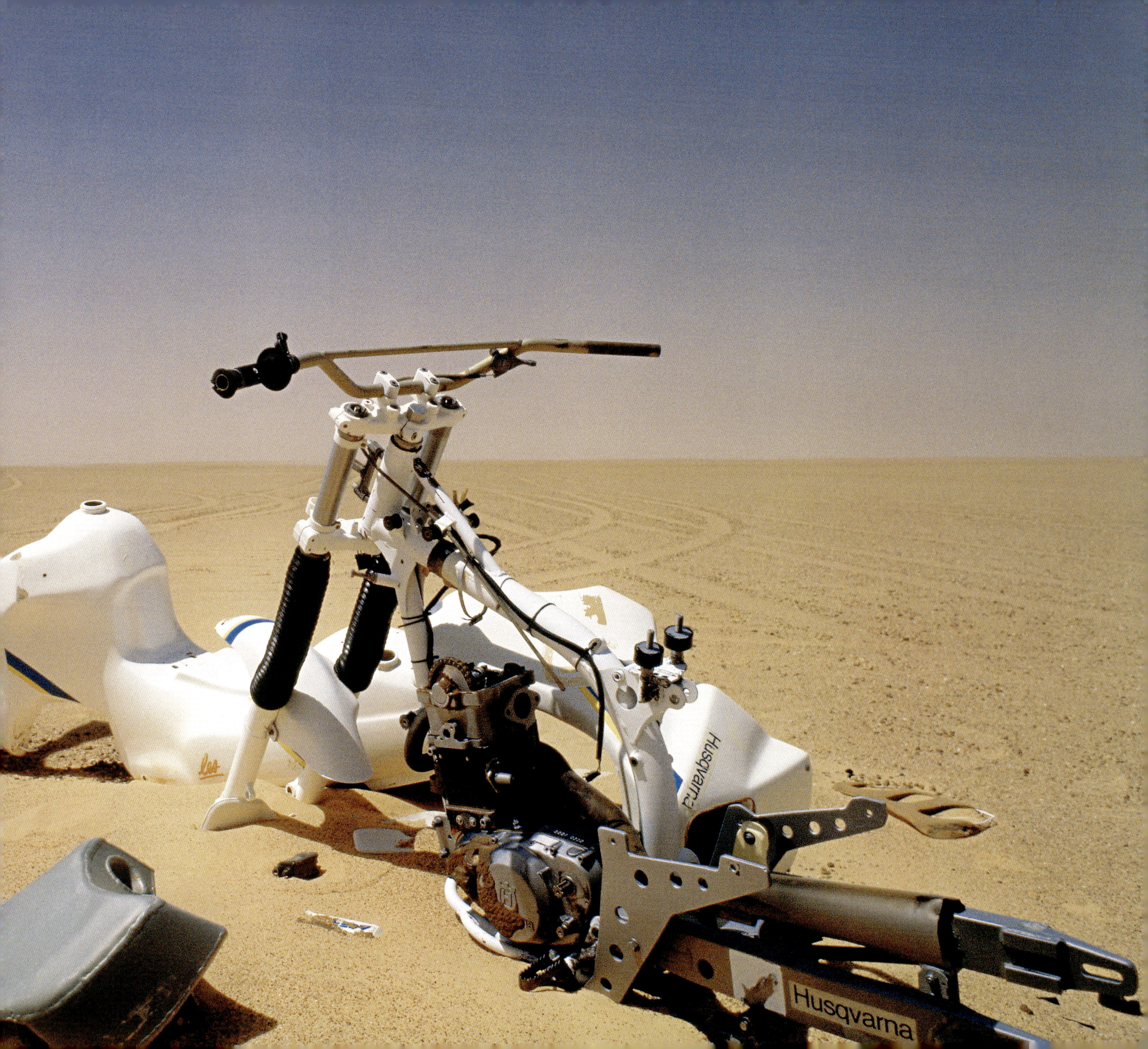
Husqvarna
Husqvarna

1991 - 1999 →→

Mit dem Motorrad durch Afrika /
Transafrika / Zu den Quellen des Nil / Durch die Wüsten Afrikas

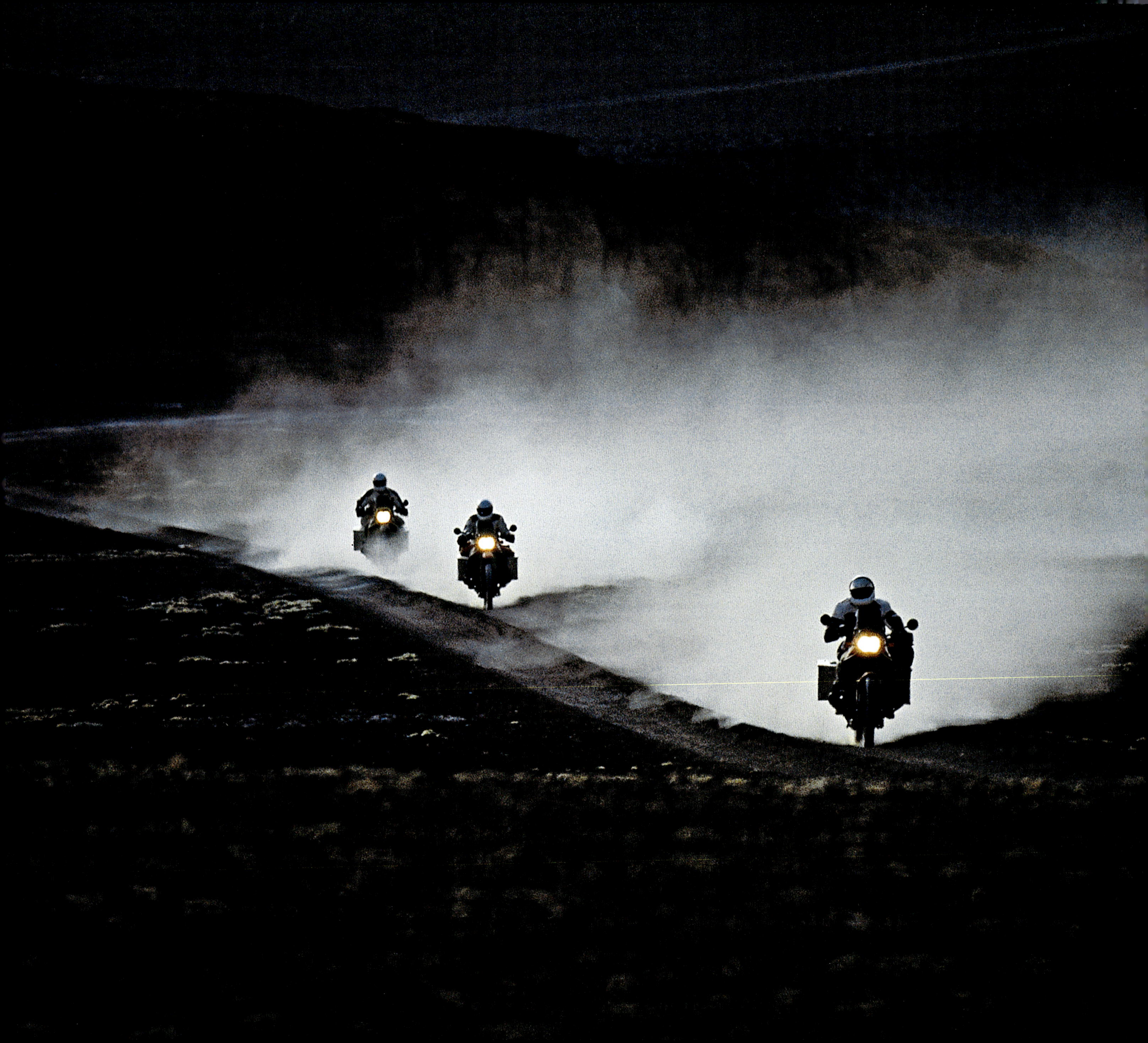

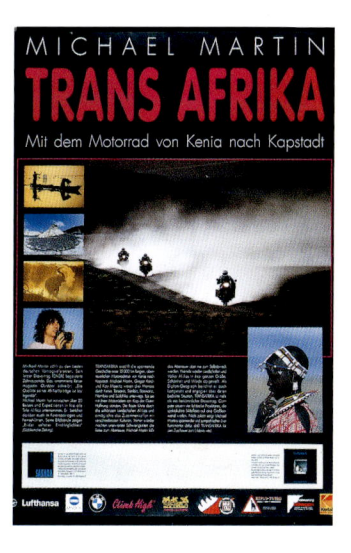

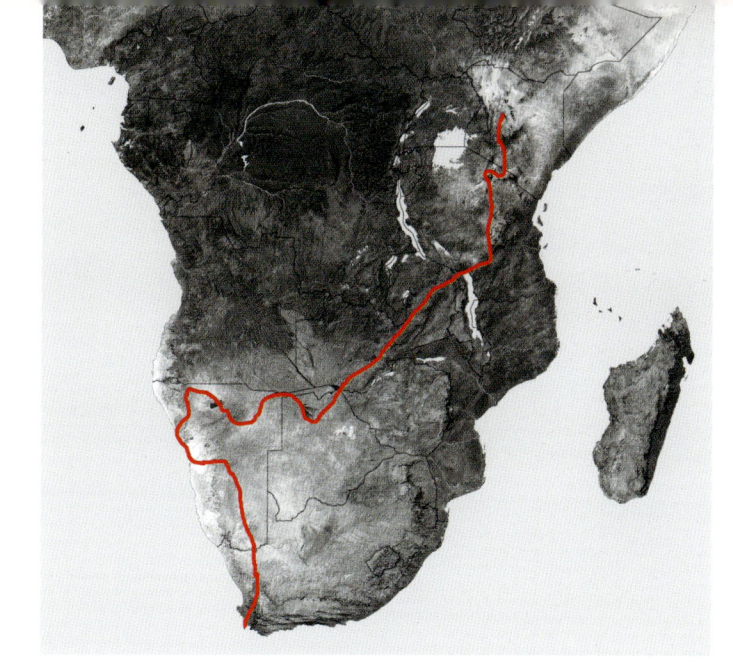

1991 / **Transafrika**

Nach über zehn Jahren im Peugeot und Nissan Patrol durch Afrika wollte ich etwas Neues ausprobieren: das Motorrad. Ich plante, mit meinen Freunden Gregor, Kay und Christoph von Kenia nach Kapstadt zu fahren. Vom Turkanasee im Norden Kenias ging es in der spektakulären Landschaft des Rift Valley nach Süden. Am Lake Baringo beobachteten wir Flusspferde, am Lake Nakuru Flamingos, am Lake Bogoria bestaunten wir heiße Wasserfontänen. Am Mount Kenia scheiterten wir beim Aufstieg zum Gipfel, sahen aber erstmals baumgroße Senecien und Lobelien, deren Riesenwuchs so typisch ist für die Vier- und Fünftausender Ostafrikas.

Im tansanischen Teil des Rift Valley kämpften wir uns auf schwieriger Piste zum Ol Doinyo Lengai, einem aktiven Vulkan, der den Natronsee überragt, und bestiegen den Dreitausender. Nach dem Besuch des Ngorongoro-Kraters mit seinem Wildreichtum, einem Höhepunkt unserer Reise, folgten wir dem Transafrican Highway durch Tansania und Sambia nach Botsuana. Die Kalahari bot uns Motorradanfängern ein einzigartiges Übungsfeld für das Fahren auf Sandpisten. Die Tour durch Namibia bis zum Kap der Guten Hoffnung machte dann großen Spaß.

Länder / Kenia, Tansania, Sambia, Botsuana, Namibia, Südafrika
Route / Turkanasee, Nairobi, Moshi, Lusaka, Maun, Windhuk, Kapstadt
Fahrzeuge / 4 BMW-Motorräder R 100 GS
Reisepartner / Gregor Karch, Kay Maeritz, Christoph Hofbauer
Kilometer / 10.000
Dauer / 8 Wochen
Kamera / Minolta 9000
Film / Fuji Velvia RVP 50
Vortragstitel / Transafrika

← Am Turkanasee

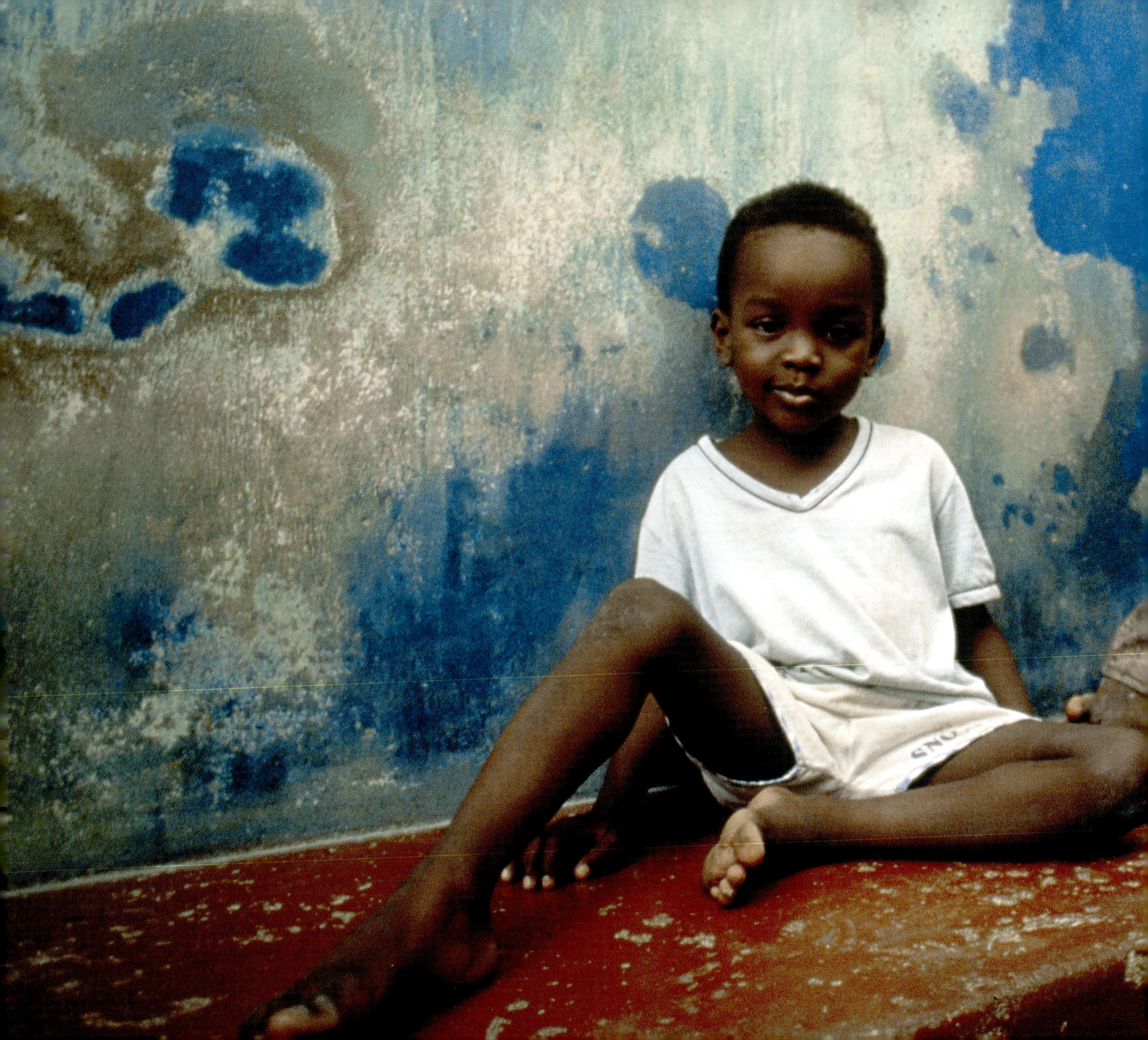

LAMU / KENIA / 1991

Die Insel vor der Nordküste Kenias ist so klein und die Gassen von Lamu Town, ihrer Hauptstadt, sind so eng, dass es keine Privatautos auf Lamu gibt. Meist drängen sich in den schmalen Straßen die Menschen, die zu Geschäften, Einkäufen oder zum Schiff unterwegs sind, das sie auf das nahe Festland bringt. Während der Mittagszeit kehrt Ruhe ein. Nur ich will die Hitze nicht wahrhaben und laufe mit meiner Kamera durch die Gassen, auf der Suche nach schönen Fassaden und interessanten Perspektiven. Die beiden Jungs sitzen auf der Mauer, als ich um die Ecke biege.

90 /   **MASSAI /** TANSANIA / 1991

In der Nähe des Natronsees im Norden Tansanias begegnen wir
diesem Massai, der über die Piste zu schweben scheint.
Die Sinnestäuschung entsteht durch die erhitzte, flirrende Luft.
Gewand und Waffen weisen den Massai als Moran aus, als Krieger.
Auch heute noch stellen die jungen Morani ihre Tapferkeit
durch Viehraub und Löwenjagd unter Beweis – staatliche Verbote
haben daran nicht viel ändern können.

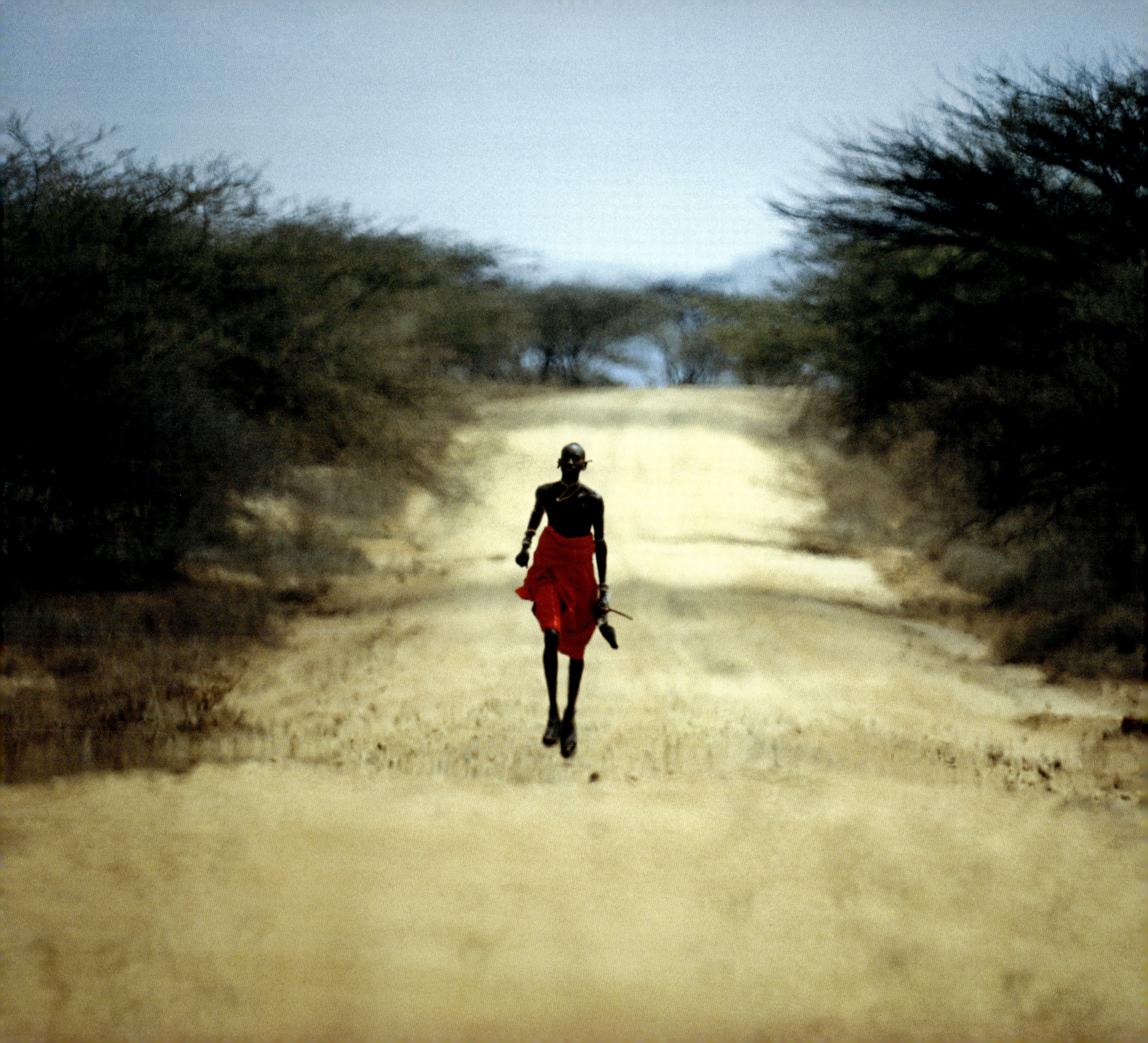

92 / CAMP IM MASSAI-LAND / TANSANIA / 1991

Die Piste zum Ol Doinyo Lengai, einem aktiven Vulkan im Norden Tansanias, ist schwierig zu befahren. Obwohl wir den Vulkan bereits seit Stunden als Kegel am Horizont sehen, kommen wir ihm auf unseren Motorrädern nur langsam näher. Eine weitere Übernachtung ist fällig. In der halbwüstenartigen Landschaft finden sich viele Stellen, die als Schlafplatz geeignet sind. Das letzte Massai-Dorf liegt schon eine Fahrstunde zurück, als Kay, Gregor, Christoph und ich unsere Zelte aufschlagen. Sofort fallen wir in tiefen Schlaf. Als ich am nächsten Morgen aus dem Zelt krieche, um den Morgenkaffee zu kochen, fällt mir auf, dass unsere beiden Ersatzreifen fehlen. Hatten wir in der Nacht Diebe zu Besuch? Kurze Zeit später stehen zwei hochgewachsene Massai, junge Moran-Krieger mit Speeren, im Lager und verfolgen aufmerksam unsere Frühstücksvorbereitungen. Kay mustert die beiden von oben bis unten – verblüfft bleibt sein Blick auf den Schuhen unserer Besucher hängen. Sie sind aus Reifengummi! Das erklärt das Verschwinden der Reifen. Mittlerweile sind noch zwei Moran dazugekommen, beobachten uns wortlos und winken weitere Krieger herbei. Bevor wir uns über die Motive unserer Besucher im Klaren sind, entfährt es Kay erschrocken: »Meine Kamera ist weg!« Einer der Massai weicht zurück und versucht unauffällig, etwas unter seiner Shuka, dem roten Umhang, zu verbergen.
Als Kay ihn auf seine Geste anspricht, kommt Bewegung in die Krieger. Wahllos greifen sie alle möglichen Gegenstände, die zwischen den Zelten auf dem Boden herumliegen, und verschwinden.

Eine Verfolgungsjagd per Motorrad wäre sinnlos, das Gelände ist zu felsig. »Meine Kamera haben sie auch geklaut!« »Mir fehlt das Waschzeug!« Auch ein paar Töpfe und zwei Schlafmatten sind gestohlen. Was tun? Wir fahren die Piste weiter, hoffen, dass sie uns zu den Massai-Dörfern führt. An einem Brunnen lagern Rinderherden, bei den Tieren sind die Diebe. Kay, Gregor und Christoph steigen von den Motorrädern, ich bleibe zurück, um im Notfall Hilfe holen zu können. Die Massai begrüßen uns freundlich und tun zunächst so, als wüssten sie von nichts. Auf unsere Drohung, dass wir in Mondule die Polizei verständigen, folgt lautes Gelächter. Bald ist klar: Sie wollen Geld. Wir sollen ihnen alles wieder abkaufen. 1.000 Schilling, das entspricht ungefähr 15 Euro, soll die Herausgabe von Kays Kamera kosten, die zweite Kamera nur 500 Schilling. Der Waschbeutel hat offensichtlich den größten Wert. Für ihn verlangen sie 10.000 Schilling, 500 für die Töpfe, 100 für die Matten. Abgesehen vom Waschbeutel lösen wir alles ein und setzen unsere Reise fort. Für uns ein klarer Fall von Diebstahl und Erpressung. Für die Massai eine legitime Methode, Tribut einzukassieren. Hatten wir nicht ohne Erlaubnis auf ihrem Land unsere Zelte aufgeschlagen? Als ich zu Hause die Filme entwickle, entdecke ich einige technisch nicht ganz einwandfreie Bilder. Die Massai haben sie von sich selbst gemacht, als sie im Besitz der Kameras waren!

94 / OL DOINYO LENGAI / TANSANIA / 1991

Kaum ein Bild hat mich so viel Kraft und Nerven gekostet wie dieses. Acht Stunden lang hatten Gregor und ich uns die steilen Hänge des Ol Doinyo Lengai nach oben gekämpft, hatten in einem Felsspalt übernachtet, waren am nächsten Morgen weitergestiegen, bis wir mittags am Kraterrand des noch aktiven Vulkans standen. Als ich, überwältigt vom Blick auf den Krater, die ersten Bilder aufnehmen will, kann ich es nicht fassen: Die Akkus sind leer, die Kamera löst nicht aus. In meiner Verzweiflung versuche ich, mit einem Stück Draht eine Verbindung zwischen den Batterien meiner Taschenlampe und den Stromkontakten der Kamera herzustellen. Ohne Erfolg. Keine Bilder. Nach fünf Stunden Abstieg gerade wieder im Camp, überfällt mich eine heftige Nierenbeckenentzündung. Die eisige Nacht in 2.000 Meter Höhe fordert ihren Tribut. Stundenlang plagen mich starke Schmerzen, bis das eingenommene Antibiotikum wirkt. Am nächsten Tag steigen Gregor und ich noch einmal hinauf - mit vollen Akkus und Ersatzakkus. Acht Stunden später stehen wir wieder am Kraterrand, und endlich kann ich dieses Bild machen.

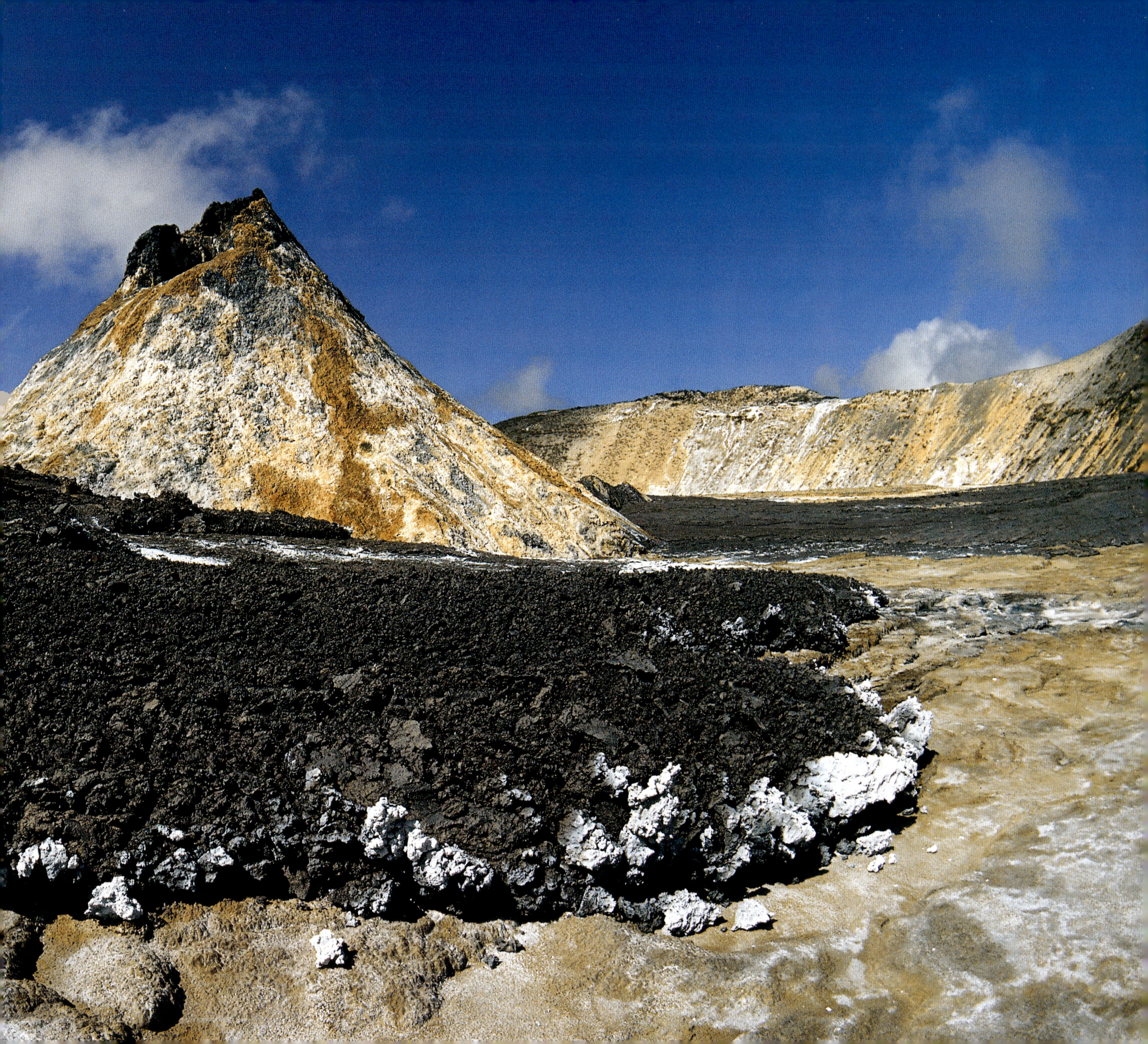

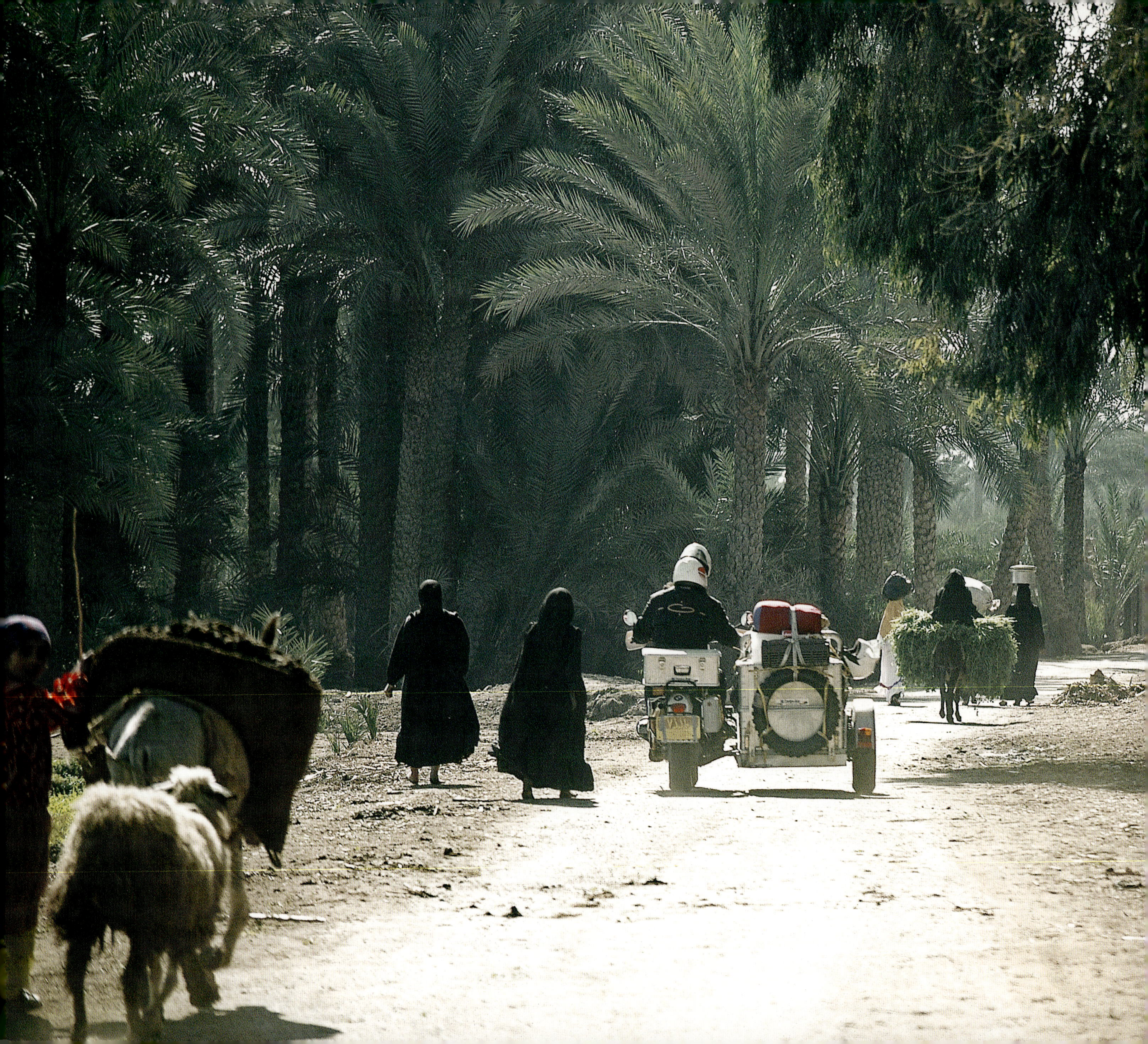

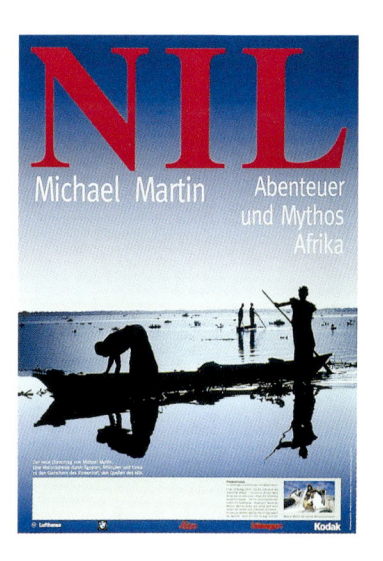

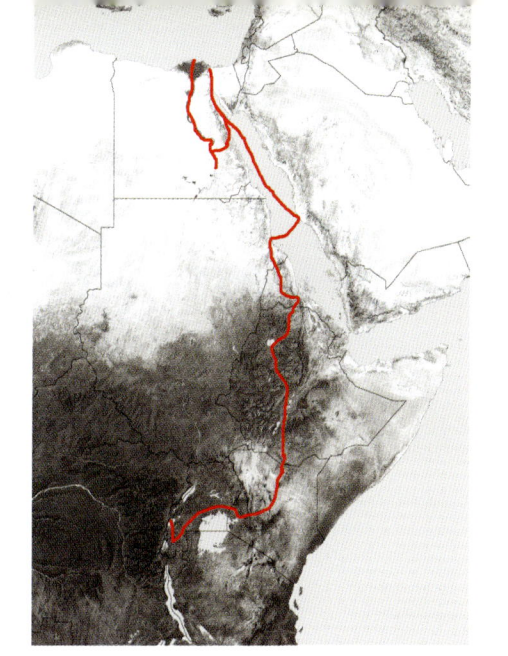

1994 / ## Zu den Quellen des Nil

Auf meiner Reise vom Nil zum Niger hatte ich erlebt, wie sehr der Nil das Leben und Denken der Menschen an seinen Ufern prägt. Schon immer hatte mich die abenteuerliche Suche nach seinen Quellen fasziniert, die erst gegen Ende des 19. Jahrhunderts mit den Entdeckungen von James Bruce, Richard Burton, John Hanning Speke und David Livingstone ihr Ende fand. Als Geograph reizte es mich, auf den Spuren der berühmten Forscher zu reisen. 1994 war es so weit: Ich plante, dem längsten Fluss der Erde von der Mündung in Ägypten bis hin zu seinen Quellen in Äthiopien und dem ostafrikanischen Zwischenseengebiet zu folgen und zwar mit dem Motorrad, das es viel leichter machte, mit den Menschen in den bereisten Ländern in Kontakt zu kommen. Meine Freunde Holger und Wojo, die sich mir anschließen wollten, hatten beide keine Afrikaerfahrung, Wojo hatte gar noch nie auf einem Motorrad gesessen. Für ihn wurde ein Beiwagen konstruiert und an eine BMW angebaut. Ich fuhr das Gespann, Holger das Solomotorrad.

Die Reise wurde in ungewöhnlichem Maße von Grenzproblemen bestimmt. Nach Erledigung der Zollformalitäten in Kairo, die

Länder / Ägypten, Sudan, Eritrea, Äthiopien, Kenia, Uganda, Ruanda
Route / Kairo, Assuan, Port Sudan, Addis Abeba, Marsabit, Kampala, Kigali
Fahrzeuge / BMW-Motorrad R 1100 GS und BMW-Gespann R 100 GS
Reisepartner / Wojo Kavcic, Holger Fritzsche
Kilometer / 10.000
Dauer / 12 Wochen
Kamera / Leica R 7
Film / Fuji Velvia RVP 50
Vortragstitel / Nil - Abenteuer und Mythos Afrika

← Nebenstrecke in Oberägypten

Zu den Quellen des Nil / 1994

eine Woche in Anspruch nahmen, folgten wir dem Nil bis nach Assuan, wo uns die wegen Grenzstreitigkeiten geschlossene Grenze zum Sudan wie schon 1987 zu einem weiten Umweg über das Rote Meer zwang. Als wir endlich im Sudan waren, erfuhren wir, dass Äthiopien gemeinsam mit Eritrea Rebellen im Sudan unterstützte, die Grenze nach Äthiopien daher geschlossen war und die nach Eritrea zu schließen drohte. Wir durchquerten daher eiligst das Land, passierten die Grenze nach Eritrea und fuhren von dort aus nach Äthiopien zum Tanasee, dem Quellsee des Blauen Nil. Dem Flusslauf folgend, blickten wir kurze Zeit später gebannt auf die imposanten Tissisat-Fälle. Hier am »Rauschenden Feuer« stürzt der Blaue Nil 45 Meter in die Tiefe, bevor er seine 1.700 Kilometer lange Reise nach Khartoum fortsetzt, wo er sich mit dem Weißen Nil vereinigt.

Über Kenia ging es weiter nach Uganda und Ruanda, wo zwei der Quellflüsse des Weißen Nil entspringen. In Ruanda erreichten wir die Akagera-Quelle nach einem langen Fußmarsch durch den Nyungwe-Nationalpark, einen bis zu 3.000 Meter hohen, dichten Bergregenwald. In Uganda bestiegen wir den Ruwenzori, einen Fünftausender, auf dem sich die höchstgelegene Nilquelle befindet. Gespeist wird sie vom Schmelzwasser der Gletscher und von den in der Höhe häufigen Niederschlägen. Diese einmaligen Naturerlebnisse empfanden wir als die Krönung unserer Reise. Die Vielfalt der Länder und Kulturen, begleitet vom Fluss als verbindendem Glied der Nilvölker, beeindruckte mich in ihrem Kontrast zur Wüste und zeigte mir noch einmal eine andere spannende Seite Afrikas.

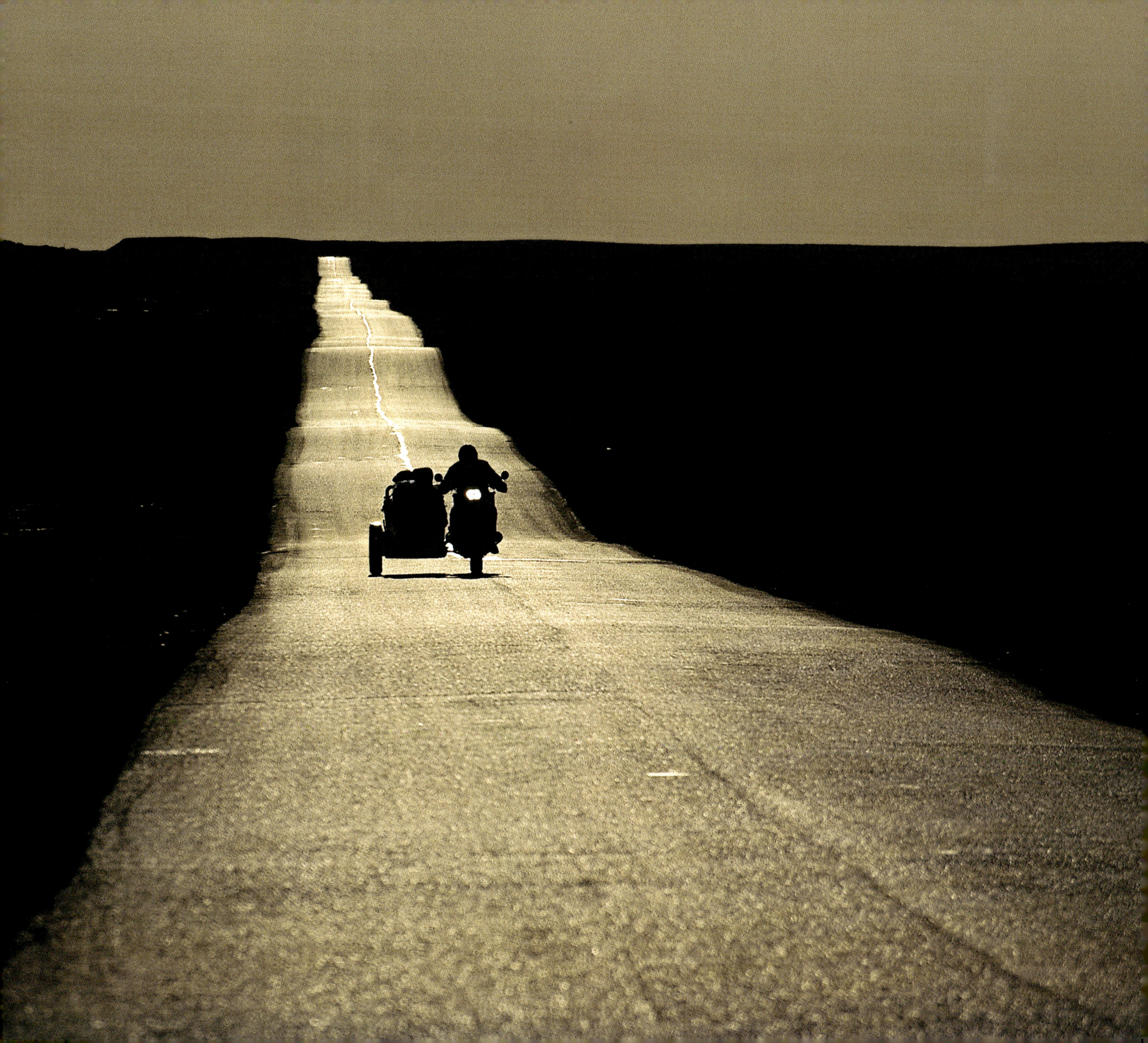

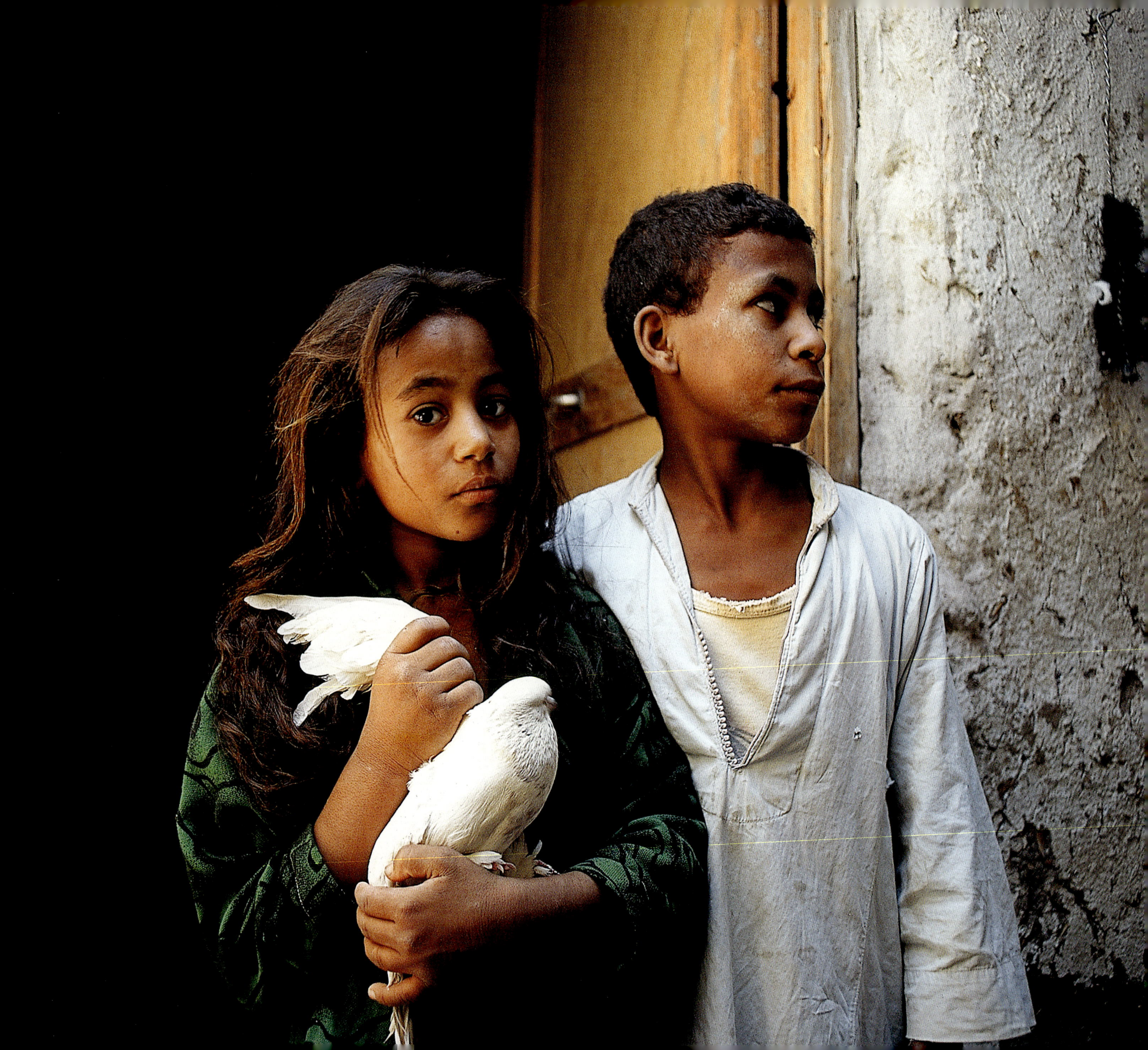

KINDER MIT TAUBE / ÄGYPTEN / 1994

Dieses Foto gehört bis heute zu meinen Lieblingsbildern. Der Gesichtsausdruck der Geschwister ist ernst und zugleich entspannt, die unterschiedliche Blickrichtung und die Körperhaltung der Taube schaffen eine gewisse Spannung. Auf dem Rückweg vom Besuch des Tals der Könige war ich vom großen Bruder der Kinder angesprochen und zum Tee nach Hause eingeladen worden. Oftmals dienen solche Einladungen dem Zweck, Verkaufsgesprächen Raum zu geben, aber diesmal war es anders. Vielleicht, weil ich mir Zeit nahm, ausführlich nach dem Leben der Familie zu fragen, vielleicht auch, weil ich eine Sofortbildkamera dabei hatte. Fast alle wollten fotografiert werden, und so entstanden viele Bilder, darunter einige von den beiden Geschwistern. Dieses ist das schönste.

102 / **SÄULENHALLE IN KARNAK / ÄGYPTEN / 1994**

Die gigantische Säulenhalle des Amuntempels in Karnak, eines der herausragendsten Bauwerke des Alten Ägypten, war stets ein Höhepunkt im Besuchsprogramm fast aller Ägypten-Reisenden. Nach den Terroranschlägen ägyptischer Islamisten in den 1990er-Jahren kam der Touristenstrom fast gänzlich zum Erliegen. So bin ich an diesem klaren Wintermorgen so gut wie allein im Tempel und kann das Lichtspiel zwischen den 134 Säulen ungestört genießen.

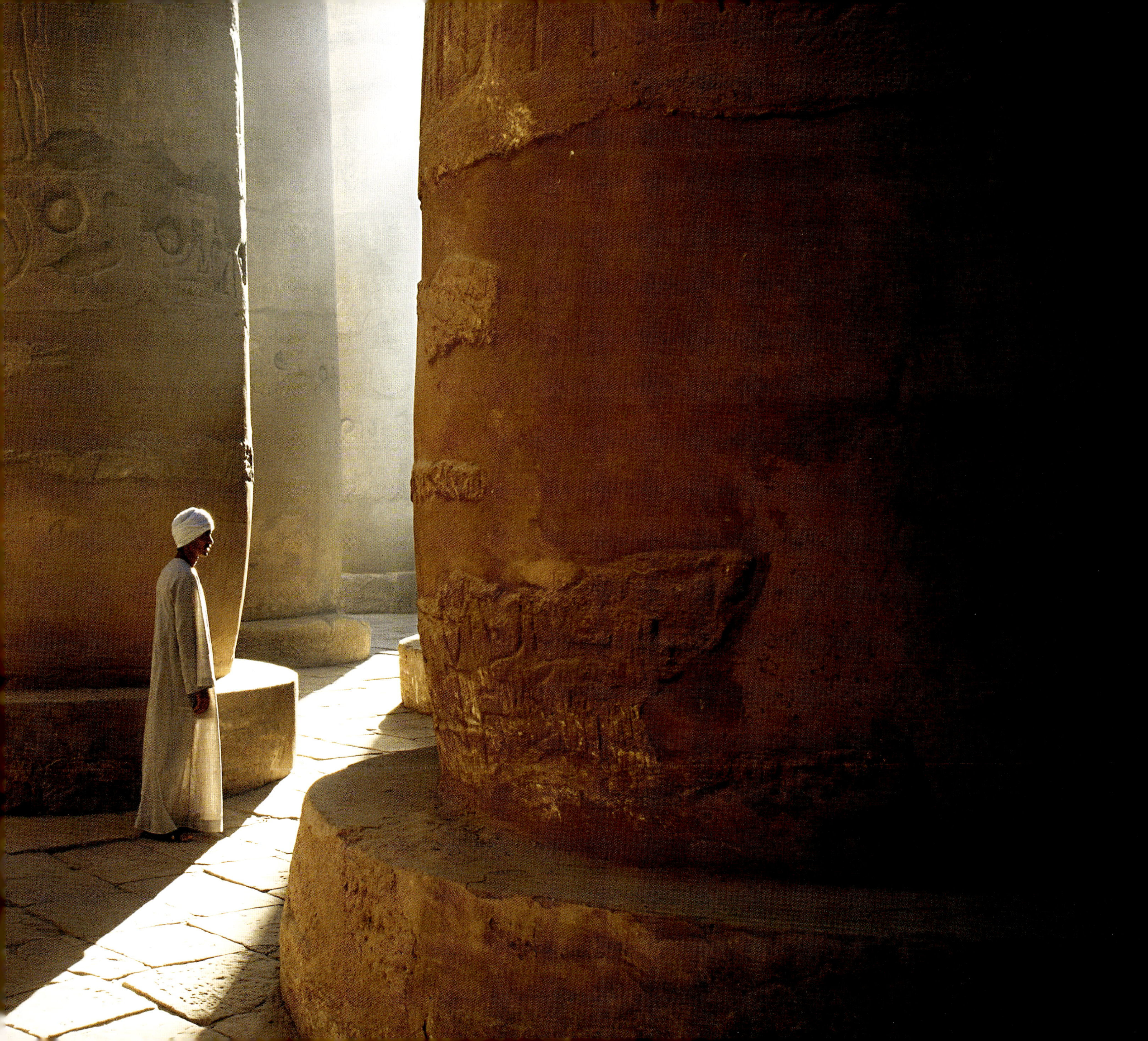

AM NIL / ÄGYPTEN / 1994

Mit einer Länge von 6.671 Kilometern ist der Nil der längste oder zweitlängste Fluss der Erde, je nachdem, wie man die Länge des Amazonas definiert. Er entspringt als Blauer Nil im Hochland Äthiopiens, die südlichste Quelle des Weißen Nil liegt in Burundi. Nachdem sich Blauer Nil und Weißer Nil in Khartoum, der Hauptstadt Sudans, vereinigt haben, durchfließt der Nil als einziger Fluss die Sahara, im Nordsudan und in Ägypten bilden seine Ufer die längste Flussoase der Erde. Ägypten gilt als Geschenk des Nil. Sowohl das Alte als auch das heutige Ägypten wären ohne ihn nicht denkbar.

MARKT IN ASSUAN / ÄGYPTEN / 1994

In der Mittagshitze kommen wir, der Niluferstraße folgend, in Assuan an. Die oberägyptische Stadt wirkt wie ausgestorben, obwohl der Fastenmonat Ramadan eben zu Ende gegangen ist. Die heißen Nachmittagsstunden verbringen wir auf der schattigen Terrasse des Old Cataract Hotels hoch über dem Fluss. Von dem weltberühmten Hotel ist es nicht weit zum Souk von Assuan, einem der schönsten Märkte Ägyptens. Intensives Abendlicht fällt in die Gassen und lässt die Falafel- und Gemüsestände aufleuchten.

106 / **NORTH HORR** / KENIA / 1994

Im Norden Kenias auf dem Motorrad unterwegs durch die Chalbi-Wüste, kämpfen wir uns durch einen Sandsturm, der die Orientierung zusätzlich erschwert. Sorgen bereitet uns auch, dass Reisende auf dieser Strecke immer wieder Opfer von Raubüberfällen werden. So sind wir froh, als die ersten Hütten von North Horr auftauchen, einem kleinen, staubigen Ort. Unsere Erschöpfung wird schnell bedeutungslos, als wir sehen, unter welchen Bedingungen Boran-Nomaden in einem winzigen Flüchtlingslager außerhalb des Dorfs leben. Sie haben während einer anhaltenden Dürre ihre Herden verloren und sind nun auf die Unterstützung der Katholischen Mission von North Horr angewiesen. Während des Sandsturms wagt sich kaum jemand aus den kuppelförmigen Zelten nach draußen, nur dieses Kind scheint den Sturm zu dirigieren.

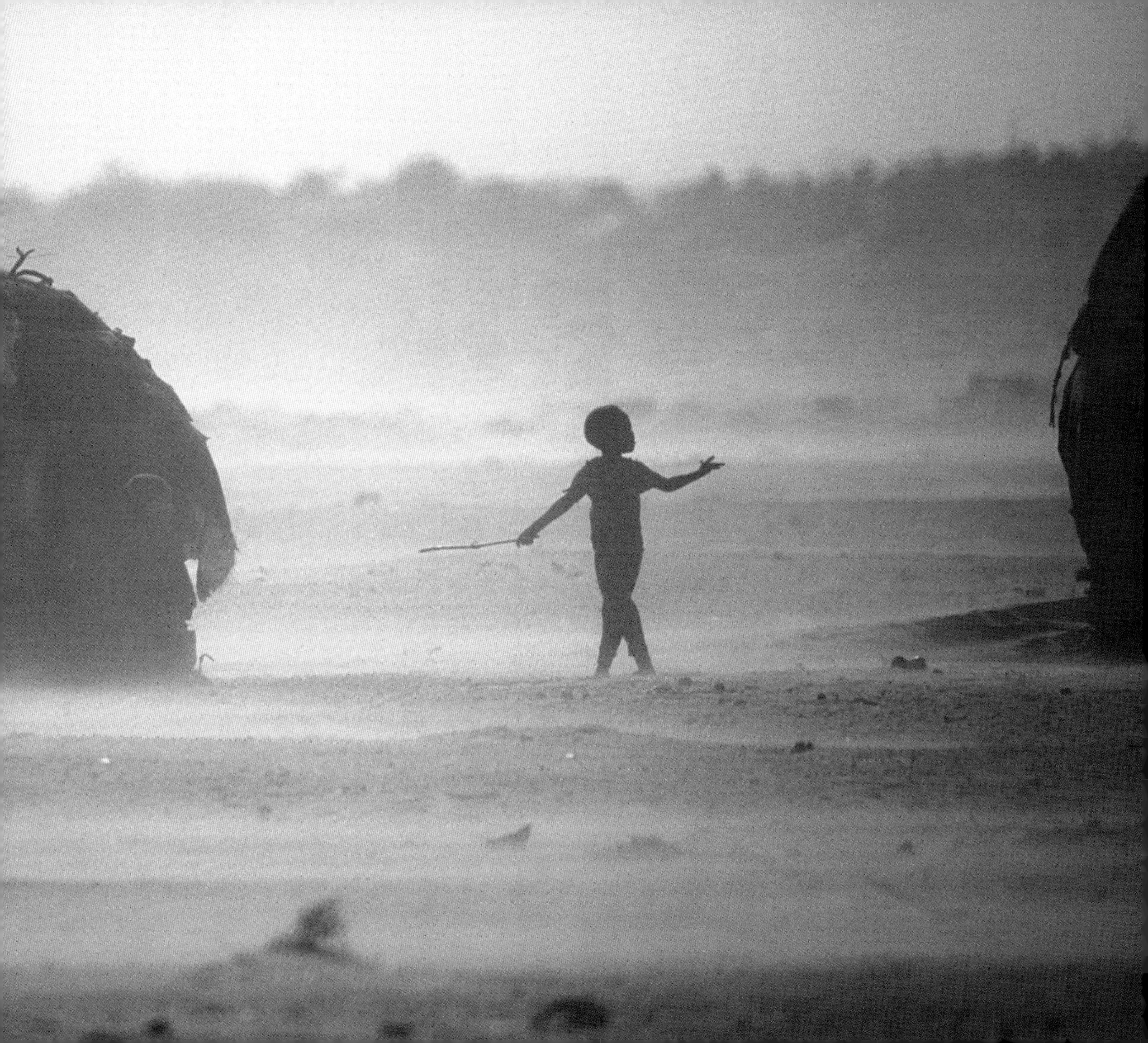

108 / **UNGEWÖHNLICHES ERSATZTEIL** / UGANDA / 1994

Die Piste durch den Westen Ugandas ist auf dem Motorrad gut zu fahren. Plötzlich ein lautes Schleifgeräusch vom Hinterrad. Ich halte an, untersuche den Stollenreifen. Das komplette Rad hängt schief und lässt sich hin und her bewegen, mindestens zehn Zentimeter weit. Die Ursache ist schnell gefunden: Der Bolzen, der die Kardanwelle im Kardangehäuse zentriert, fehlt. Offensichtlich hat er sich gelockert, ist herausgefallen und liegt nun irgendwo an der Strecke hinter mir im Busch. Niedergeschlagen laufe ich einen Kilometer zurück, finde aber nichts. Es bleibt nichts anderes übrig, als einen Lkw anzuhalten, um das Motorrad in die Hauptstadt Kampala zu bringen, wo wenigstens ein Flughafen ist und die defekte Maschine per Luftfracht nach Hause geschickt werden kann. Bereits der erste Lkw hält. Ich bitte den Fahrer um den Transport der Maschine. Der sieht sich den Schaden an, holt kommentarlos eine Machete aus dem Führerhaus, fällt immer noch wortlos einen Baum und schnitzt mit geübten Griffen einen Bolzen. Er nimmt einen Stein in die Hand und schlägt damit den Bolzen in das Gewinde des Kardangehäuses. Der Holzbolzen stabilisiert die Kardanwelle, problemlose Probefahrt. Ich fahre damit sogar weit in das Ruwenzori-Gebirge hinein und zurück zum Flughafen in Kenia. Der Mechaniker der BMW-Werkstatt in München staunt nicht schlecht, als er das handgemachte Ersatzteil gegen einen Originalbolzen austauscht.

TRANSAFRICAN HIGHWAY / UGANDA / 1994

Auf meinen Reisen durch Afrika habe ich immer wieder festgestellt, wie sich mein Blick auf das Land verändert, wenn die Piste in eine Teerstraße übergeht. Eine Piste zwingt mich zu langsamer Fahrt und fügt sich harmonisch in die Landschaft ein, auf einer Teerstraße ist es schlagartig vollkommen anders. Daher betrachte ich es mit gemischten Gefühlen, dass in den letzten drei Jahrzehnten immer mehr Strecken geteert worden sind. Die einheimische Bevölkerung begrüßt die neuen Straßen, weil die Transportpreise sinken und sich auch weiter entfernte Orte und Märkte erreichen lassen. Die Teerstraße ist in Afrika ein Stück Lebensraum: Fußgänger, Mopeds, Autos, Lkws, Busse sind unterwegs; Menschen, Tiere, alle möglichen Dinge werden transportiert.

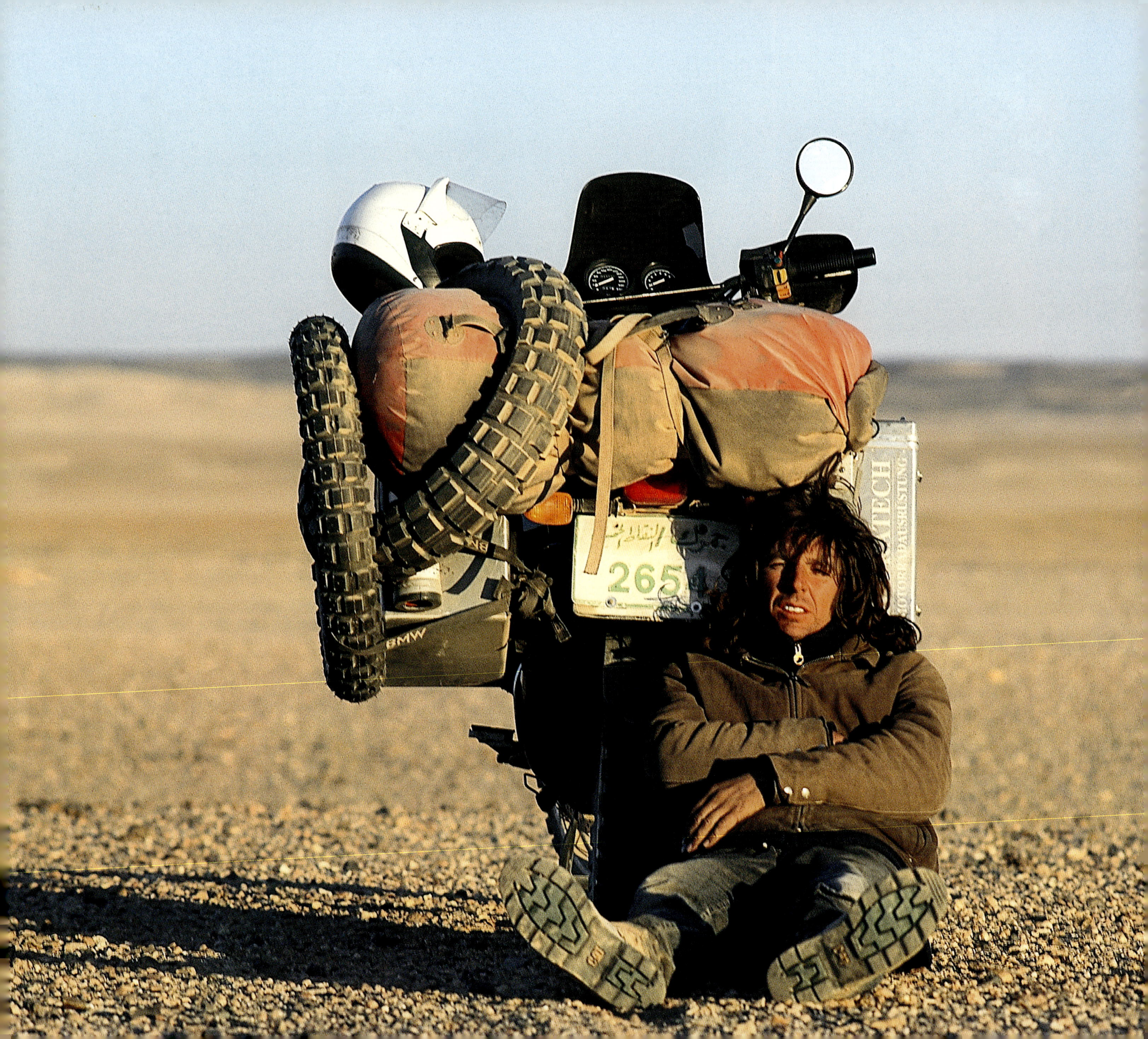
265
BMW

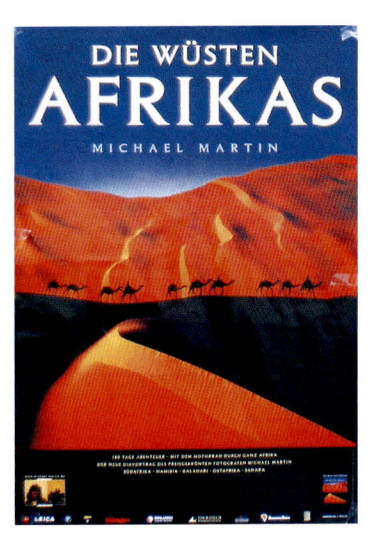

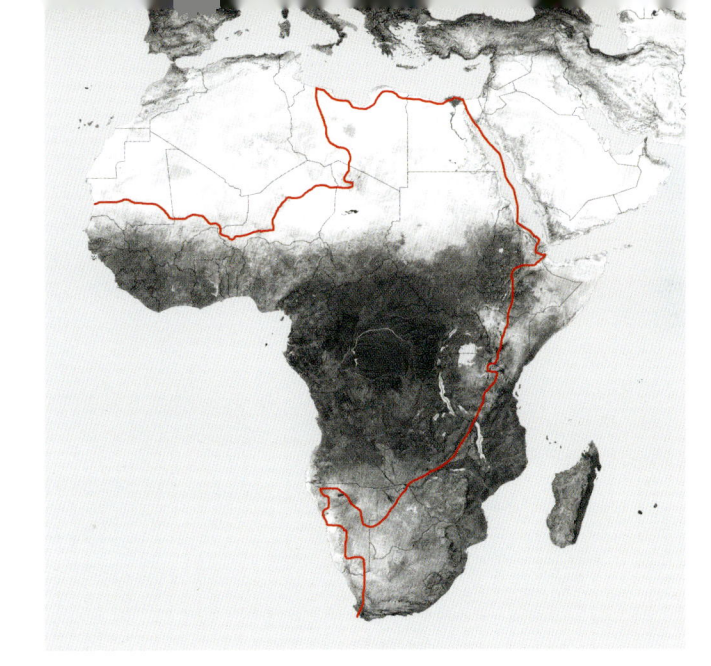

1997 / Durch die Wüsten Afrikas

1996 zeichnete sich in Niger und Mali eine Beruhigung der politischen Lage ab, und ich konnte endlich an die Erfüllung meines lang gehegten Wunsches denken, die Sahara wiederzusehen. Und ich war begierig, auch andere afrikanische Wüsten kennenzulernen. So lag es nahe, ein Projekt über die Wüsten Afrikas in Angriff zu nehmen. Mit Katja, einer begeisterten Fotografin und Afrikaliebhaberin, plante ich, auf dem Motorrad von Kapstadt aus alle Wüsten Afrikas zu durchqueren. Wir ließen die Maschine nach Kapstadt fliegen und brachen auf in die Namib. Der Südwinter sorgte für so tiefblauen Himmel und so leuchtende Farben, dass wir mehrmals Flugzeuge mieteten, um Luftaufnahmen zu machen. Anders als der hyperaride Küstenstreifen erhält der Ostrand der Namib genügend Regen, sodass Viehwirtschaft betrieben werden kann. Wir besuchten riesige Schaffarmen, die im Besitz weißer Namibier oder von Ausländern sind. Im Norden sahen wir eine völlig andere Nutzung der Halbwüste: Hier ziehen die Himba-Nomaden mit ihren Rindern durch das Kaokoveld. In Tsumkwe, im Osten Namibias in der Kalahari gelegen, trafen wir den Hauptdarsteller des Films *Die Götter müssen verrückt sein*. Der Laienschau-

Länder / Südafrika, Namibia, Botsuana, Sambia, Tansania, Kenia, Äthiopien, Dschibuti, Eritrea, Ägypten, Libyen, Tschad, Niger, Mali, Mauretanien
Route / Kapstadt, Windhuk, Maun, Turkanasee, Dschibuti, Suez, Al Katrun, Tibesti, Djado, Agadez, Timbuktu, Nouakchott
Fahrzeug / BMW-Motorrad R 1100 GS
Reisepartnerin / Katja Kreder
Kilometer / 20.000
Dauer / 6 Monate
Kamera / Leica R 7
Film / Fuji Velvia 50 RVP
Vortragstitel / Die Wüsten Afrikas

← Pause in der libyschen Sahara

Durch die Wüsten Afrikas / 1997

spieler war ein bescheidener, liebenswürdiger Mann, allerdings vom Alkohol gezeichnet. Der Film handelt davon, wie er im Sand der Kalahari eine Cola-Flasche findet, die das Leben seiner Familie entscheidend verändert.

Wir kamen bis in die entlegenen Tsodillo Hills, wo wir Felszeichnungen besichtigten, die etwas von der komplexen Vorstellungswelt der San erahnen lassen – ein krasser Gegensatz zur heutigen Realität, die von der intensiven Nutzung der Kalahari durch Diamantenminen, Nationalparks und Rinderfarmen bestimmt ist. Anschließend besuchten wir die Makgadikgadik-Salzpfanne und das Okawangodelta, eine Oase inmitten des Trockenraums Kalaharibecken. In den Naturparks des südlichen Afrika gelangen uns im Morgennebel wunderbare Fotos der »Big Five« Afrikas – Elefanten, Nashörner, Büffel, Löwen, Leoparden.

Nach einem Abstecher auf die Insel Sansibar ging es weiter in die Wüsten des Rift Valley im nördlichen Kenia, in Eritrea und in Äthiopien. Am allerschwierigsten zu durchqueren ist die Danakil-Wüste, da man auf Landminen gefasst sein muss – damit nicht genug, erlebten wir dort einen lang anhaltenden Sandsturm.

Vom eritreischen Hafen Massawa gelangten wir per Schiff über das Rote Meer nach Suez in Ägypten. Von hier aus starteten wir zur Ost-West-Durchquerung der Sahara. Die Route führte uns nach Libyen zu den Mandara-Seen im Erg Ubari, dann zum Vulkankrater Wau en Namus im einsamen Südosten des Landes. In Begleitung eines minenkundigen einheimischen Führers ging es weiter auf teilweise verminter Strecke Richtung Tschad.

Und wieder hatten wir Glück: Dank einer kurzen Friedensphase in der Auseinandersetzung der im Tibesti-Gebirge lebenden Tubu mit der Regierung in N'Djamena konnten wir die Oase Bardai und das Trou au Natron, einen eingebrochenen Vulkankrater, besuchen. Der Abstieg in den 1.000 Meter tiefen Krater hätte fast als Desaster geendet, da wir mehrere Stunden lang vergeblich den schmalen Pfad zum Wiederaufstieg suchten. Auf der minenverseuchten Piste in das Nachbarland Niger ging dann alles glatt, wir durchquerten die Ténéré und das Aïr-Gebirge, folgten im Sahel dem Niger-Fluss bis nach Timbuktu und gelangten von da aus nach Mauretanien, dem Endpunkt unserer Reise.

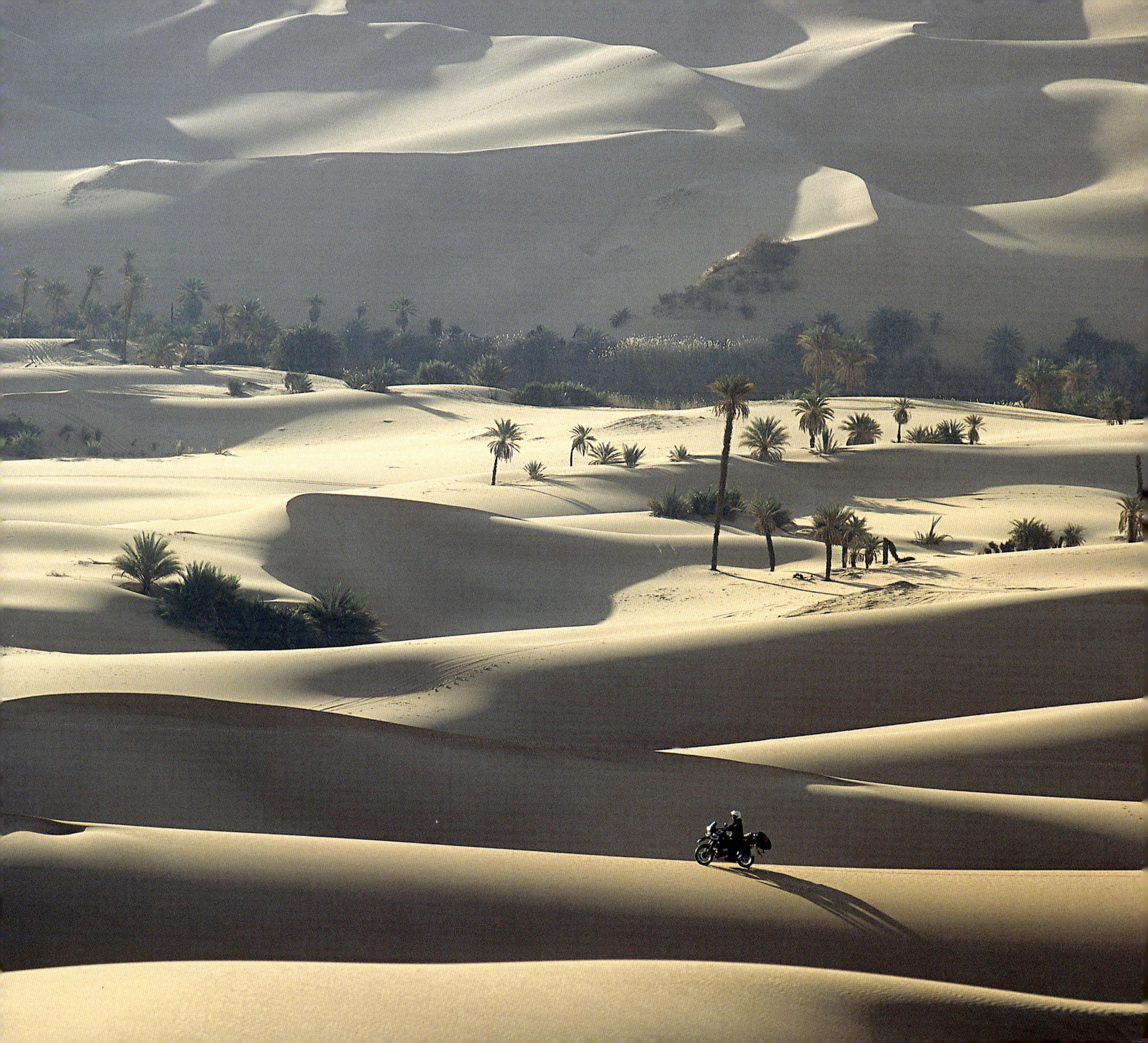

ZU ZWEIT UNTERWEGS / SÜDAFRIKA / 1997

Katja hatte ich in Erlangen bei einem meiner Vorträge kennengelernt, und bald waren wir ein Paar. Die Jahre zuvor war ich immer mit mehreren Freunden und mehreren Fahrzeugen in Afrika unterwegs gewesen, nun wollen wir zu zweit auf einem Motorrad die Wüsten Afrikas durchqueren. Das bedeutet, nicht nur Katja und ihr persönliches Gepäck müssen zusätzlich auf dem Motorrad Platz finden, sondern ebenso Ersatzteile, Reiseführer, Medikamente und Werkzeug – Dinge, die früher auf zwei Motorräder verteilt worden waren. Die sowieso nicht gerade leichte Maschine ist damit weit schwerer als das zulässige Gesamtgewicht – Katja und mich noch nicht einmal eingerechnet. Andererseits bietet das Reisen auf nur einem Motorrad viele Vorteile. Es können nur zwei Reifen platt werden, nur eine Kupplung kann durchbrennen, die Kosten für Benzin, Fähren, Versicherung und Zollpapiere halbieren sich, das Warten

auf das andere Motorrad entfällt. Auch wenn wir uns in einsamen
Gebieten aus Sicherheitsgründen ein zweites Motorrad gewünscht
hätten, überwiegen letztlich die Vorteile unseres Reisestils.
Den größten Vorteil sehen wir beide darin, dass der Kontakt zu
Einheimischen wesentlich leichter ist, wenn wir nur zu zweit
auf einem Motorrad daherkommen. Eine ganze Reisegruppe wird
wohl kaum in ein Nomadenzelt eingeladen.

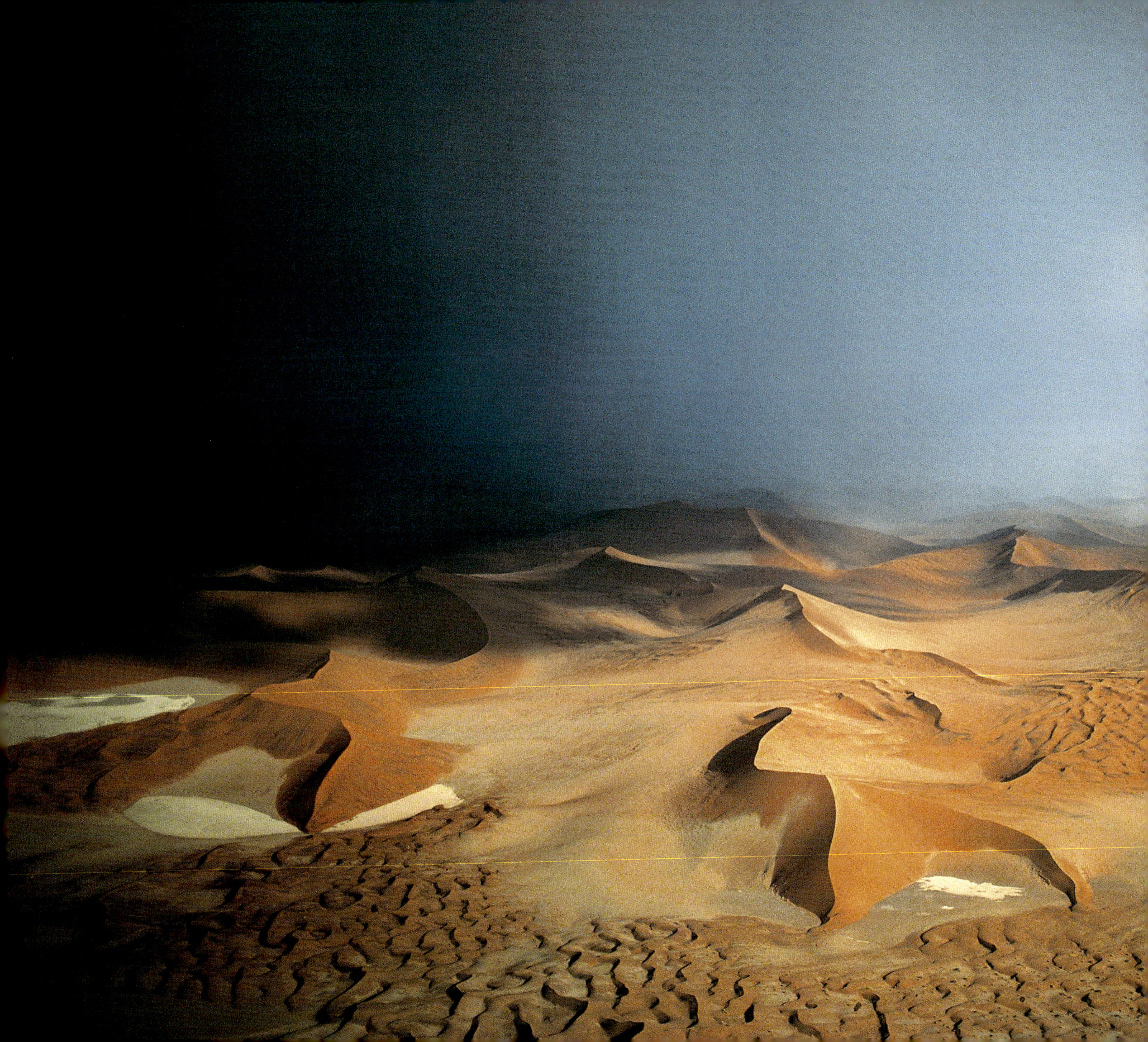

REGEN ÜBER DER WÜSTE / NAMIBIA / 1997

Ein Flug über den Dünen der Namib wäre mir beinahe zum Verhängnis geworden. Südlich des Sossusvlei braut sich ein Tropengewitter zusammen. Begeistert von der dramatischen Stimmung fotografiere ich durch die geöffnete Tür der Cessna. Ungesichert lehne ich mich ein Stück hinaus, als plötzlich das Flugzeug von einem Windstoß erfasst wird. Ich werde gegen die Decke geschleudert, erleide eine Platzwunde am Kopf, lande aber wieder auf meinem Sitz. Ich muss einen Schutzengel gehabt haben – sonst hätte ich mich im freien Fall nach unten befunden. Benommen mache ich ein paar Fotos, dann drehen wir ab und fliegen zurück nach Swakopmund. Erst zu Hause in München, auf dem Leuchtpult des Fotolabors, entdecke ich auf einem der entwickelten Filme dieses Bild.

DANAKIL / ERITREA / 1997

Der Name klingt wie ein gefährliches Reptil: Danakil. In Europa weitgehend unbekannt, erstreckt sich diese Wüste zwischen dem äthiopischen Hochland und Eritreas Küste am Roten Meer. Katja und ich wollen sie von Süd nach Nord durchqueren, und zwar auf einer Route, die parallel zur Küste von Aseb nach Massawa führt: 800 Kilometer durch Hitze und Sand, ohne irgendeine Versorgungsmöglichkeit – wir müssen also unsere Wasser- und Benzinvorräte entsprechend aufstocken. Zu diesem Zweck haben wir uns in Addis Abeba gebrauchte Kanister medizinischer Herkunft besorgt, die sich wegen ihrer schlanken Form gut an den Motorradboxen befestigen lassen. Nach meiner Rechnung müssen wir sechs dieser Kanister mit Benzin füllen, damit der Treibstoff für die schwierige Strecke ausreicht. Zusammen mit Tankinhalt und Wasservorräten transportieren wir nun über 100 Liter Flüssigkeit auf dem Motorrad, was die Beherrschung der Maschine im Sand fast unmöglich macht. Wiederholt stürzen wir, uns packt die Angst vor einer Explosion, wenn die Kanister durch spitze Steine beschädigt werden sollten. Sie blähen sich sowieso schon gefährlich auf in der Hitze. Katja ist in Aseb erst nach dem Kauf eines Feuerlöschers auf das Motorrad gestiegen. Nach 100 Kilometern und mehreren Stürzen sehe auch ich ein, dass wir uns auf einem Himmelfahrtskommando befinden. Wir halten an und überlegen. Umkehren? Benzin zurücklassen? Unmöglich. Als sich uns ein Reiter auf einem Kamel nähert, kommt mir eine Idee. Gestenreich versuche ich dem Mann meine Frage verständlich zu machen, ob er uns vier Kanister abnehmen und im nächsten Ort an der Piste für uns deponieren kann. Er nickt, steigt ab und befestigt jeweils zwei Kanister an beiden Seiten des Kamelsattels. Bevor er wieder aufsteigt, fordert er noch zehn Dollar für den Transport – zahlbar im Voraus. Etwas missmutig gebe ich ihm das Geld. Katja und ich blicken ihm nach, wie er mit den Kanistern davonreitet. Wir sollten ihn nie wiedersehen.

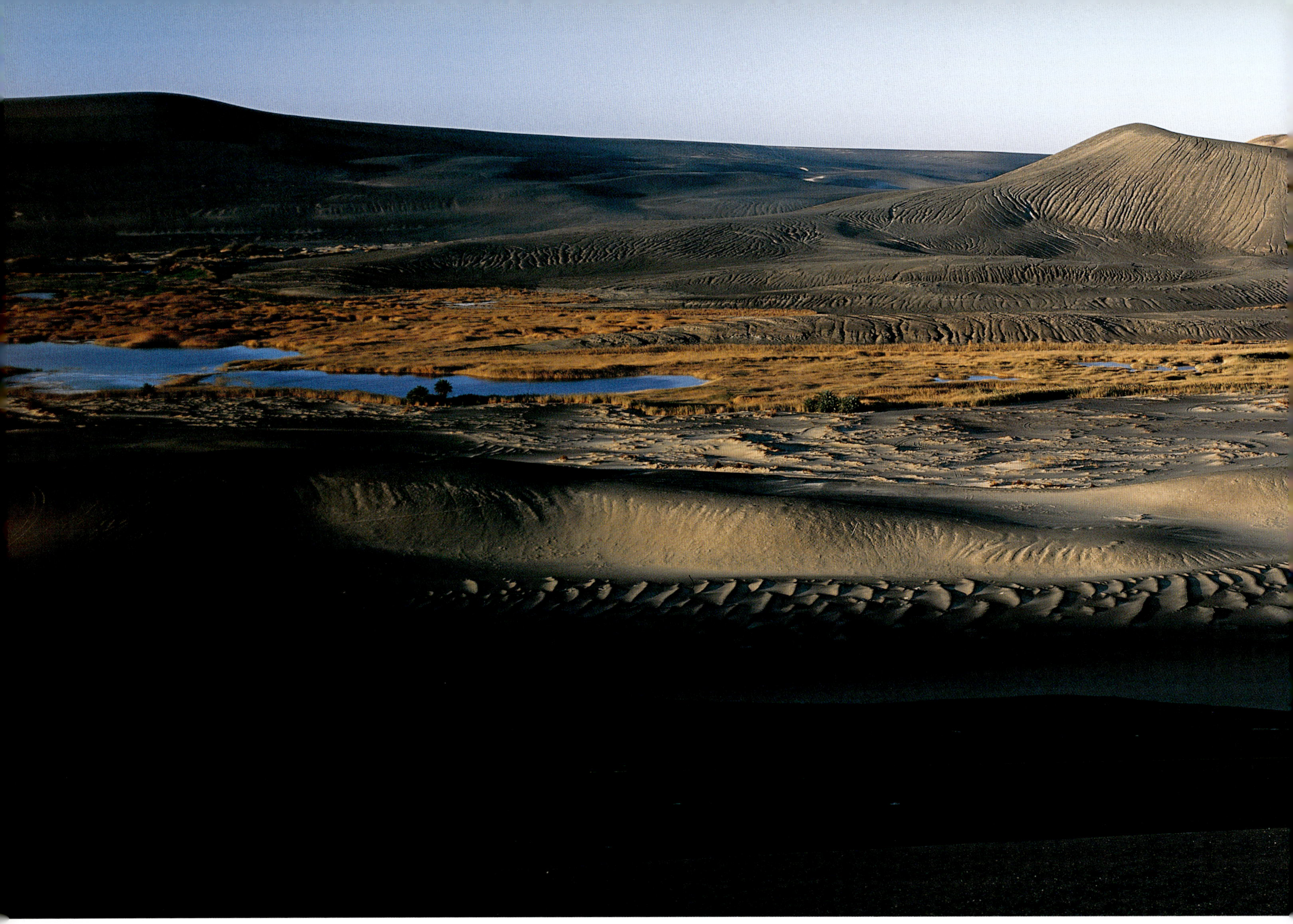

WAU EN NAMUS / LIBYEN / 1997

Blick in den Wau en Namus, den eingebrochenen Vulkan im Südosten Libyens. In der Mitte hat sich ein kleiner Vulkan gebildet. Er ist umgeben von Seen in allen Farbschattierungen.

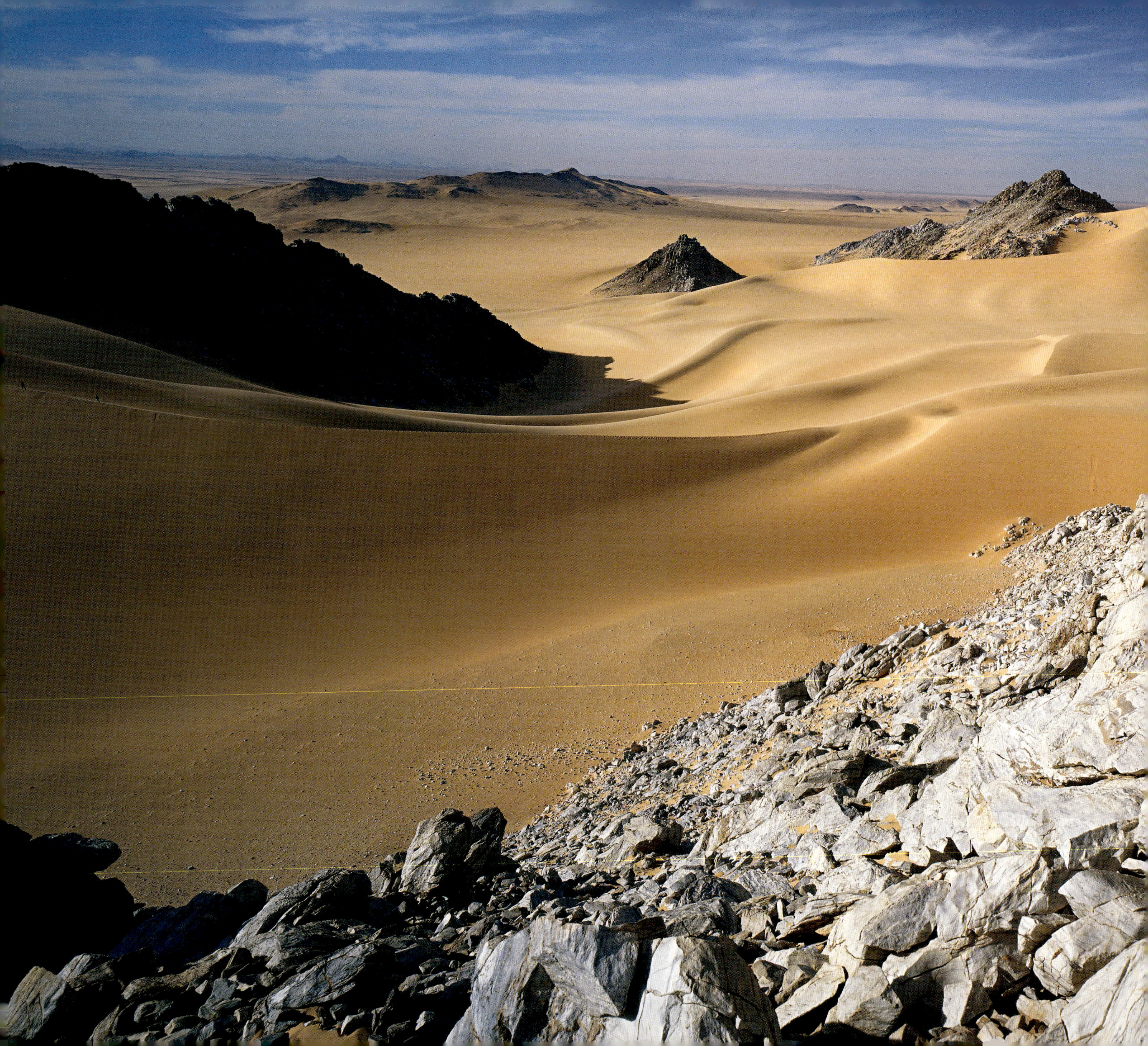

MARMORBERGE / NIGER / 1997

Mitten in den Sanddünen der Ténéré, nahe dem Tuareg-Ort Kogo, liegen die Marmorberge. Dem Aïr-Gebirge vorgelagert, sind sie in einem früheren Erdzeitalter unter hohem Druck und hoher Temperatur aus Kalk entstanden. Der beständig wehende Nordostpassat hat sie fast zugeweht, nur ihre weißlich oder bläulich schimmernden Spitzen ragen aus dem Meer aus Sand. Sie gehören zu den wenigen Landmarken in der Ténéré und sind für uns ein willkommener Orientierungspunkt.

124 / **AUF EINER INSEL BEI AYOROU** / NIGER / 1997

Eine Piroge bringt mich über den Niger zu einer der vielen Inseln
in Afrikas drittgrößtem Fluss. Der Niger fließt in einem großen Bogen
träge durch die südliche Sahara, trifft dann bei Ayorou auf harte
Gesteinsschichten und gewinnt durch Stromschnellen für kurze Zeit
an Temperament. Wegen der reichen Fischgründe ist die Gegend
dicht besiedelt. Viele der Fischerfamilien leben auf Inseln – in kunst-
vollen Lehmhäusern, die mit Erdfarben bemalt sind.

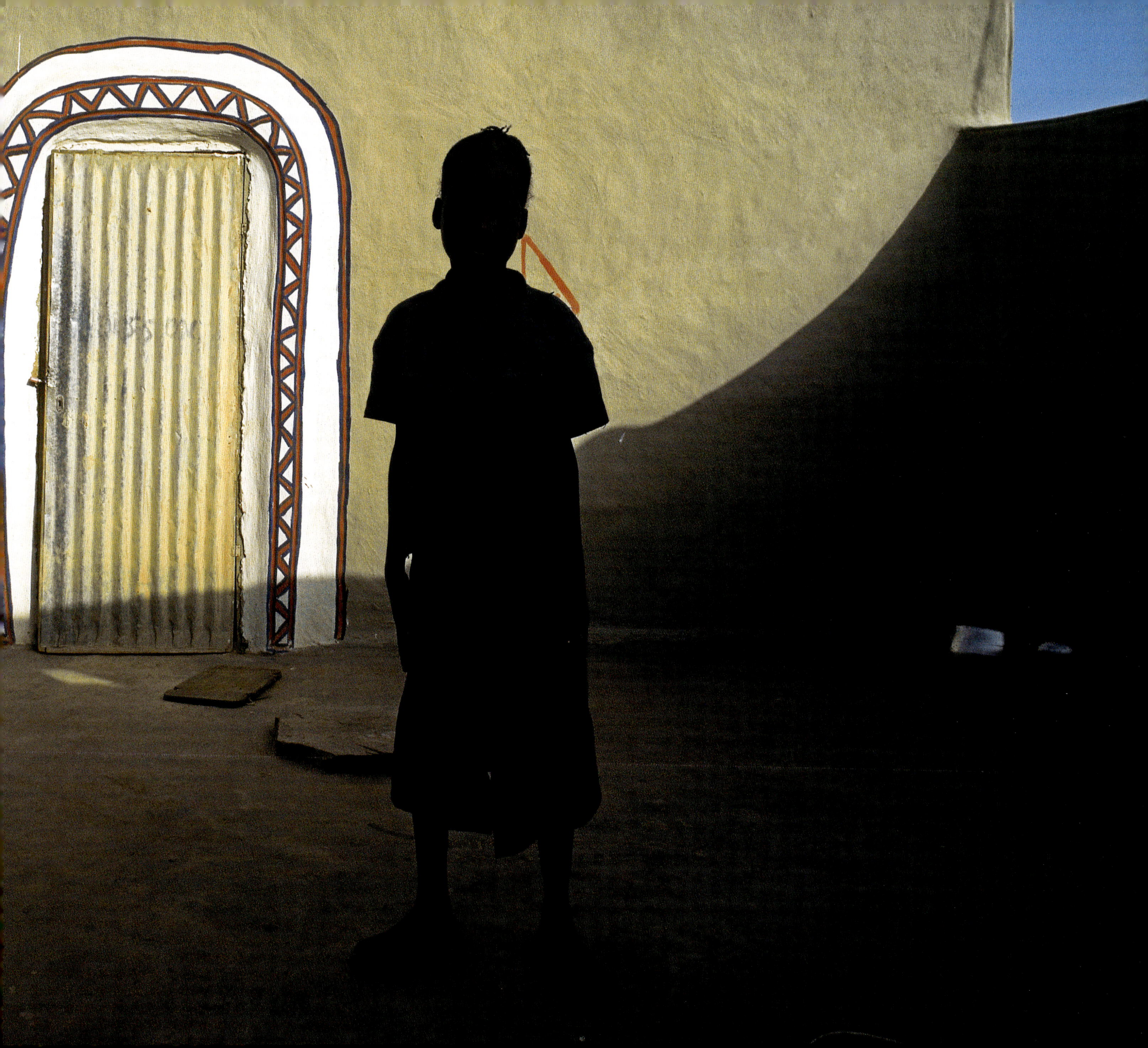

2000 - 2004 →→

Durch die Wüsten der Erde /
Die Wüsten Asiens / Die Wüsten Australiens
/ Die Wüsten Amerikas / Die Wüsten Afrikas

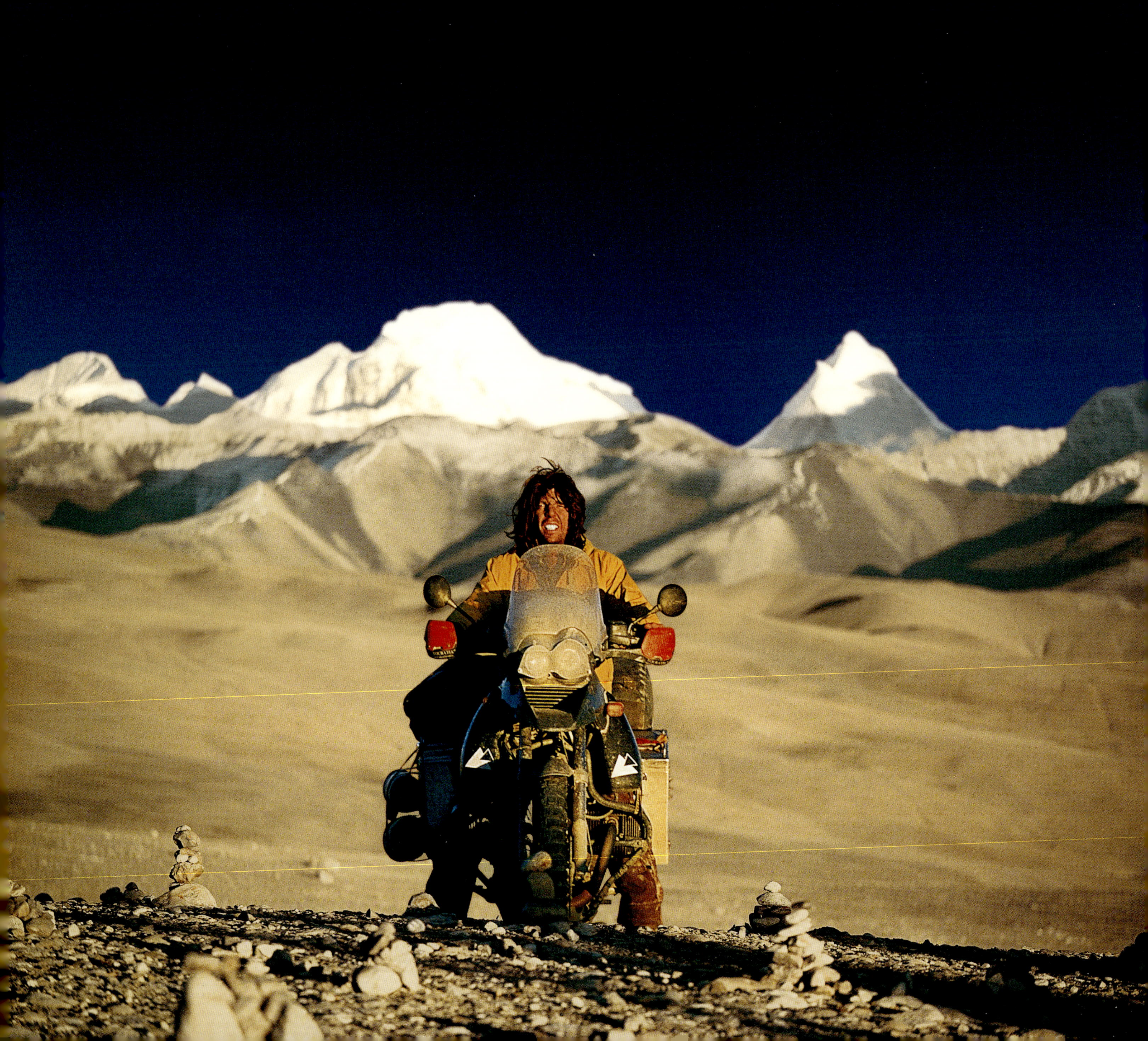

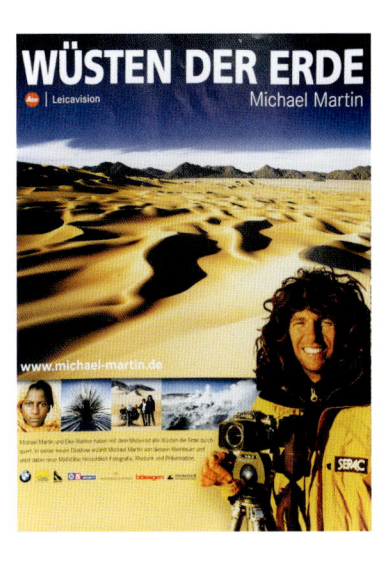

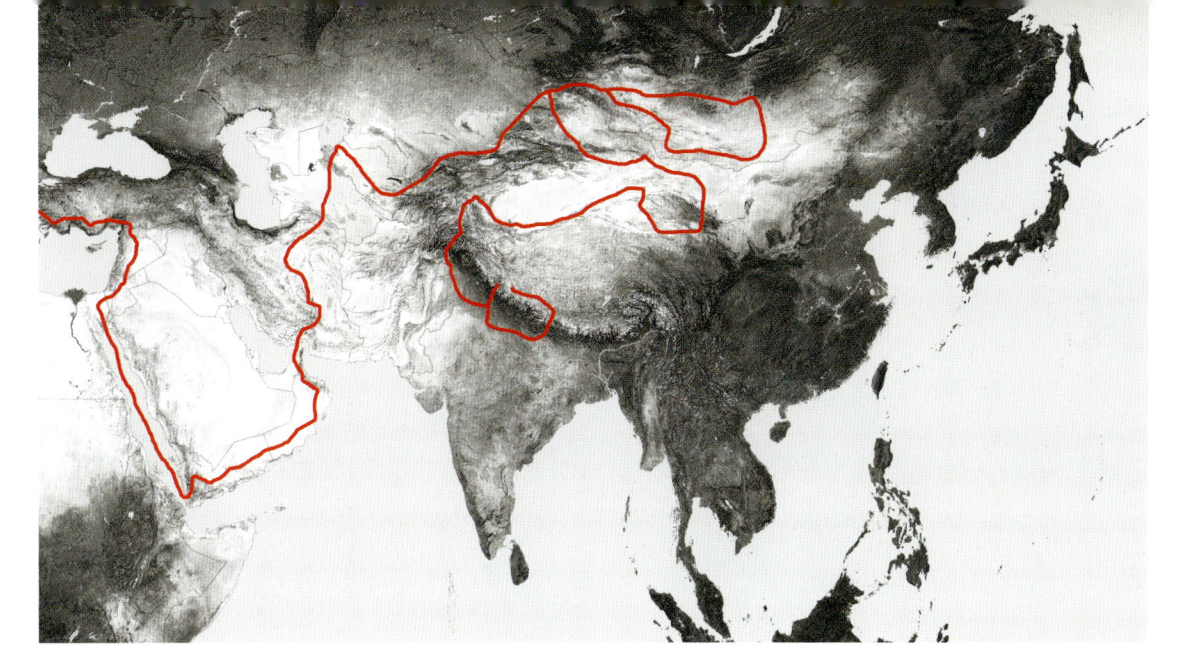

2000 - 2002 / **Die Wüsten Asiens**

Es schneite, als Elke und ich im Januar 2000 von München aus zu unserer Reise durch die Wüsten der Erde aufbrachen. Beide glaubten wir fest daran, dass wir die gewaltigen Herausforderungen des Projektes gemeinsam meistern könnten: Ein Drittel der Landoberfläche der Erde sind Wüsten und Halbwüsten, sie liegen in mehr als 30 Ländern auf vier Kontinenten. Und wirklich, fünf Jahre später hatten wir es geschafft: In vier großen Etappen waren wir insgesamt 900 Tage lang in Asien, Australien, Nord- und Südamerika und Afrika unterwegs, wir fuhren über 100.000 Kilometer weit, dann war unser Traum wahr geworden.

Die erste Etappe führte uns in die Wüsten Arabiens und Asiens. Per Schiff setzten wir von Venedig nach Izmir über und hatten spätestens in Syrien und Jordanien den Winter hinter uns gelassen. Saudi-Arabien blieb uns versperrt, da wir kein Visum erhielten, die im Süden der Arabischen Halbinsel gelegene Rub al-Khali, die größte Sandwüste der Erde, bereisten wir daher von Jemen aus. Über das Wadi Hadramaut ging es in den Oman und weiter in die Vereinigten Arabischen Emirate. Dank der Vermittlung eines Tiermediziners aus Deutschland nahmen wir an einer Falkenjagd der

Länder / Türkei, Syrien, Jordanien, Jemen, Oman, Vereinigte Arabische Emirate, Katar, Iran, Turkmenistan, Usbekistan, Kasachstan, Mongolei, China, Pakistan, Indien, Afghanistan

Route / München, Damaskus, Aman, Sanaa, Muskat, Dubai, Bam, Aralsee, Almaty, Ulan Bator, Urumqui, Kashgar, Jaisalmer, Leh, Kathmandu, Kailash, Kabul

Fahrzeug / BMW-Motorrad R 1150 GS

Reisepartnerin / Elke Wallner

Kilometer / 35.000

Dauer / 15 Monate

Kameras / Leica R 8 und Video Sony PD 150

Film / Fuji Velvia RVP 50

Vortragstitel / Wüsten der Erde

← Auf dem tibetischen Hochplateau

Die Wüsten Asiens / 2000 - 2002

Herrscherfamilie teil, in Katar bekamen wir durch einen glücklichen Zufall die märchenhaften Kultur- und Naturschätze zu Gesicht, die der Scheik gesammelt hat. Über den persischen Golf gelangten wir in den Iran, durchquerten die Wüste Lut, die Salzebenen der Kavir und die Wüsten Karakum und Kysilkum in Turkmenistan und Usbekistan. Den Aralsee erlebten wir als Fanal für eine weltweit beispiellose Umweltkatastrophe. Seine dramatische Austrocknung hat eine Verseuchung mit Chemieabfällen zur Folge, die einst im See versenkt wurden und nun Luft, Wasser und Boden verpesten. Weiter ging es nach Osten in die weiten Steppen Kasachstans und die Mongolei, deren südlicher Landesteil von der Wüste Gobi dominiert wird. Wir erlebten die Mongolei als friedliches, überaus dünn besiedeltes Land, dessen Bevölkerung nach dem Ende des Sozialismus auf nomadische Traditionen setzt.

Die monatelangen Bemühungen um Einreisepapiere für uns und das Motorrad nach China hatten Erfolg, so konnten wir die Badain Jaran in der Inneren Mongolei durchfahren. Inmitten von Megadünen liegen tiefblaue Süßwasserseen, in einem spiegelt sich das Lamakloster Badan Jilin.

Südlich der Takla Makan der Seidenstraße folgend, überqueren wir am 12.9.2001 die chinesisch-pakistanische Grenze, fuhren in einer Nacht eiligst durch Pakistan und kamen, bevor die Grenze aufgrund der Terroranschläge in den USA geschlossen wurde, nach Indien. In der Wüste Thar erlebten wir den größten Kamelmarkt der Erde und die Feierlichkeiten zum Höhepunkt der Pilgersaison in Pushkar.

Vom Tiefland Indiens ging es durch den Himalaja nach Ladakh, das aufgrund seiner Lage im Regenschatten des Himalaja Wüstencharakter hat. Fasziniert von der buddhistischen Kultur Ladakhs, bemühten wir uns um Einreise nach Tibet. Schließlich gelang dies, wir überqueren abermals den Himalaja und fuhren nach Westtibet zum Heiligen Berg Kailash, den wir gemeinsam mit Zehntausenden Pilgern umrundeten. Zurück in Nepal, ließen wir das Motorrad per Luftfracht nach Australien transportieren und flogen nach Kabul. Zum Abschluss unserer Reise durch die Wüsten Asiens besuchten wir das nördliche Afghanistan, wo mich die großartigen Landschaften der Seen von Band-i-Amir und des Pandschir-Tals besonders begeisterten.

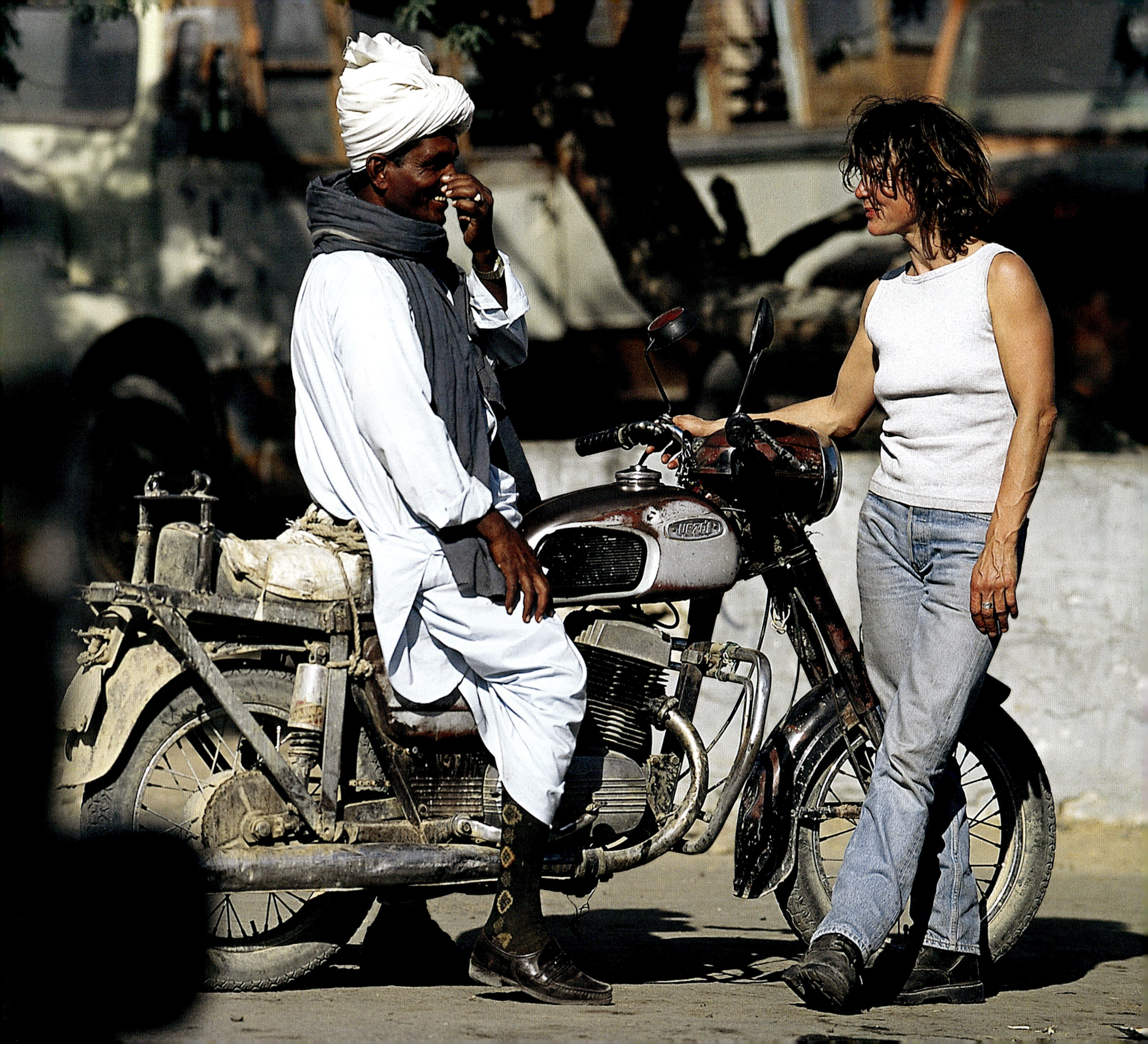

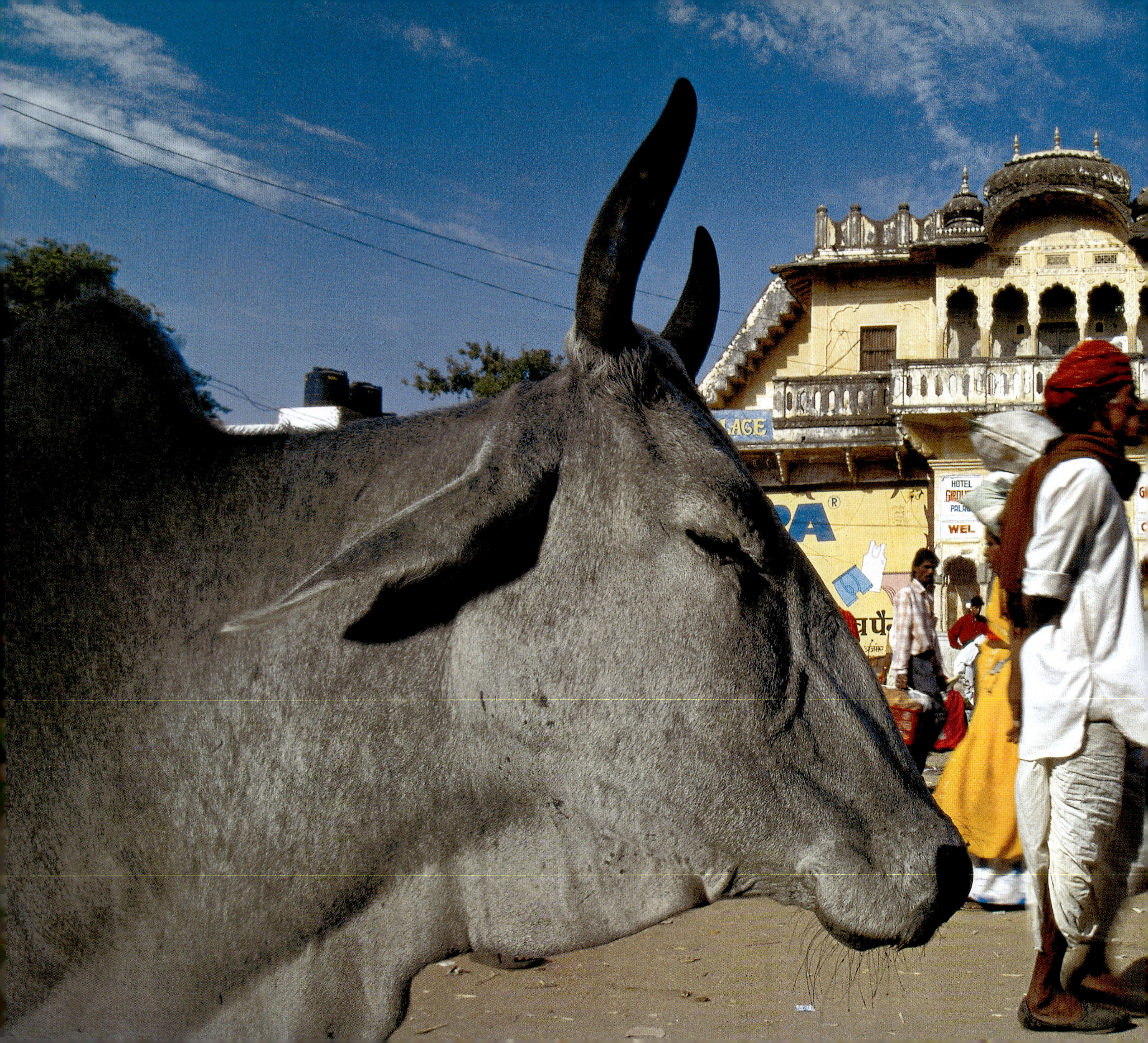
LAGE
HOTEL
WEL

PUSHKAR / INDIEN / 2001 133 /

Zu Beginn der Vollmondnacht des heiligen Monats Kartik Purnima
füllt sich Pushkar mit Menschen. Aus ganz Indien eilen Pilger herbei,
denn jeder Hindu will einmal im Leben ein rituelles Bad im heiligen
See von Pushkar nehmen. Im Laufe der Nacht kommen um die
500.000 Pilger nach Pushkar, wo sie bis zum nächsten Tag bleiben.
In den Straßen und Gassen gibt es dann kaum ein Durchkommen,
die Hotelpreise steigen um das Zehnfache. Trotz der Menschenmassen
spielt sich das heilige Bad in einer Atmosphäre weltentrückter
Gelassenheit ab. Nirgendwo fühlen wir uns so sehr an das Bild vom
ewigen Indien, wie es Hermann Hesse in seiner Erzählung »Siddhartha«
beschrieben hat, erinnert, wie während dieser Tage in Pushkar.

NINE ELEVEN – 11. SEPTEMBER / PAKISTAN 2001

Dichtes Schneetreiben, die Passstraße windet sich höher und höher, die Luft wird dünner. Der Muztagh Ata, ein Siebentausender, verschwindet langsam im Rückspiegel. Unbeirrt folgt das Motorrad den Serpentinen, zwischendurch geht es hinab in lang gestreckte Hochtäler, dann wieder steil bergan. Gegen Mittag erreichen Elke und ich die Passhöhe. Wir sind am Khunjerab-Pass, fast 5.000 Meter über dem Meeresspiegel, und vor uns liegt die Grenze zwischen China und Pakistan. Der chinesische und der pakistanische Grenzposten arbeiten gleichermaßen streng, aber korrekt. Es dauert nicht lange, und wir haben den pakistanischen Einreisestempel in unseren Pässen. Voller Vorfreude auf das, was wir in diesem Land erleben werden, setzen wir uns auf das Motorrad und fahren die ersten Kilometer durch Pakistan. Bald der erste Stopp an einem Teehaus, die Gäste wirken seltsam unruhig, wir denken uns nichts dabei. Stunden später, bei Einbruch der Dunkelheit, gehe ich auf eine Gruppe Lastwagenfahrer zu, will sie nach dem Weg fragen. Irgendetwas beunruhigt sie, sie diskutieren laut, aufgeregt, aufgewühlt. Verständnislos schaue ich sie an, höre immer nur »Amerika, Amerika«. Einer der Männer kann ein bisschen Englisch, was er sagt, klingt ziemlich verworren. Endlich meine ich zu verstehen, dass irgendjemand die Freiheitsstatue in New York in die Luft gejagt hat. Ich wundere mich ein bisschen, dass ein Attentat im fernen Amerika hier in Pakistan so viel Aufsehen erregt. Irritiert, aber nicht wirklich beunruhigt fahren wir weiter, halten bei dem nächstbesten Teehaus an, um Genaueres zu erfahren. Einer der Gäste spricht Englisch und erzählt uns, was passiert ist in New York. Es gebe Zehntausende Todesopfer, sagt er, die Welt halte den Atem an, der internationale Flugverkehr sei eingestellt, Amerikas Reaktion noch unklar. Pakistans Grenzen seien bereits geschlossen oder würden bald geschlossen werden. Elke und ich versuchen ruhig zu bleiben. Wir befinden uns in einer der schönsten Landschaften der Erde, die Menschen sind freundlich und zuvorkommend wie immer, und trotzdem scheint es, als sei die Welt im Untergang begriffen. Ein Gedanke beherrscht uns: Wir müssen raus aus Pakistan, bevor die Grenzen dicht sind. Zurück nach China können wir nicht, dafür fehlen uns die Visa. Im Westen liegt Afghanistan, im Süden das Meer. Die einzige Möglichkeit, die uns bleibt, um das Land zu verlassen, liegt im Osten – die Grenze nach

Indien. Aber ist sie noch offen? Inzwischen ist es sechs Uhr abends, es schüttet nur so vom Himmel herab. Wir setzen uns auf das Motorrad und fahren los. Schnell bricht die Dunkelheit herein, und bald sind wir bis auf die Haut durchnässt. Die Straße ist voller Löcher, die Sicht miserabel. Ich muss an den »Lonely Planet« denken. Der Reiseführer warnt davor, diese Strecke nachts zu befahren – das Risiko, überfallen zu werden, ist einfach zu groß. Fast noch mehr Sorgen macht mir der Gedanke an die Gefahr, die von Erdrutschen ausgeht. Es kommt häufig vor, dass sie tagelang den Khunjerab-Pass blockieren. Kurz vor Mitternacht wieder eine Pause. Und wieder besorgte Gesichter im Teehaus. Aus dem Radio brüllt die Stimme eines aufgeregten Reporters. Wie gern würde ich jetzt die Nachrichten der BBC oder der Deutschen Welle hören! Und wie gern würde ich wissen, ob die Grenze nach Indien noch offen ist. Weiter fahren wir in die Nacht. Immer noch starke Niederschläge, aber die Hänge halten, kein Erdrutsch blockiert die Straße. Ab und zu kommt uns ein Lkw entgegen, wir nehmen es als hoffnungsvolles Zeichen dafür, dass die Strecke vor uns frei ist. Am frühen Morgen wolkenbruchartiger Regen, noch 400 Kilometer bis zur Grenze. Ein Unwetter braut sich zusammen, Blitze zucken durch die Felsschluchten, gefolgt von dröhnendem Donner. Das Gewitter wird so heftig, dass wir Schutz unter einem Felsvorsprung suchen. Irgendetwas bewegt sich im Dunkel neben uns. Ich schalte den Scheinwerfer an und erschrecke: Keine vier Meter entfernt fletscht eine Hyäne die Zähne. Mit betont langsamen Bewegungen entfernen wir uns von dem ungastlichen Ort, steigen auf das Motorrad und geben Gas. Es dämmert, als wir endlich die Berge hinter uns lassen und an der Hauptstadt Islamabad vorbeirollen. Ein schneller Kaffee am Straßenrand, dann die 300 Kilometer lange Zielgerade zur Grenze. Noch immer wissen wir nicht, was eigentlich passiert ist. Unsere Handys funktionieren nicht, die Menschen wirken ernst und verschlossen. Oder bilden wir uns das nur ein? Am frühen Nachmittag kommt die Grenze in Sicht. Wir geben uns alle Mühe, ruhig zu wirken, uns unsere Anspannung nicht anmerken zu lassen. Als der pakistanische Immigration Officer gelangweilt zwei Ausreiseformulare über den Tresen schiebt, atmen wir tief durch. Eine halbe Stunde später sind wir in Indien. Ich bin so erschöpft, dass ich eine ganze Weile brauche, bis ich die Kraft habe, vom Motorrad abzusteigen. Die Grenze schließt noch am selben Tag.

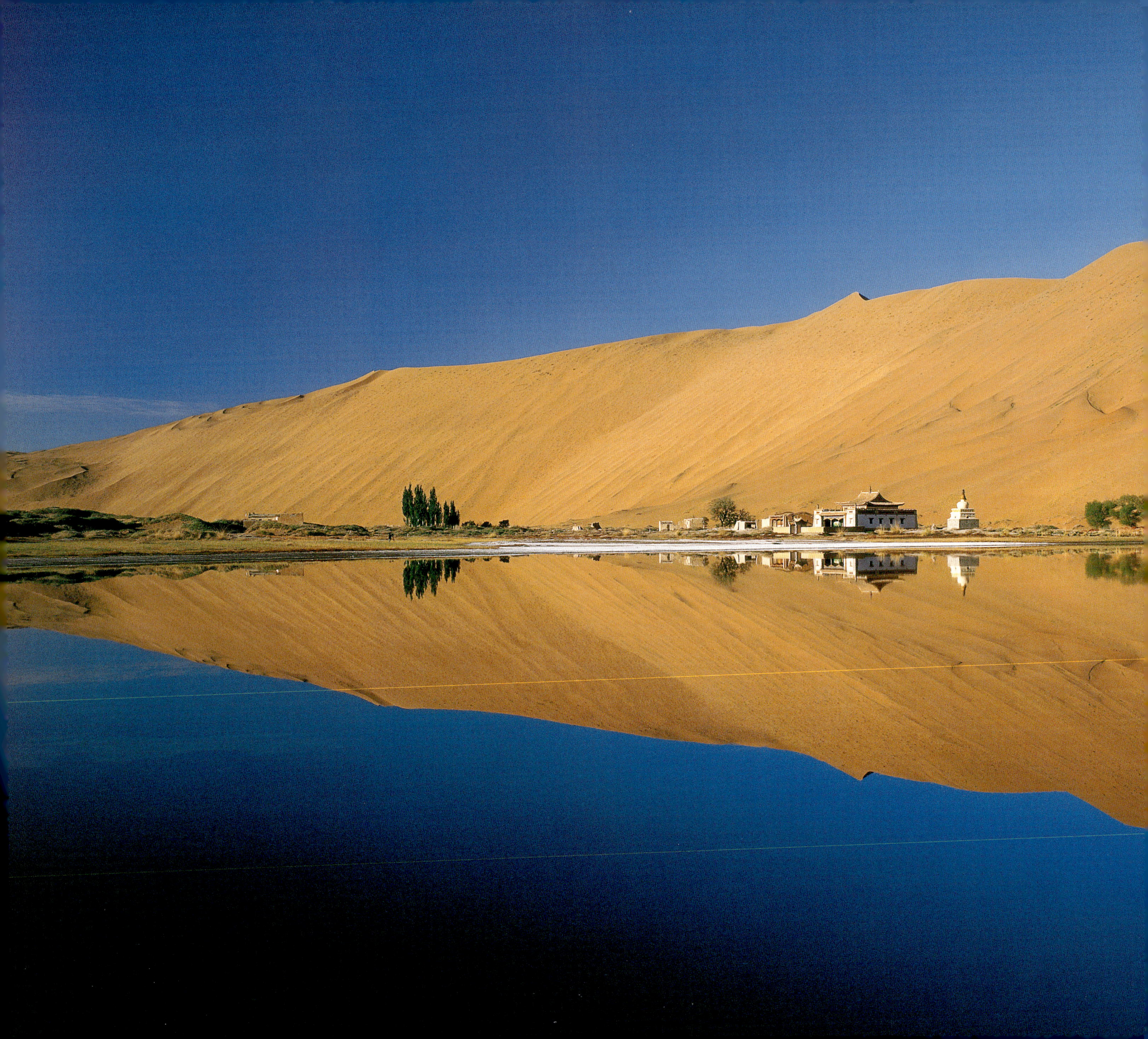

BADAN-JILIN-KLOSTER / CHINA / 2001

In der Alashan wurde in einem windreicheren Erdzeitalter ein gewaltiges Dünenmassiv aufgeweht, dessen Megadünen mit bis zu 500 Metern Höhe zu den höchsten der Erde zählen. Inmitten des Dünenmeers finden sich über 100 Seen unterschiedlichen Salzgehalts. Bis vor wenigen Jahren waren nur Kamele in die abgeschiedene Gegend vorgedrungen. In einem nahen Dorf treffen wir Naro. Sein Vater konnte sich Mitte der 90er-Jahre einen Peking-Jeep leisten, und damit gelang den beiden die Befahrung der Dünen. Wir engagieren den jungen Mann, und los geht's! Wie auf einer Achterbahn erklimmen wir die erste, 400 Meter hohe Düne, dringen immer tiefer in das Sandgebirge ein. Nach drei Stunden Fahrt der erste See, er ist glasklar. Am nächsten Fahrtag liegt der heilige See Yinderitu vor uns, am Nachbarsee das buddhistische Kloster Badan Jilin. Während der Kulturrevolution zerstört, bauten es zwei Mönche mit Pilgerspenden wieder auf. Die beiden Männer heißen uns willkommen.

SEEN VON BAND-I-AMIR / AFGHANISTAN / 2002

Um diese Aufnahme zu machen, bin ich – im Nachhinein betrachtet – ein zu hohes Risiko eingegangen. Der See Band-i-Haibat und die vier anderen Seen von Band-i-Amir im afghanischen Hindukusch sind lange umkämpft gewesen und bis heute vermint. Bei unseren Wanderungen um die Seen werden wir zwar von einem minenkundigen einheimischen Führer begleitet, doch kann ich schwer einschätzen, wie hoch das Risiko ist, trotzdem auf eine Mine zu treten. Obwohl mir die Angst im Nacken sitzt, bin ich vom Anblick der glasklaren Seen überwältigt, die stufenartig auf 2.000 Meter Höhe mitten in der Gebirgswüste liegen. Dem Wasser des Band-i-Haibat wird eine heilende Wirkung zugesprochen. Pilger baden in den Seen und füllen das Wasser in Flaschen, die sie mit nach Hause nehmen.

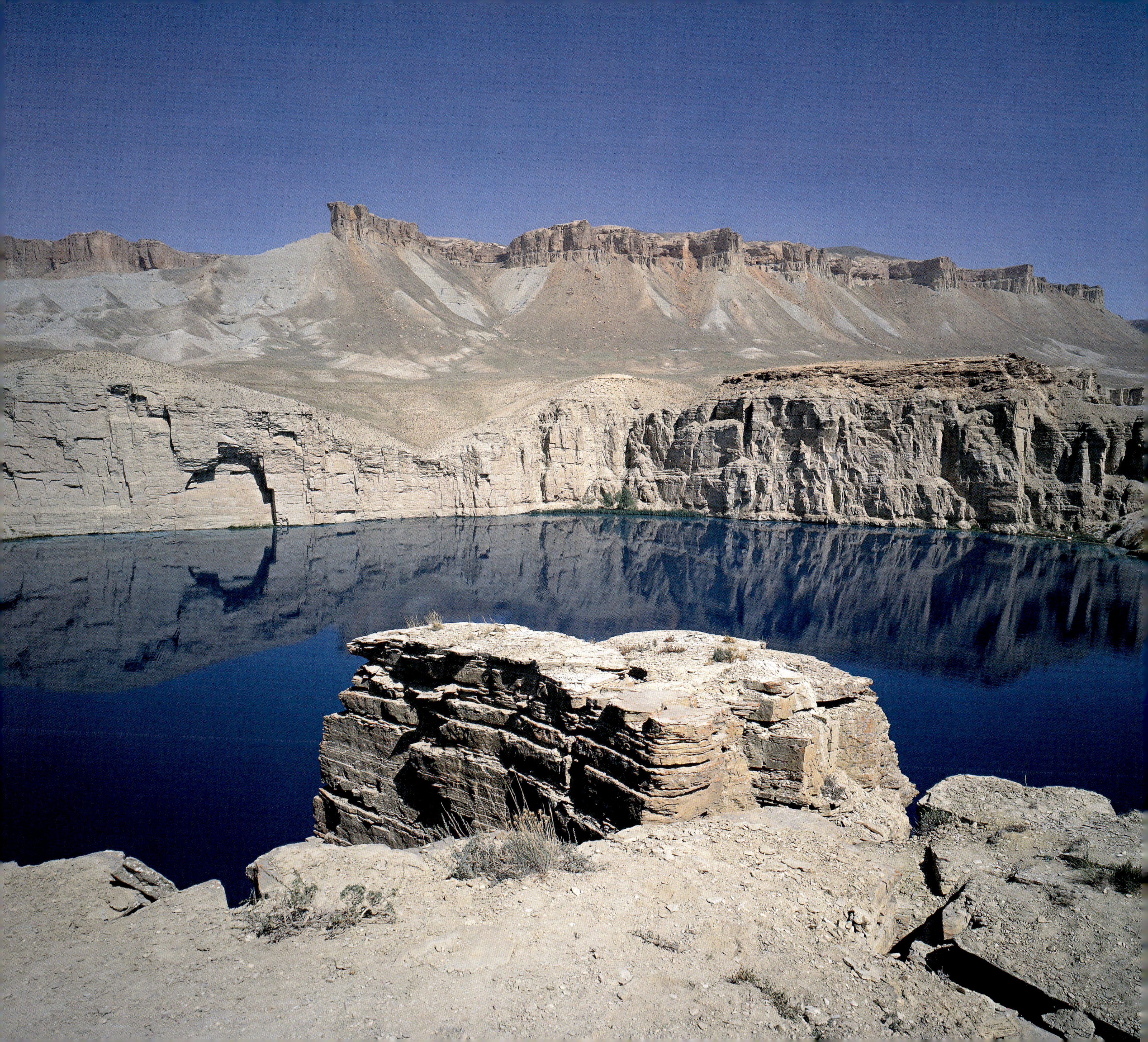

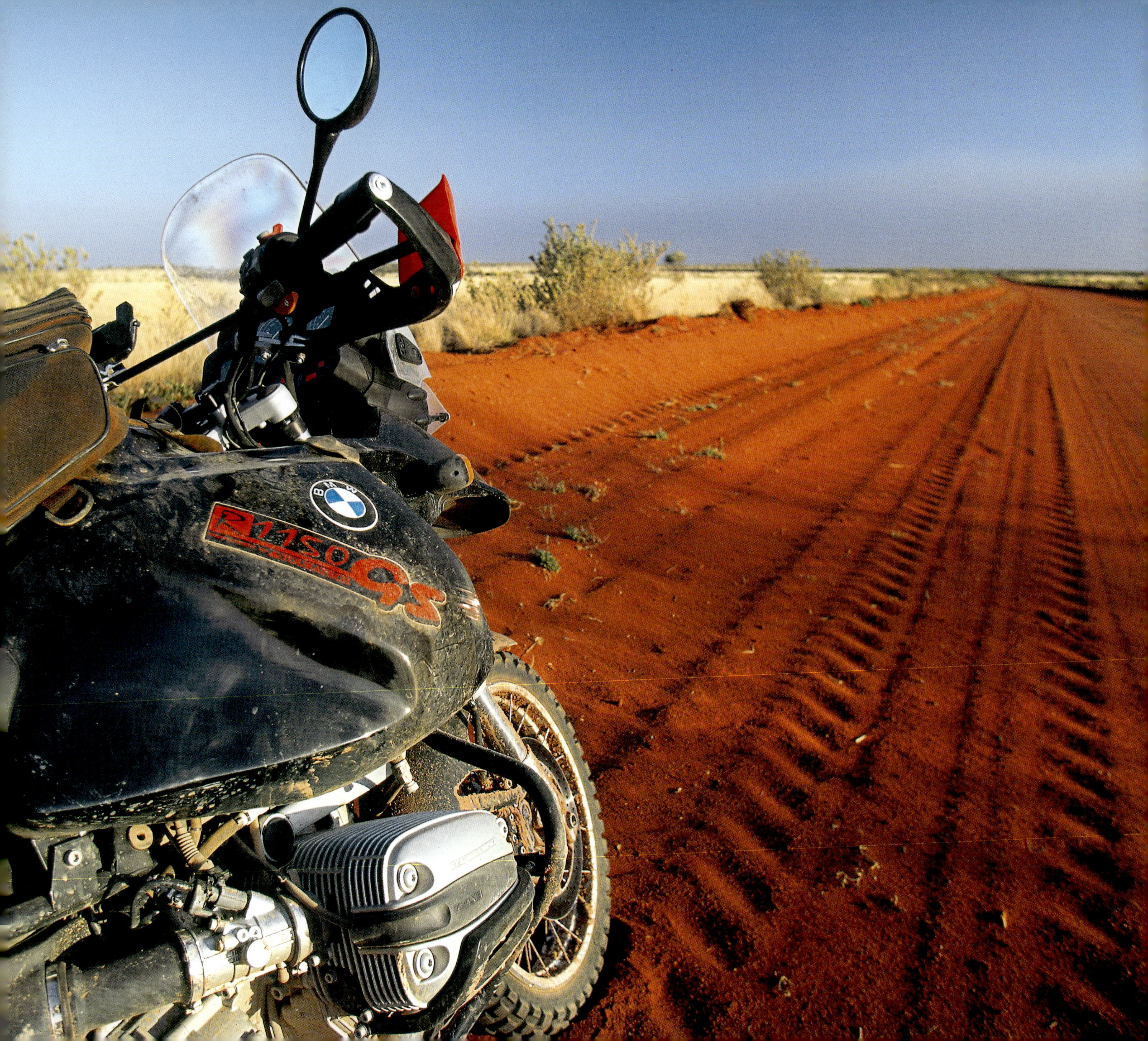
BMW
R1150 GS

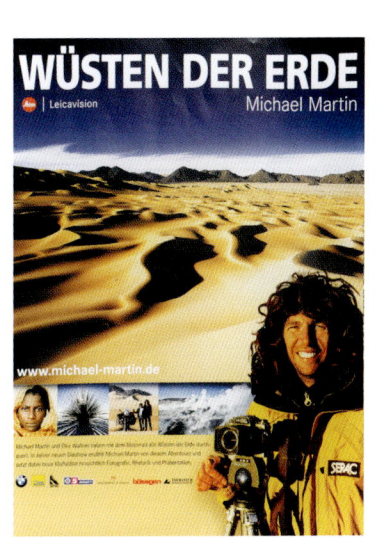

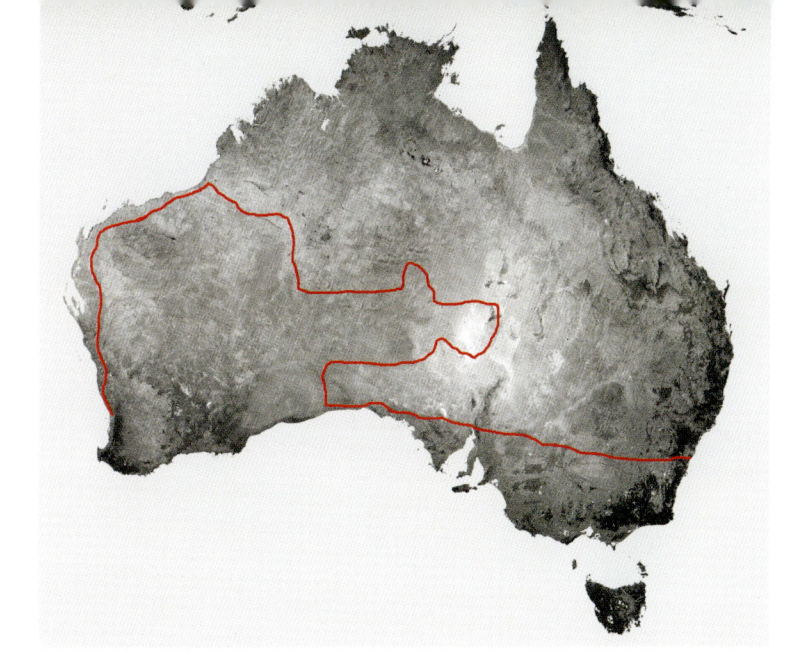

2002 / **Die Wüsten Australiens**

In Perth holen wir das Motorrad aus dem Zoll und fuhren die Küste entlang in den Nordwesten Australiens, wo die Great Sandy Desert, die Große Sandwüste, an den Indischen Ozean heranreicht. Vom Eighty Mile Beach aus folgten wir dem einsamen Kidson Track, dann dem Gary Highway – auf einer im Wüstengras kaum auszumachenden Fahrspur mit einer Fahrzeugfrequenz von weniger als einem Auto pro Woche. Sieben Tage lang sahen wir keine einzige Ortschaft, kein anderes Auto. Elke und ich genossen das kühle, sonnige Winterwinter, die unberührte Natur, die absolute Einsamkeit und die Abende am Feuer, das immer wieder einmal ein paar Dingos anlockte.

Mehrmals kreuzten Buschfeuer unsere Piste. Anfangs versetzten sie uns in Schrecken, bald begriffen wir aber, dass sie im unbesiedelten Outback Teil des Ökosystems sind. Nach dem Brand schaffen die nährstoffreiche Asche, das nun am Boden vorhandene Licht und der in den Feuerschneisen neu verfügbare Raum ideale Wachstumsbedingungen für die Vegetation. Es dauert meist nur bis zum nächsten Regen, und die einzigartigen Wildblumen der Wüsten Australiens erblühen wieder aufs Neue.

Länder / Australien
Route / Perth, Broome, Alice Springs, Birdsville, Cooper Pedy, Nullarbor, Sydney
Fahrzeug / BMW-Motorrad R 1150 GS
Reisepartnerin / Elke Wallner
Kilometer / 15.000
Dauer / 3 Monate
Kameras / Leica R 8 und Video Sony PD 150
Film / Fuji Velvia RVP 50
Vortragstitel / Wüsten der Erde

← Auf dem Birdsville Track

Die Wüsten Australiens / 2002

Im Zentrum Australiens passierten wir das Freehold Land der Aborigines. Der Zugang in diese Gebiete ist streng reglementiert, Siedlungen, die sogenannten Communities – planmäßige, vom Staat errichtete Ortschaften –, dürfen nur mit Sondergenehmigung betreten werden. Den Aborigines werden dort Wohnungen, Verwaltung und soziale Einrichtungen geboten, aber weder Arbeit noch Perspektiven – ein scharfer Gegensatz zu dem Bild, das an Touristenattraktionen wie dem Uluru, dem früheren Ayers Rock, von ihnen gezeichnet wird. Dabei ist der Kontinent groß und wohlhabend genug, um nicht nur den weißen Australiern, sondern auch den Aborigines Lebensraum und Perspektive zu geben. Die vertraglich aufgeteilte Nutzung des 1985 an die Aborigines zurückgegebenen Uluru könnte hierfür ein Beispiel sein.

Nach einem kurzen Aufenthalt in Alice Springs ging es weiter in die Simpsonwüste. Hier galt es, Hunderte von Dünenzügen zu überqueren, die quer zu unserer Fahrtrichtung verliefen. Nach vier Tagen lag endlich die letzte Düne vor uns – Big Red haben die Australier sie getauft – und dahinter Birdsville, wo gerade das berühmte Pferderennen stattfand, zu dem sich Besucher aus ganz Australien einfinden. Über den Birdsville Track gelangten wir nach Williams Creek, besuchten Anna Creek, mit 13.000 Rindern die größte Viehfarm der Erde, flogen über den Salzsee Lake Eyre und fuhren weiter nach Cooper Pedy, dem Zentrum des Opalbergbaus in Australien.

Westlich von Cooper Pedy beginnt die Great Victoria Desert, die Große Victoriawüste, die uns aufgrund der riesigen Entfernungen zur Mitnahme von 60 Liter Treibstoff zwang. Südlich schließt sich die baumlose Kalkebene des Nullarbor Plain an, dessen Überquerung zu den eintönigsten Strecken unserer Reise durch die Wüsten der Erde gehörte. Nach gut drei Monaten erreichten wir Sydney, suchten eine Reederei und verschifften das Motorrad nach Südamerika. Das Abenteuer Australien war für uns zu Ende.

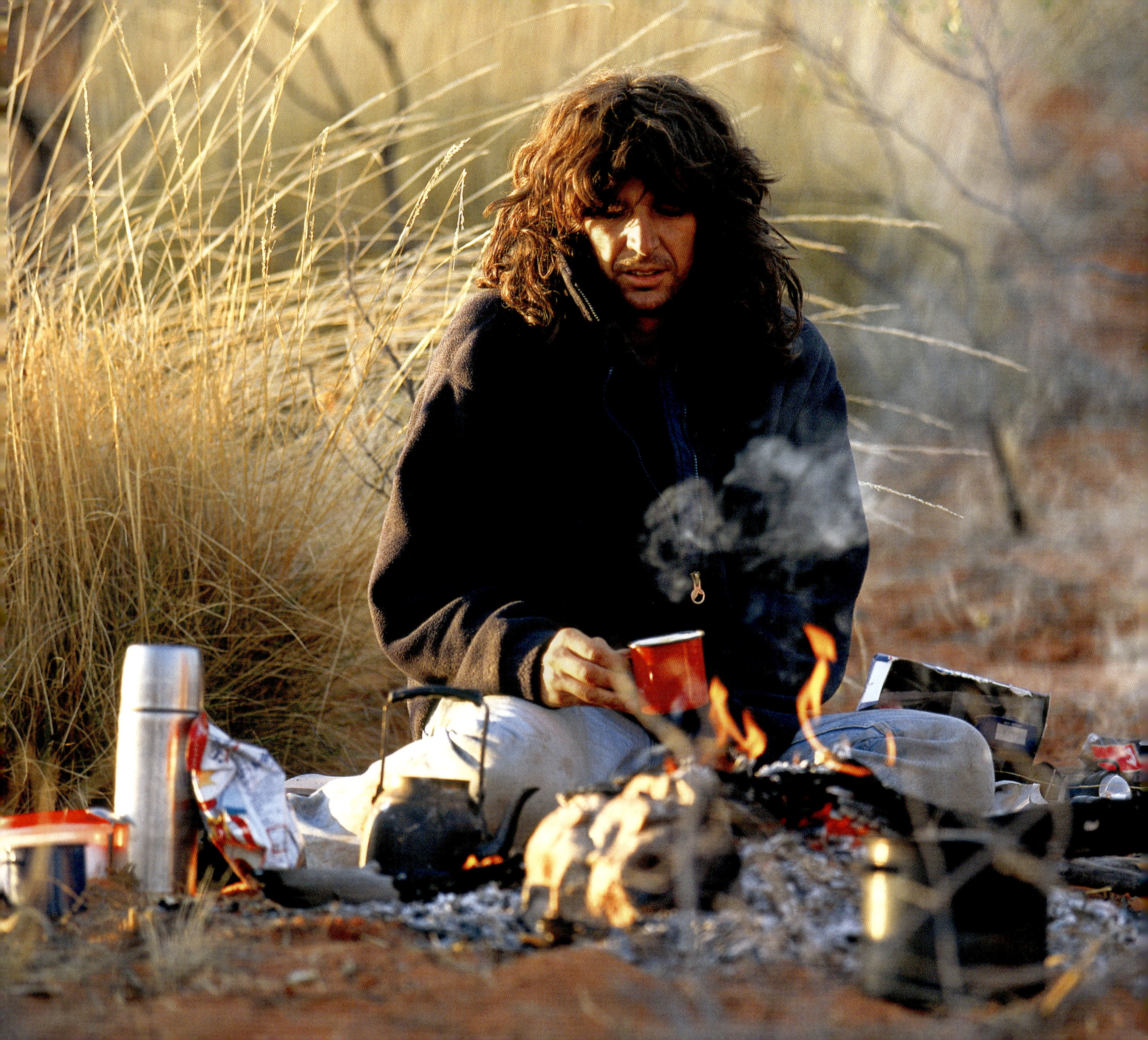

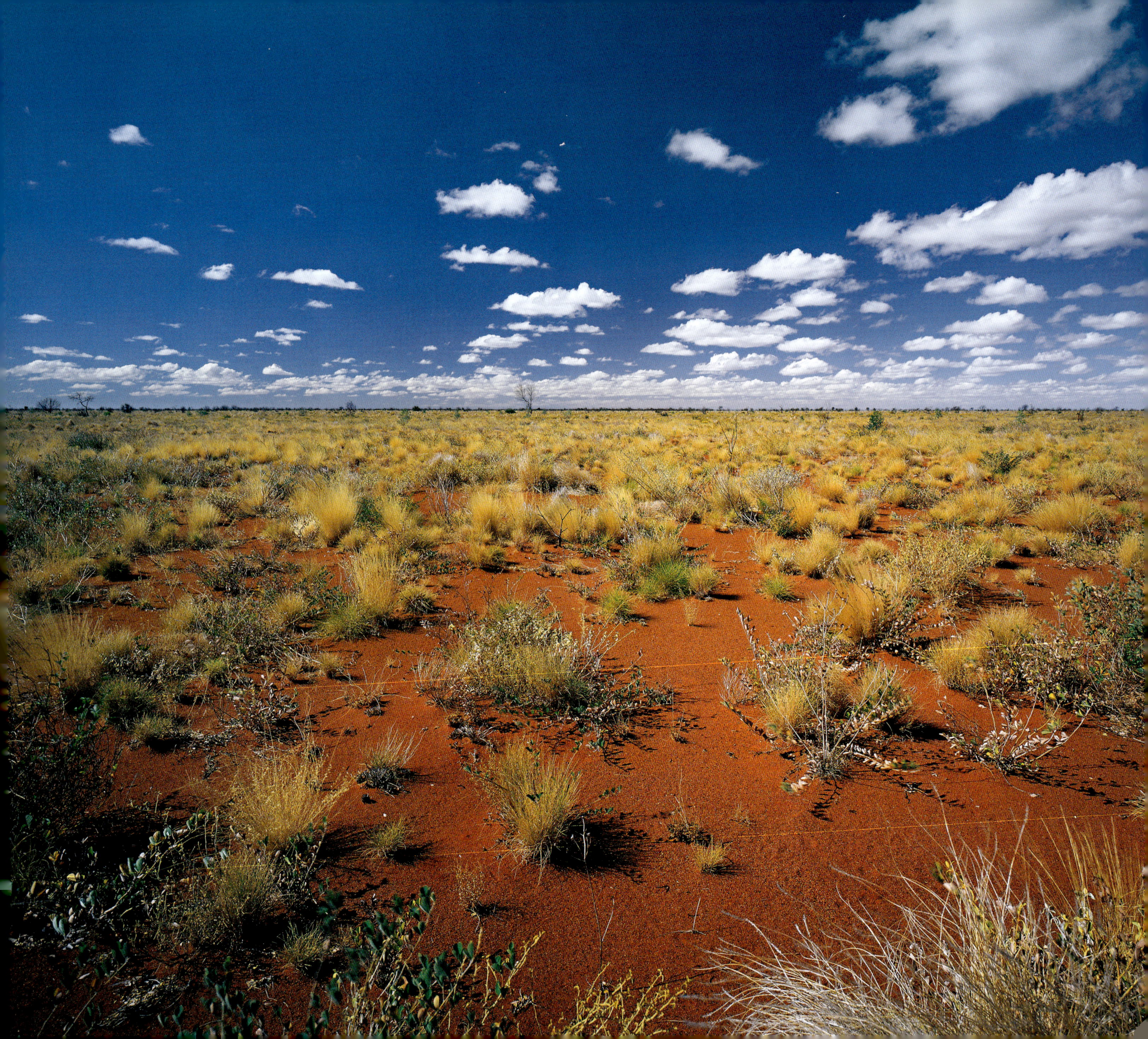

GREAT SANDY DESERT / AUSTRALIEN / 2002

Auf unserer Reise durch die Wüsten der Erde fühlen wir uns nirgends wohler und sicherer als in Australien. Auf den einsamen Pisten und Lagerplätzen im Outback müssen wir uns keine Sorgen über Banditen oder Terroristen machen. Die meiste Zeit verbringen wir in der Great Sandy Desert zwischen der Westküste und dem Roten Zentrum Australiens. Die Wüsten dieses Kontinents sind landschaftlich eintönig und vergleichsweise dicht bewachsen, sie weisen keine Flüsse oder Seen auf. Letzteres hat australische Geographen dazu veranlasst, sie als Wüsten zu bezeichnen.

146 /   **ABORIGINES /** AUSTRALIEN / 2002

Auf meinen Reisen durch Afrika habe ich schon viel Armut
und Verzweiflung gesehen, doch in Australien werde ich zum ersten
Mal damit konfrontiert, dass sich ein ganzes Volk in einer
aussichtslosen Lage befindet – die Aborigines. An den Rand einer
weiß dominierten Gesellschaft gedrängt, sozial entmündigt
und ohne Hoffnung auf ein selbstständig organisiertes Leben,
ist ihr Alltag von Perspektivlosigkeit, Krankheit, Entwurzelung und
Drogenmissbrauch geprägt. Ihre reale Situation hat nicht das
Geringste mit dem Bild zu tun, das ausländischen Besuchern von
der australischen Tourismusindustrie vermittelt wird. Ich habe
nie wirklich Kontakt zu Aborigines gefunden, so sehr ich mich auch
bemühte. Zu groß war das Misstrauen dieser Menschen gegenüber
Weißen. Und australische Behörden tun alles, um Fotografen
von Orten fernzuhalten, an denen das Elend der Urbevölkerung
sichtbar ist.

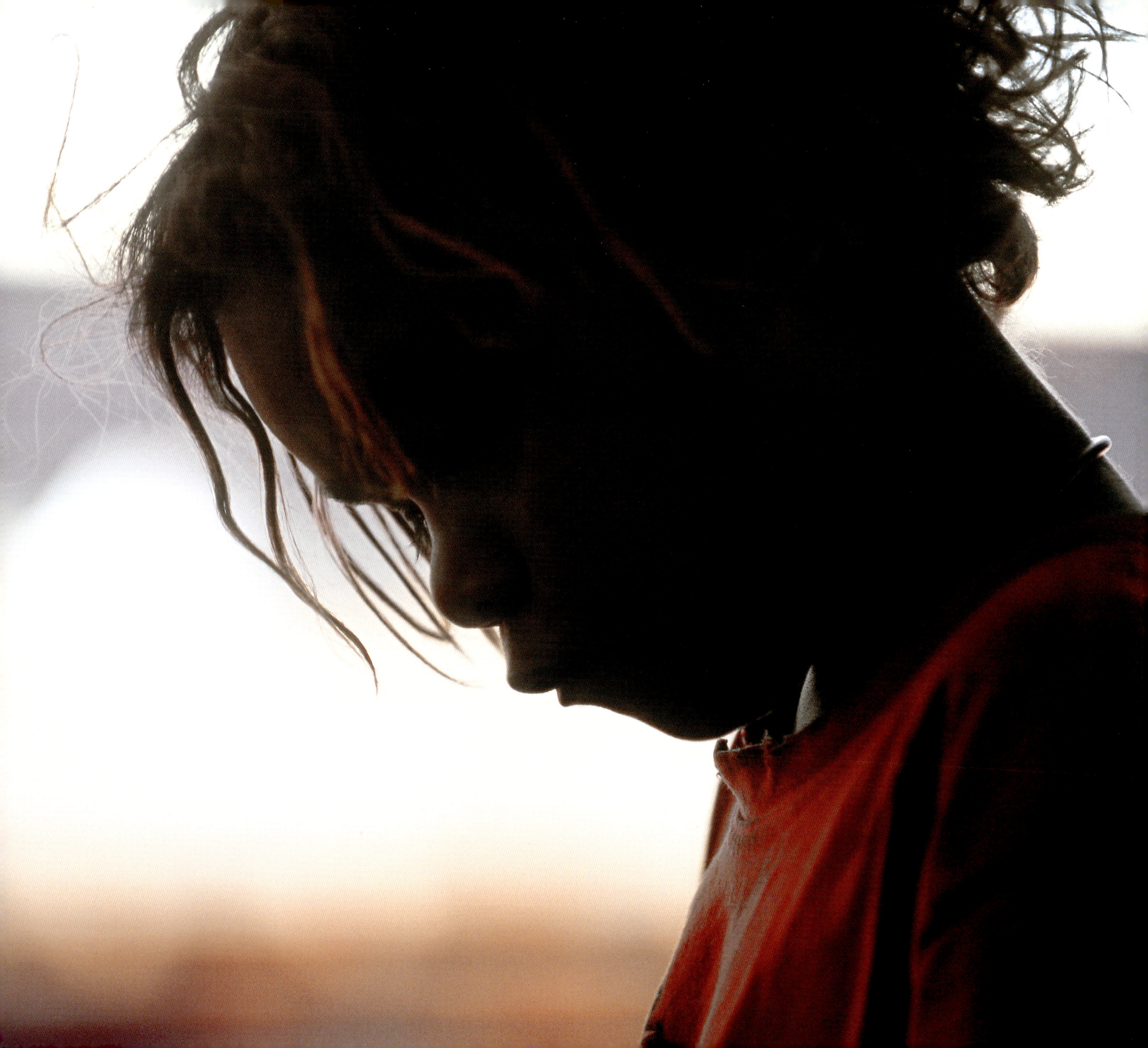

IM OUTBACK / AUSTRALIEN / 2002

Wir fahren auf dem Kidson Track, der von der Küste des Indischen Ozeans 700 Kilometer hineinführt in die Great Sandy Desert. Kein Auto begegnet uns, kein Mensch, tagelang folgen wir einer schmalen Sandspur. Endlich neben der Piste ein Bohrloch, Durchmesser 15 Zentimeter, daneben, an einem langen Seil, eine verbeulte, leere Konservendose. »Water 14 m«, steht darauf. Ohne Seil würde man vor dem Wasserloch verdursten. Sieben Fahrstunden weiter noch ein Wunder: Wassermelonen.

Warum sie ausgerechnet hier im Outback lagern, bleibt uns ein Rätsel, jedenfalls sind sie eine willkommene Ergänzung unserer Vorräte. 200 Kilometer weiter Windy Corner. Seit drei Tagen steuern wir diese auf der Karte dick eingezeichnete Kreuzung an, haben wenigstens mit einer kleinen Ortschaft gerechnet. Stattdessen nur ein Ölfass mit einer Plakette, die den Beginn des Gary Highways anzeigt. Len Beadell, der Erbauer des Highways, hat sie 1963 angebracht. Der Gary Highway gehört zu den

»Bomb Roads«. Die einspurigen Pisten, die Beadell nach seiner Frau und seinen Kindern benannte, dienten der Erschließung des Waffentestgebiets in Woomera. Bis 1964 führte die britische Armee hier Atombombentests durch. Am Gunburral Highway liegt die wichtigste meteorologische Station im Herzen Australiens. Der Chefmeteorologe erläutert uns die Niederschlagsmessungen der letzten Jahre. Mit 270 Millimeter durchschnittlicher Jahresniederschlagsmenge liegt der Wert deutlich über dem in Europa üblichen Grenzwert für Wüsten von 150 Millimetern. Australische Geographen interpretieren den Wüstenbegriff eben deutlich weiter. Im nahen Roadhouse wollen wir unsere Vorräte auffüllen. Die vermeintlichen französischen Baguettes entpuppen sich als tiefgefrorene Känguruschwänze. Sie werden von durchreisenden Aborigines gekauft, für die sie ein wichtiges Grundnahrungsmittel darstellen.

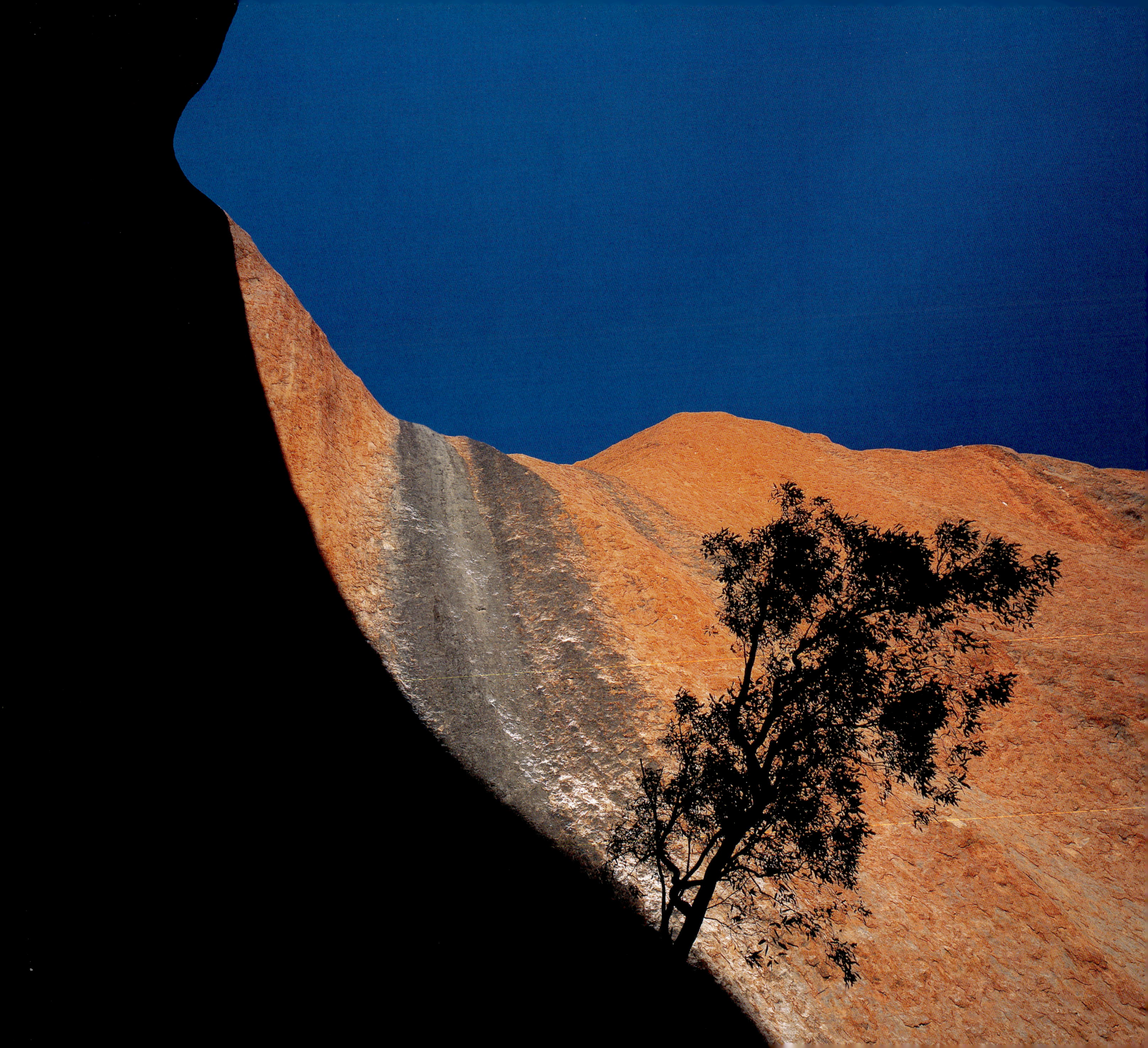

ULURU / AUSTRALIEN / 2002   151 /

1981 stand ich als 19-jähriger Tramper zum ersten Mal am Fuß des
Uluru, der damals noch Ayers Rock hieß, und bestaunte den
zweitgrößten Monolithen der Erde. Als ich dem Berg 2002 einen
zweiten Besuch abstatte, bringt er mich wieder zum Staunen.
Ich hätte es wirklich nicht für möglich gehalten, welch umfangreiche
Infrastruktur in den letzten 20 Jahren im Outback rund um den
Uluru entstanden ist. Ein dichtes Netz von Asphaltstraßen, Helikopter,
Campingplätze und Hotels erfüllen die Bedürfnisse der jährlich
mehr als 400.000 Besucher. Möglich wurde dies durch Verträge mit
den Aborigines, die einer touristischen Nutzung ihres heiligen
Bergs zustimmten, nachdem sie ihn 1985 vom australischen Staat
zurückerhalten hatten.

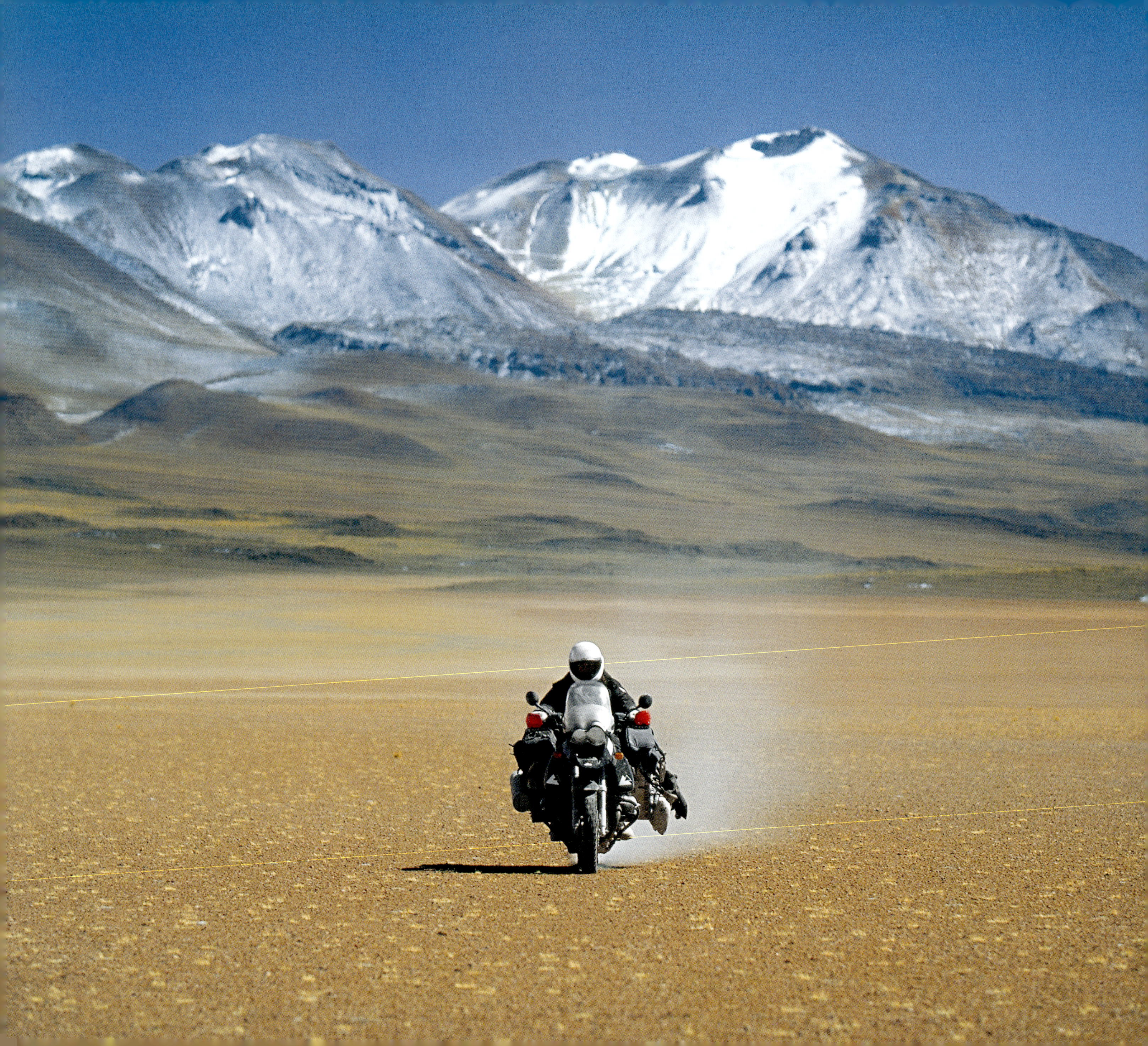

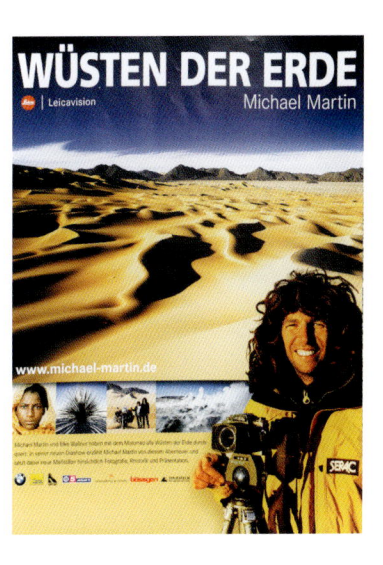

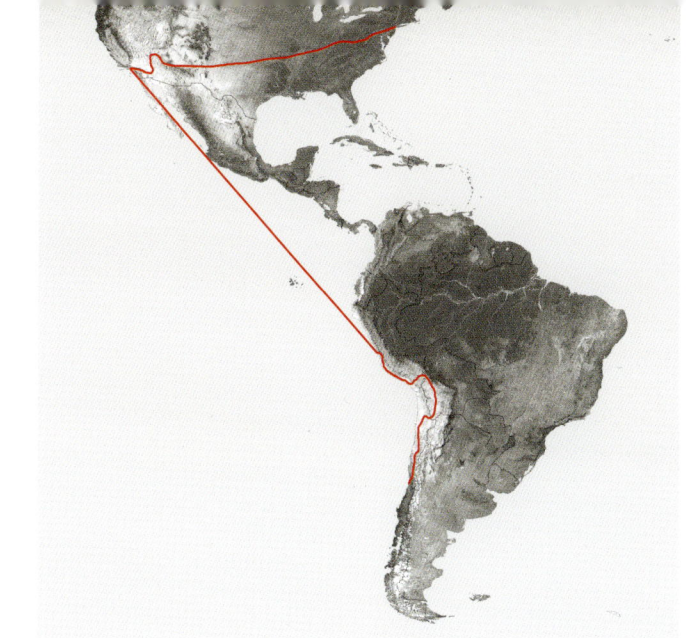

2002 - 2003 / **Die Wüsten Amerikas**

Unsere Reise durch die Wüsten Amerikas begann in der chilenischen Hafenstadt Valparaiso. Auftakt war unsere Fahrt auf der berühmten Panamericana, die den Kontinent von Nord nach Süd verbindet. Wir wollten in die Atacama – sie erstreckt sich parallel zur Pazifikküste nach Norden, bis sie jenseits der Grenze in die Peruanische Küstenwüste übergeht –, kamen im für die Wintermonate typischen Küstennebel aber nur langsam vorwärts. Endlich ging es bergauf, wir durchbrachen die Nebeldecke. Für die nächsten Wochen strahlte über uns ein stahlblauer Himmel, im Osten leuchtete die schneebedeckte Andenkette – die Traumstraße Amerikas machte ihrem Namen alle Ehre.

Von San Pedro de Atacama stieg die Straße weiter an, bis sie auf 4.000 Meter Höhe das bolivianische Altiplano erreichte, eine zwischen den Andenkordilleren liegende Hochwüste. Die Landschaft war hier nicht mehr karg und abweisend, mit der Puna-Vegetation kehrte die Farbe Grün wieder, dazwischen Lagunen in den verschiedensten Blautönen, die von 6.000 Meter hohen, teils aktiven Vulkanen überragt werden. Dünne Luft, schneeverwehte Pisten und die nächtliche Kälte verlangten Elke und mir das Äußerste ab.

Länder / Chile, Bolivien, Peru, Mexiko, USA
Route / Valparaiso, Antofagasta, Uyuni, La Paz, Ica, Lima, Los Angeles, Phoenix, Death Valley, Four Corners, White Sands, New York
Fahrzeug / BMW-Motorrad R 1150 GS
Reisepartnerin / Elke Wallner
Kilometer / 25.000
Dauer / 9 Monate
Kameras / Leica R 8 und Video Sony PD 150
Film / Fuji Velvia RVP 50
Vortragstitel / Wüsten der Erde

← Auf dem Altiplano

Die Wüsten Amerikas / 2002 - 2003

Weiter nördlich mussten wir 14 Durchquerungen halb vereister Flüsse bewältigen – diese Tage waren sicherlich die härtesten unserer Reise durch die Wüsten der Welt. Dann folgten Titicacasee und Peruanische Küstenwüste, wie die Atacama eine der trockensten Regionen der Erde. Mit einem kleinen Flugzeug flogen wir über die Nazca-Linien, rätselhafte Zeugnisse einer alten Indianerkultur, von einem Boot aus beobachteten wir Pinguine und Robben auf winzigen Inseln im eiskalten Pazifik. In Lima, der Hauptstadt Perus, endete unsere Südamerikatour.

Es war mitten in der Nacht, als wir, auf dem Flughafen von Los Angeles gelandet, Motorrad und Ausrüstung aus dem Zoll holten. Zwei Stunden irrten wir durch das nächtliche Highway-Labyrinth von Los Angeles – unser Ziel war die Sonora-Wüste in Arizona und Mexiko, die für ihren Kakteenreichtum berühmt ist. Bei einem Abstecher auf die mexikanische Halbinsel Baja California entdeckten wir den schönsten Teil dieser Wüste. Auf dem Highway 66 bekamen wir nostalgische Gefühle, nicht zuletzt bei dem Besuch jenes Motels, in dem der Film *Out of Rosenheim* spielte. Unsere Route führte dann nach Norden in die Mojave-Wüste mit dem Death Valley. Nördlich des Death Valley beginnt die Great Basin Desert, zu der auch Teile des Colorado-Plateaus gehören. Als vierte Wüste wollten wir schließlich noch die Chihuahua-Wüste in New Mexiko sehen.

Im Death Valley, das im Regenschatten der Sierra Nevada liegt, stießen wir abseits des Touristenrummels auf eine Lehmpfanne, auf der Steine wie von Geisterhand dahingleiten und lange Spuren hinterlassen. Die schönsten Landschaften Amerikas mit unzähligen Felsbögen, Canyons, Dünen, Meteoritenkratern und Zeugenbergen fanden wir auf dem Colorado-Plateau, das teilweise zur Great Basin Desert gehört. Unsere letzte Station war White Sands im Bundesstaat New Mexico, wo wir eine der ungewöhnlichsten Wüstenlandschaften der Erde bestaunten. Der Sand besteht nicht aus Quarz, sondern aus Gips und ist daher weiß. Wir blickten auf ein unendlich großes weißes Dünenfeld. Dann ging es auf langer Fahrt quer durch den amerikanischen Mittelwesten an die Ostküste. Von New York City, dem Endpunkt unserer Süd- und Nordamerikatour, ließen wir das Motorrad per Luftfracht nach Windhuk im südlichen Afrika transportieren.

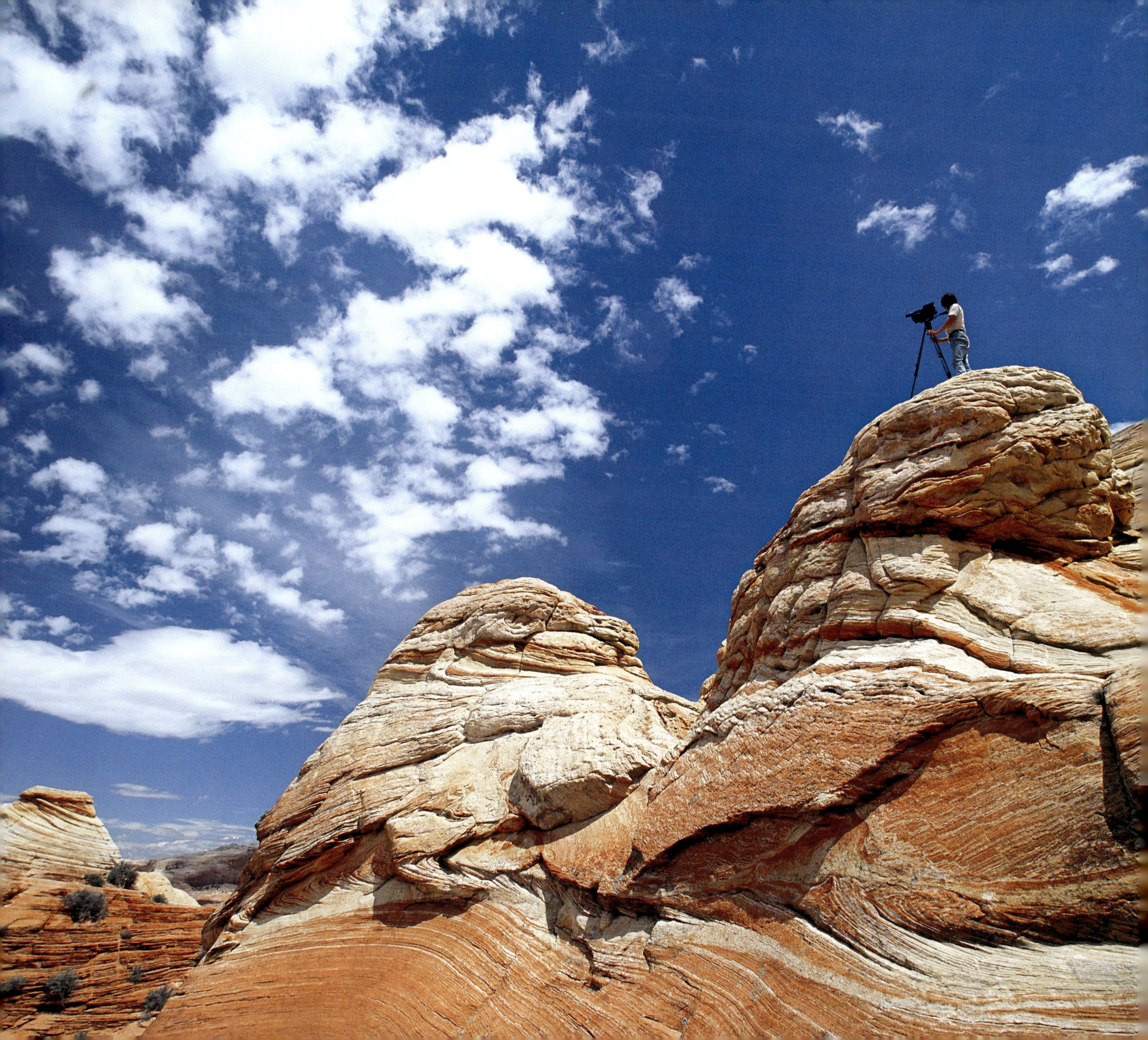

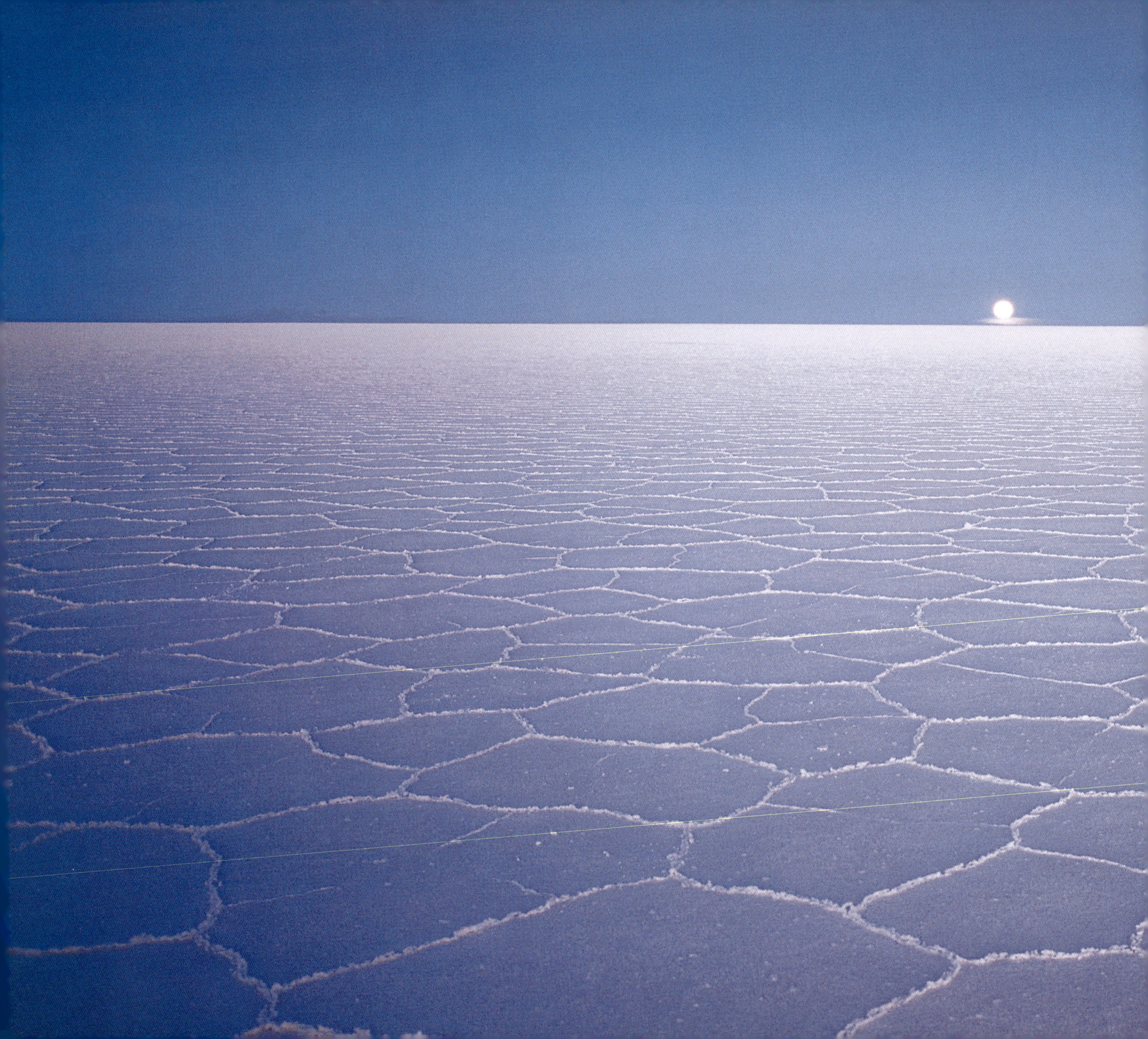

MONDAUFGANG / BOLIVIEN / 2002

20 Minuten nach Sonnenuntergang färbt die Abenddämmerung die Salzfläche des Salar de Uyuni, und ich vergesse für einige Minuten sogar die Kälte, die schlagartig eingesetzt hat, als die Sonne verschwand. In der folgenden Nacht sinkt die Temperatur auf minus 20 °C. Unser Zelt steht mitten auf dem 12.000 Quadratkilometer großen Salzsee, den eisigen Winden schutzlos ausgesetzt. Mehrmals krieche ich nachts aus dem Schlafsack und starte das Motorrad. Motor und Batterie dürfen auf keinen Fall auskühlen, sonst würde die Maschine am nächsten Morgen nicht mehr anspringen.

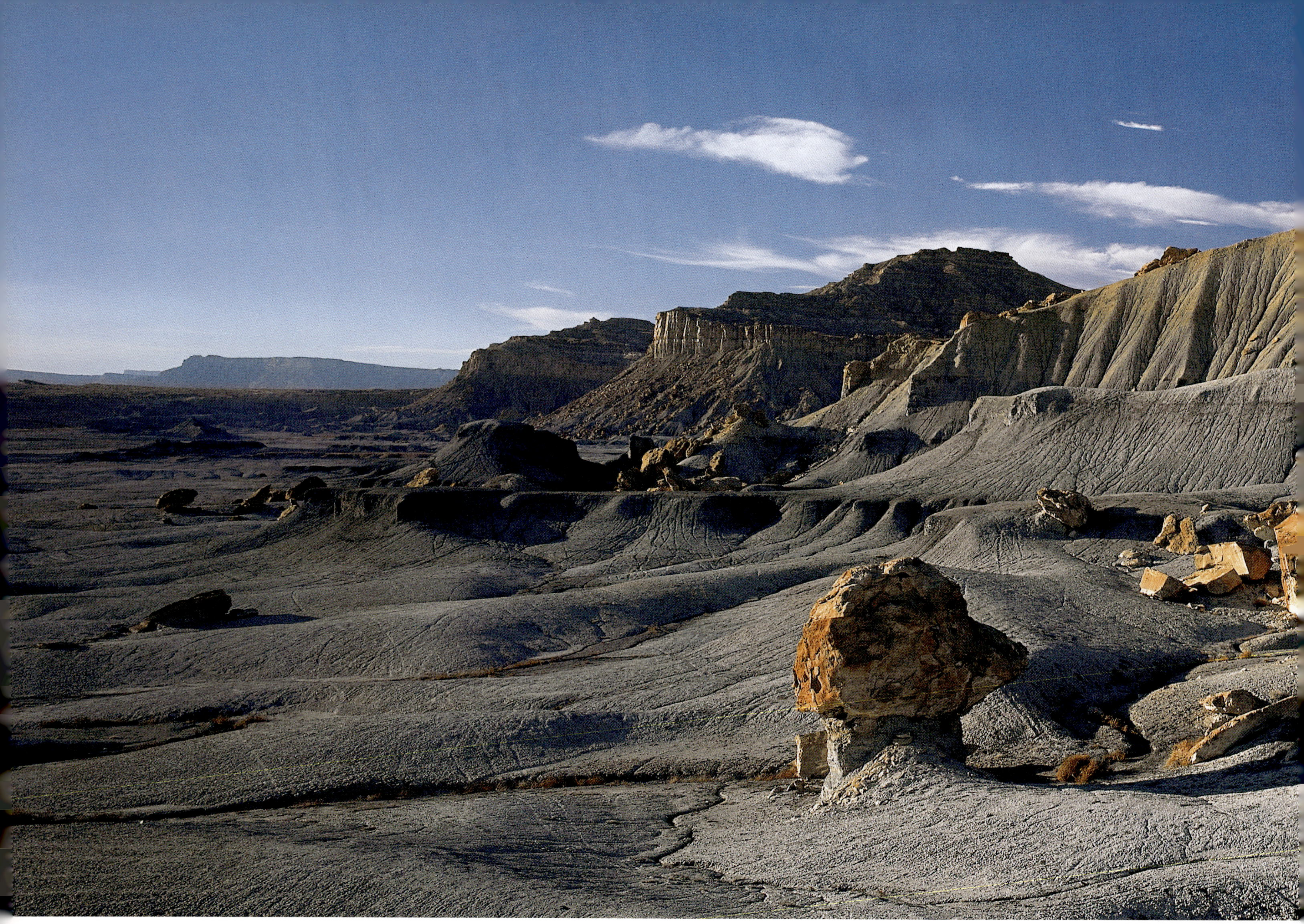

NÖRDLICHES ARIZONA / USA / 2003

Vor dunklen Gesteinen oberhalb des Lake Powell leuchten Sandsteinblöcke. Der Polfilter verstärkt das Blau des Wüstenhimmels an einem Winternachmittag.

160 / **MONUMENT VALLEY** / USA / 2003

Das Monument Valley gehört zu den am meisten fotografierten Landschaften der Erde, auch vielen Westernfilmen diente es als Kulisse. Ich habe mir vorgenommen, keine Aufnahmen zu machen, die den üblichen Postkartenmotiven entsprächen. Letztlich muss ich nicht mehr tun, als den Polfilter auf das Weitwinkelobjektiv schrauben, mich vor einem ausgedörrten Busch in den Sand legen und den Auslöser betätigen. Es dauert aber noch einige Monate, bis ich das Ergebnis nach Entwicklung des Films in München auf dem Leuchtpult betrachten kann.

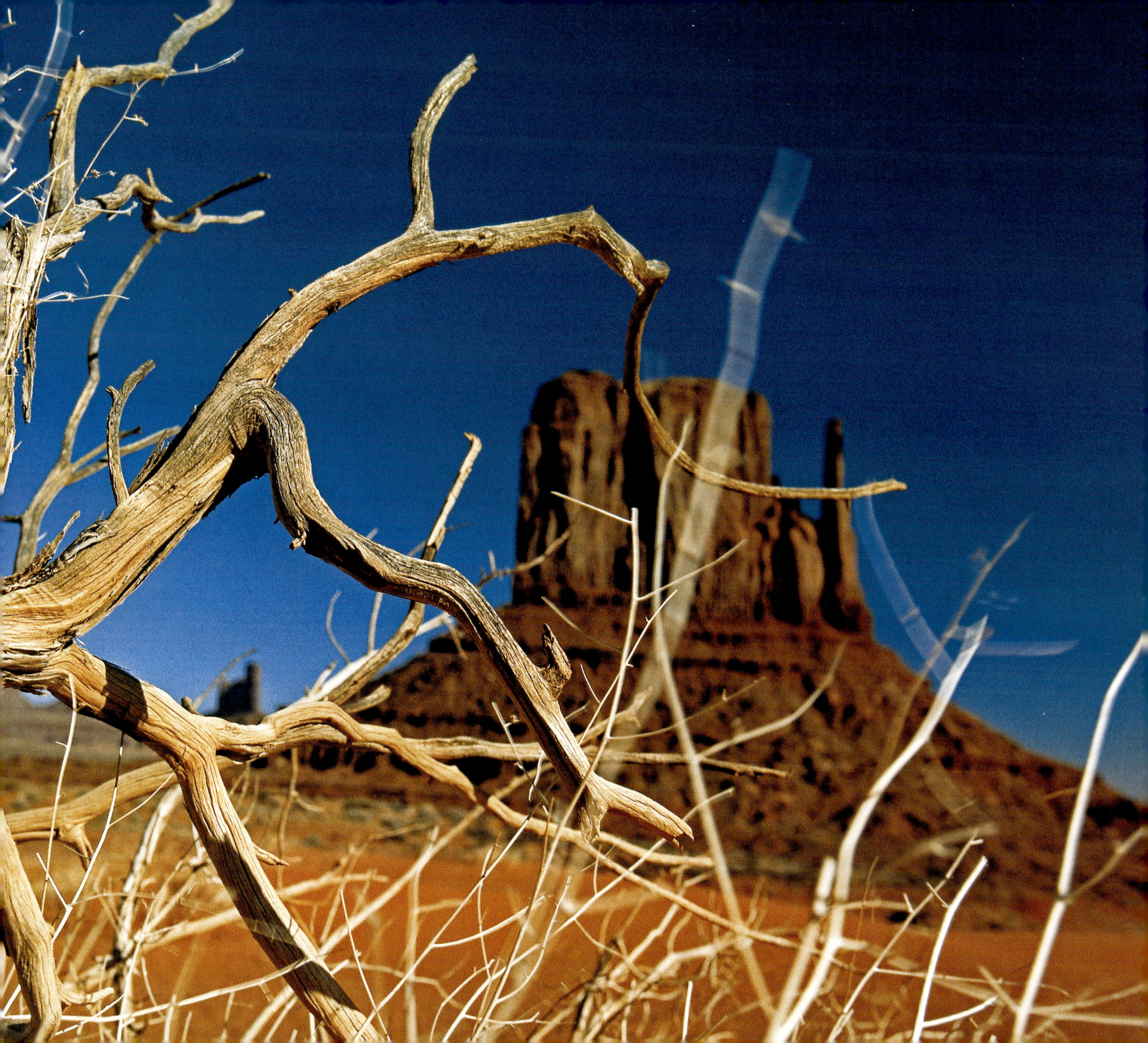

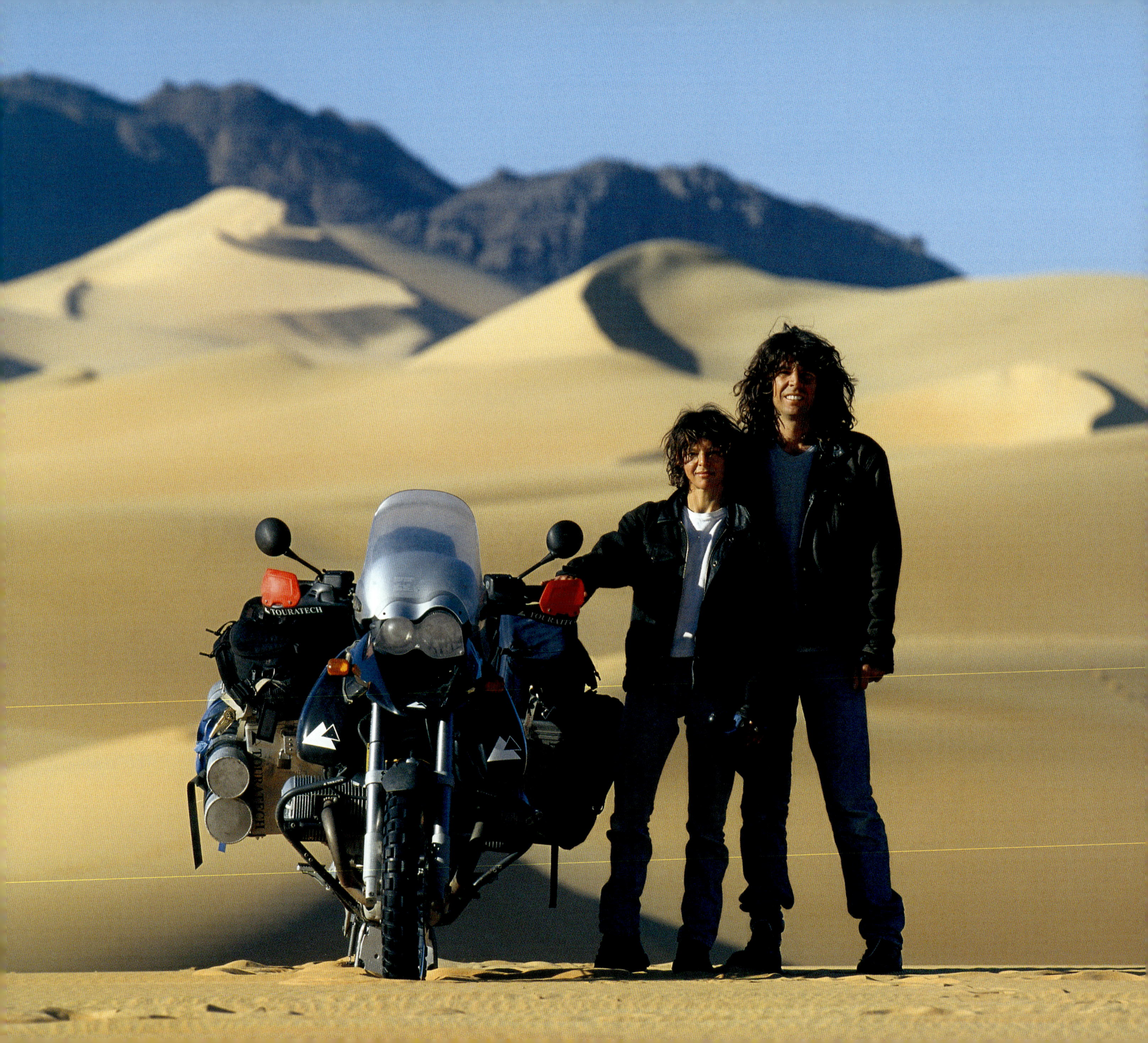
TOURATECH
TOURATECH

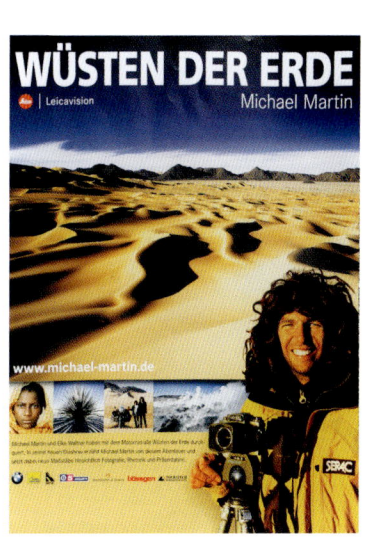

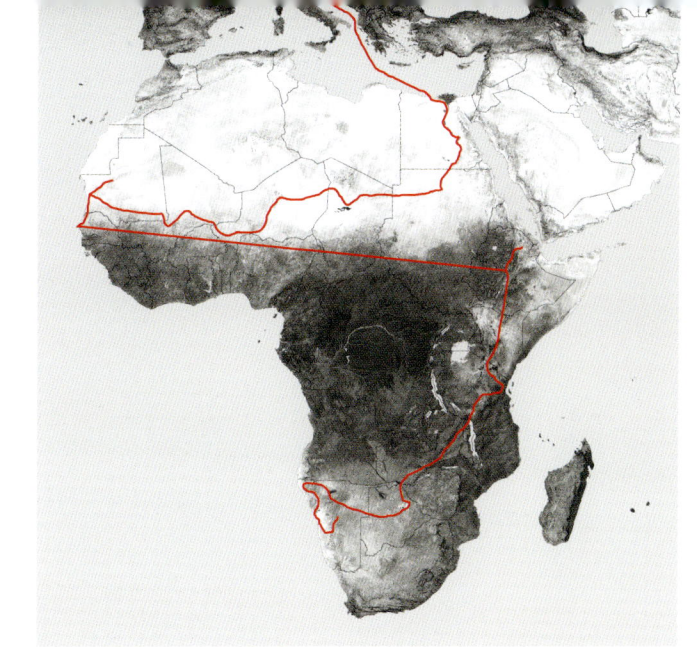

2003 - 2004 / **Die Wüsten Afrikas**

Die letzte Etappe unserer Motorradreise durch die Wüsten der Erde begann im südlichen Afrika, die Sahara sollte Höhepunkt und Abschluss sein. Gerade noch hatten wir auf das riesige Häusermeer Manhattans geblickt, nun steuerten wir die Namib an und waren zu Gast in den Lagern der Himba-Nomaden, in ihren einfachen Behausungen aus Holzstangen und Lehm.

Unsere nächste Station waren die tierreichen Salzpfannen der Kalahari. In der Makgadikgadik-Pfanne machten wir Rast auf Kubu Island. Im Central Kalahari Game Reserve besuchten wir die San, die sich, nachdem sie Jahrtausende als Jäger und Sammler in der Wüste überlebt haben, gegen ihre Vertreibung durch die Behörden Botsuanas wehren. Mit dem Flugzeug gelangten wir ins Okawangodelta, für mich eine der schönsten Landschaften dieser Region.

Dann wandten wir uns nach Norden und fuhren quer durch Sambia, Tansania und Kenia bis nach Äthiopien. Ein äthiopischer Militärhelikopter brachte uns in die Danakil-Senke und setzte uns in der Dallol-Salzebene ab. Zwei Tage blieben wir dort, an einem der heißesten und lebensfeindlichsten Punkte der Erde, 120 Meter unterhalb des Meeresspiegels, bis der Helikopter uns zum Vulkan

Länder / Namibia, Botsuana, Sambia, Tansania, Kenia, Äthiopien, Mauretanien, Mali, Niger, Algerien, Tschad, Sudan
Route / Windhuk, Maun, Nairobi, Danakil, Nouakchott, Timbuktu, Agadez, Djanet, Zouar, Ounianga Kebir, Ennedi, Dongola, Alexandria
Fahrzeug / BMW-Motorrad R 1150 GS
Reisepartnerin / Elke Wallner
Kilometer / 30.000
Dauer / 9 Monate
Kameras / Leica R 8 und Video Sony PD 150
Film / Fuji Velvia RVP 50
Vortragstitel / Wüsten der Erde

← In den Dünen von Arakao

Die Wüsten Afrikas / 2003 - 2004

Erta Ale brachte. Acht Tage später flogen wir mit 150 belichteten Filmen wieder hinauf in das Hochland von Äthiopien.

Vor uns lag nun die letzte, aber auch größte Herausforderung des ganzen Projekts, die West-Ost-Durchquerung der Sahara. Vom Ausgangspunkt, der Küste Mauretaniens – wohin wir das Motorrad hatten transportieren lassen –, bis zum Nil, dem Ziel unserer Reise, lagen 6.000 Kilometer Luftlinie! Mitten in einem Sandsturm folgten wir der 1.100 Kilometer langen »Route de l'espoir«, der »Straße der Hoffnung«, bis nach Nema im Osten Mauretaniens, überquerten die Grenze nach Mali, und über Timbuktu, der sagenumwobenen Stadt, fuhren wir nach Agadez im Nordosten von Niger, von dort aus zum Ostrand des Aïr-Gebirges. Der Vulkankrater von Arakao beeindruckte uns so sehr, dass wir einen längeren Fotostopp einlegten. Weiter ging es über das Tassili du Hoggar im äußersten Süden Algeriens nach Djanet, und zwar zusammen mit Bashir und Omar, die ich von früheren Reisen her kannte.

Mehrmals schon war ich illegal in den Tschad eingereist und über gesperrte Pisten gefahren, was wir auch diesmal wagten. Wir folgten dem Bahr el Ghazal, einem Trockenfluss, und besuchten im nordöstlichen Teil des Landes die 14 Seen von Ounianga Kebir, die größten der Sahara. In kleinen Läden versorgten wir uns mit Proviant und mit aus Libyen geschmuggeltem Benzin, steuerten das Ennedi-Gebirge an und blickten in einem Guelta auf einige der letzten Krokodile der Sahara.

Nun lag die letzte Etappe zum Nil vor uns. Hinter der Grenze zum Sudan, die wir ohne Kontrollen passierten, folgten wir dem Wadi Howar. Aufgrund zu niedrigen Luftdrucks hatte sich im Vorderreifen ein Riss gebildet, der immer größer wurde. Hilfsbereite Schmuggler nähten den Reifen, er hielt, bis wir wieder in München waren. Bei Dongola erreichten wir den Nil und überquerten die Grenze zwischen Sudan und Ägypten. Nun hieß es nur noch, das Niltal hinunterfahren bis zum Mittelmeer und im Hafen von Alexandria ein Schiff nach Europa besteigen. Ein paar Tage später fuhren wir im Schneetreiben auf München zu – und wurden an der Stadtgrenze von der Polizei angehalten. Ein genähter Reifen und eine längst abgelaufene TÜV-Plakette irritierten die beiden Beamten. Sie ließen uns dann aber doch die letzten zehn der über 100.000 Kilometer nach Hause fahren.

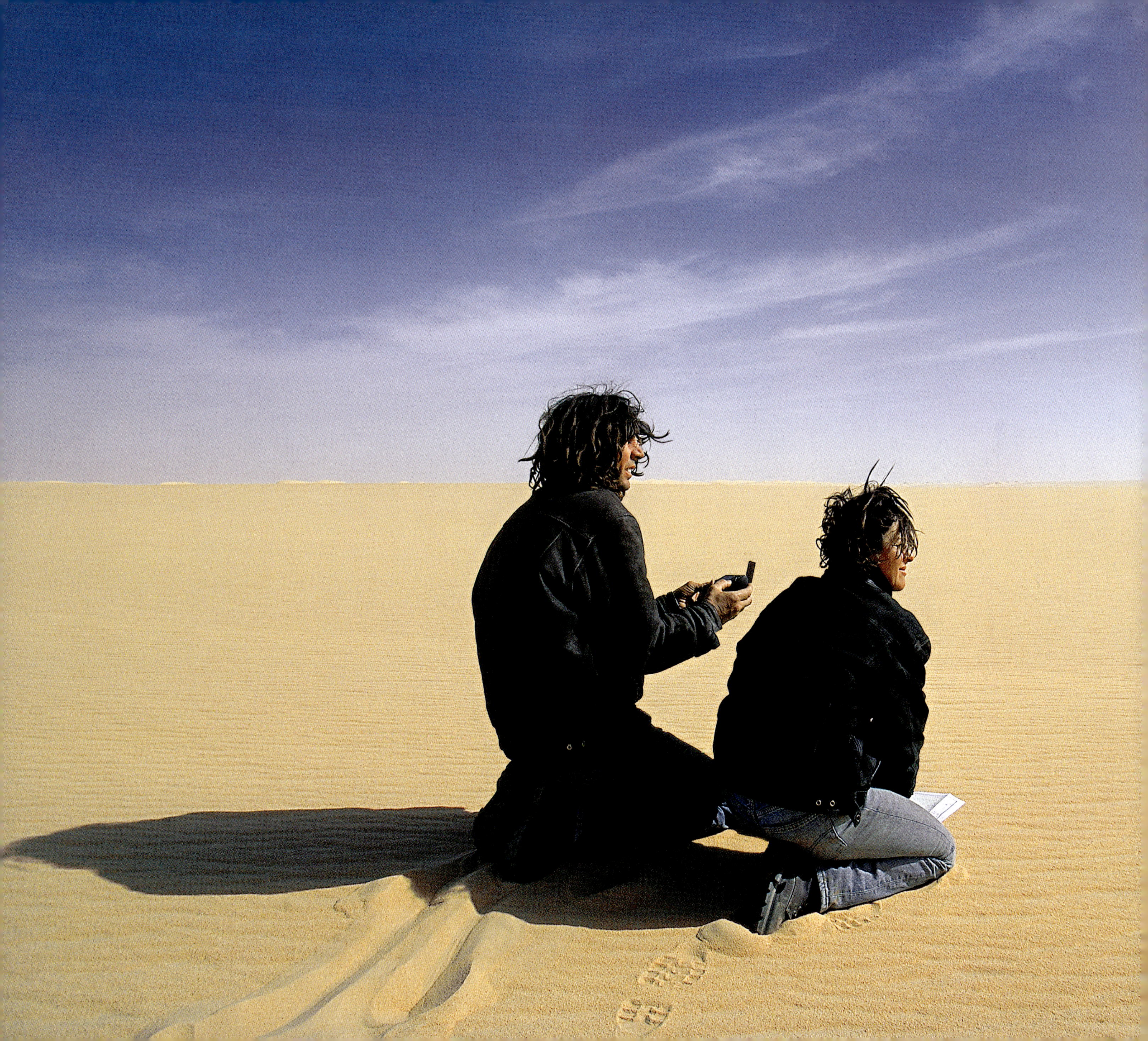

HIMBA-NOMADEN / NAMIBIA / 2003

Die Himba sind die letzten Nomaden Namibias. Sie folgen den spärlichen Weiden, die auch nur dann Nahrung für die Herden liefern, wenn genügend Regen gefallen ist. 1980 verloren die Himba durch eine Dürre fast ihren gesamten Viehbestand, in den folgenden Jahren forderte der Befreiungskrieg der Swapo gegen die südafrikanische Besatzungsmacht viele Opfer. In letzter Zeit hat der Allrad-Tourismus im Kaokoveld erhebliche Auswirkungen auf die Himba-Kultur. Umso mehr sind jene Himba zu bewundern, die nach wie vor eisern an ihrer traditionellen Lebensweise festhalten, als ob sie wüssten, dass die westliche Zivilisation ihnen nichts als Verelendung zu bieten hat. Von kaum einem Nomadenvolk werden so viele Bilder veröffentlicht wie von den Himba. Gründe dafür sind vor allem ihr »exotisches« Äußeres, aber auch die gute Sicherheitslage in Namibia und die leichte Erreichbarkeit des Kaokovelds. Viele in Bildbänden und Reiseprospekten veröffentlichten Aufnahmen zeugen von geringer Sensibilität der Fotografen, nicht selten sind Himba-Frauen mit nackten Brüsten abgebildet. Ich bin fest entschlossen, es besser zu machen, komme mir aber auch nach mehreren Besuchen immer noch als Eindringling in eine Lebensweise vor, die ich nicht einmal im Ansatz verstehe. Gleichzeitig habe ich das Gefühl, meinen Gastgebern gehe es genauso. Sie können sich keinen Reim darauf machen, warum ich schon vor Sonnenaufgang mit der Kamera unterwegs bin und diese erst spätabends aus der Hand lege. Das ändert sich erst, als ich in Sesfontein einen jungen Herero, der gut Englisch spricht, als Dolmetscher engagiere. Da die Himba mit den Herero eng verwandt sind, haben sie dieselbe Sprache. So ist es für meinen Dolmetscher nicht schwer, auch kompliziertere Sachverhalte zu übersetzen. Ich bin erstaunt, wie präzise die Himba über das Leben außerhalb des Kaokovelds, ja auch in Europa und Amerika informiert sind.

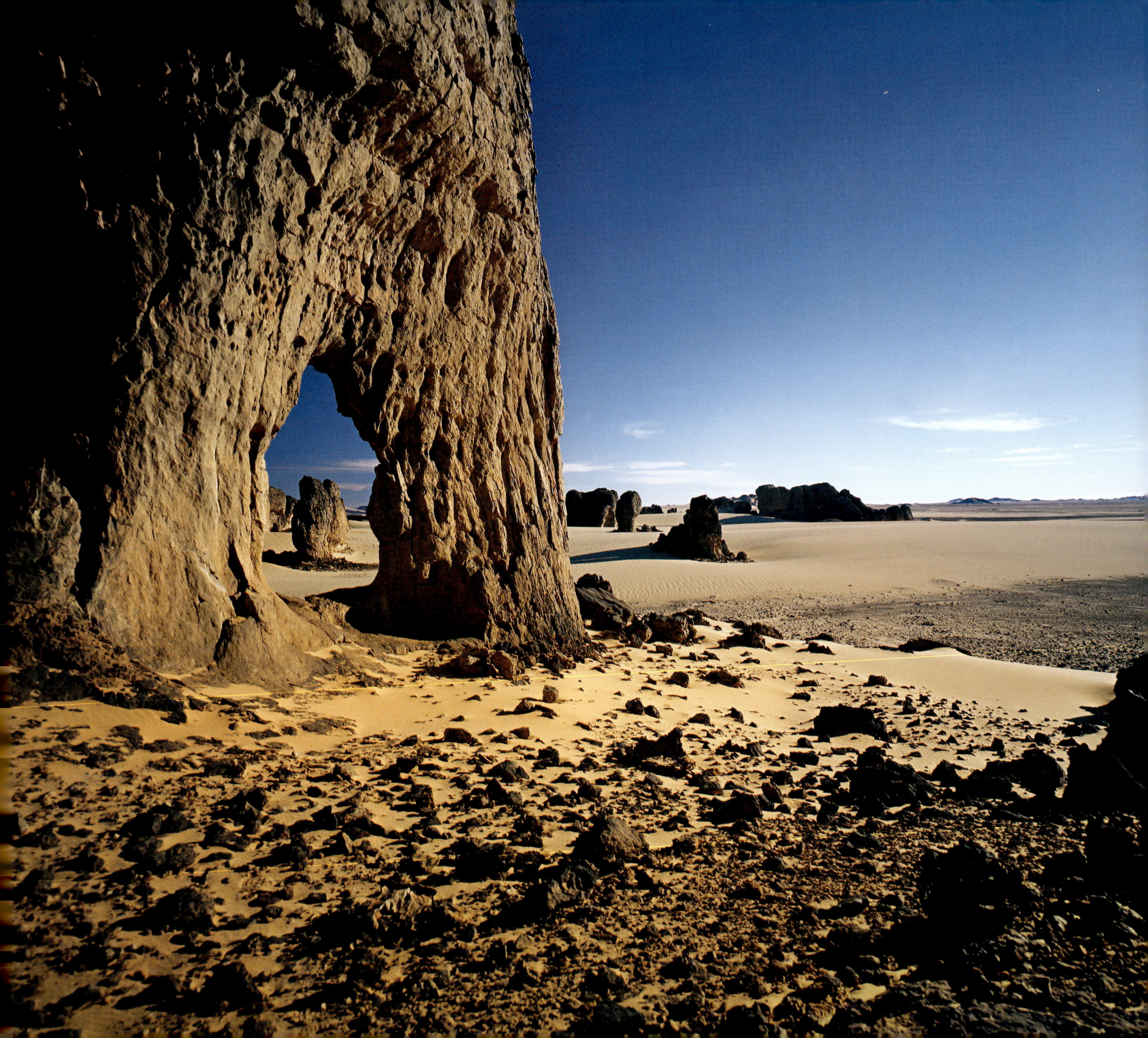

TASSILI DU HOGGAR / ALGERIEN / 2003

Das Hoggar-Gebirge entstand vor 60 bis 70 Millionen Jahren,
als gewaltige vulkanische Aktivitäten die westafrikanische kristalline
Platte durchbrachen. Die abgelagerten Sedimente wurden empor-
gehoben, verworfen und zerbarsten in riesige Sandsteinformationen.
Über Jahrmillionen hatten Wasser und Wind Zeit, den Sandstein
zu formen und zu schleifen. An einem klaren Winternachmittag
entdecken wir diesen Felsen im Tassili du Hoggar und schlagen
in der Nähe unser Lager auf. Das Gebiet gehört zu den einsamsten
der Sahara, da Brunnen und Oasen gänzlich fehlen.

170 / **SCHLUCHT VON ARCHEÏ** / TSCHAD / 2004

Im Nordosten des Tschad erstreckt sich das Ennedi-Gebirge über eine Fläche von 40.000 Quadratkilometern. Die Erosion unterschiedlich harten Sedimentgesteins ließ gewaltige Sandsteinformationen mit Pfeilern, Brücken und Bögen entstehen, die in der Sahara ihresgleichen suchen. In den tief eingeschnittenen Tälern, in die die Sonne nur kurz eindringen kann, hält sich das Wasser, die Vegetation bietet Nahrung für große Kamelherden. In der Schlucht von Archeï erklimmen wir am frühen Morgen einen der bis zu 120 Meter hohen Felsen. Tubu-Nomaden treiben ihre Kamelherden in die Schlucht, um sie an der Wasserstelle, dem Guelta, zu tränken. Unter den wachsamen Augen der jeweiligen Herdenbesitzer werden an diesem Tag über 1.000 Kamele getränkt. In einem weiteren Guelta, dessen Ufer mit Schilf bewachsen ist, leben noch vier Saharakrokodile, Reliktbestände aus der Jungsteinzeit. Die Krokodile haben sich hier seit rund 10.000 Jahren fortgepflanzt. Damals floss im Ennedi ein Strom, der in den Nil mündete; zurück blieben nur die Gueltas.

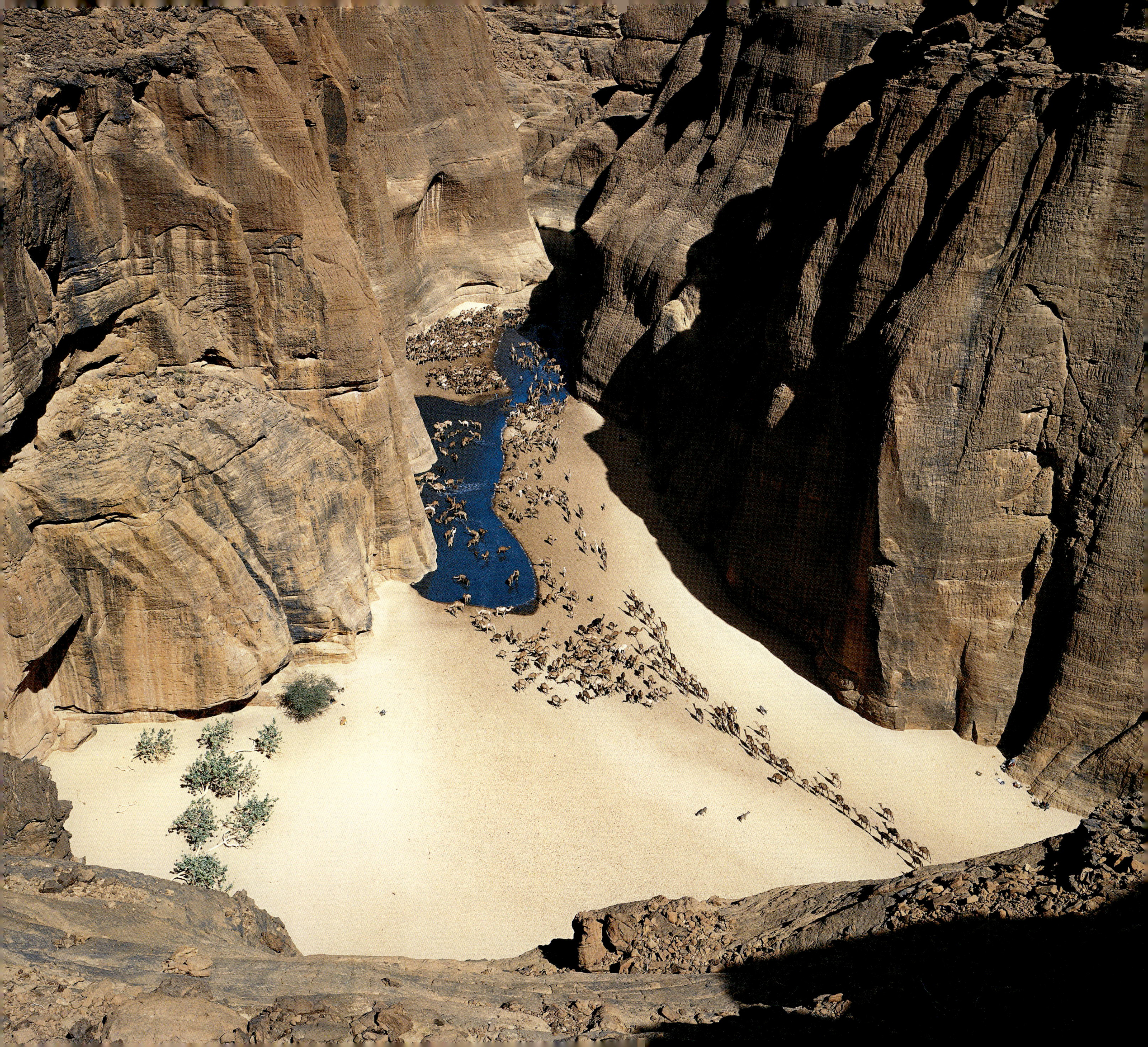

2008 - 2009 →→

Unterwegs in Hitze und Kälte /
Unter dem Kreuz des Südens / Wiedersehen mit Mali / Salzseen, Vulkane und das Meer / Island – Aufbruch ins Eis

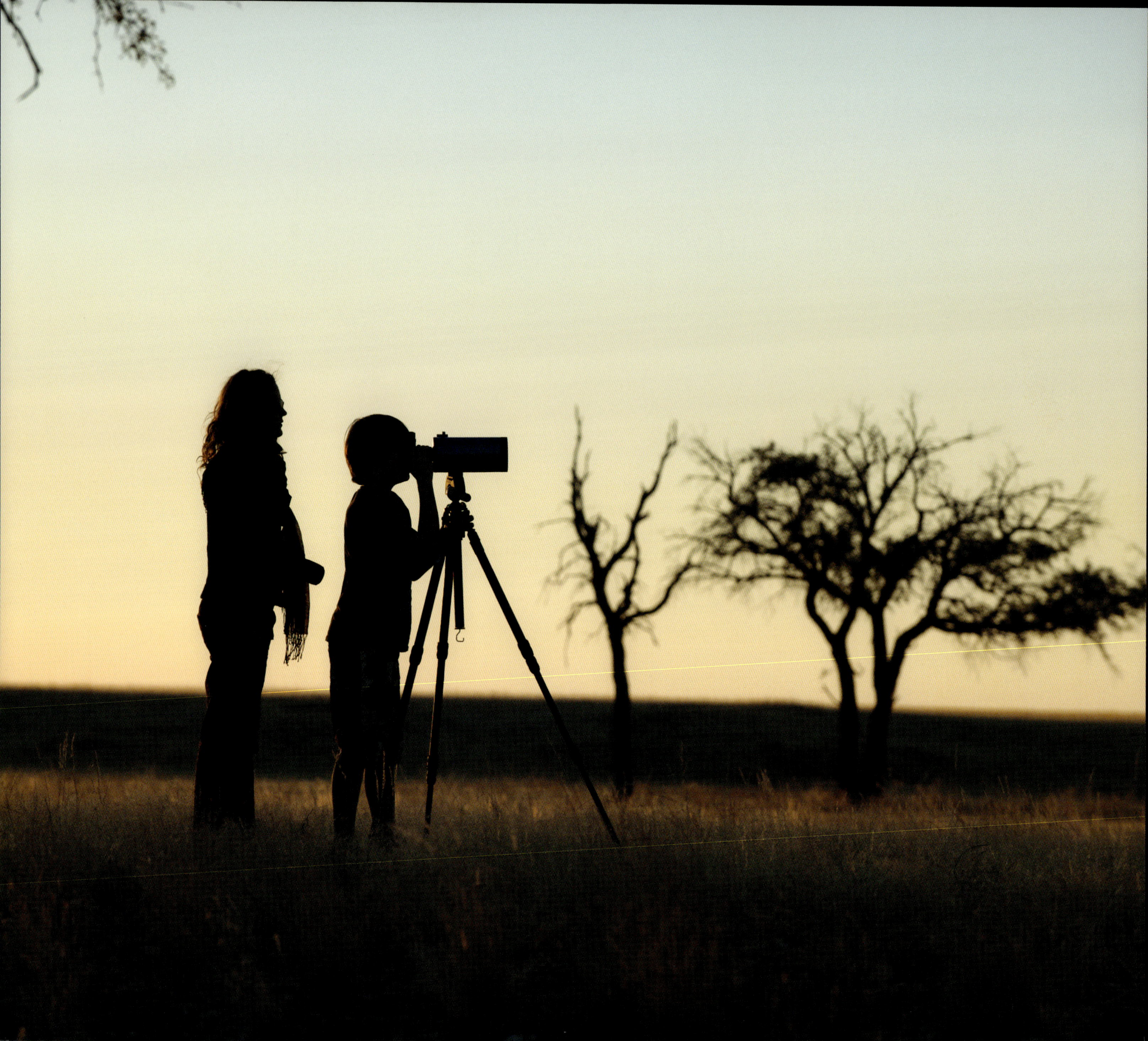

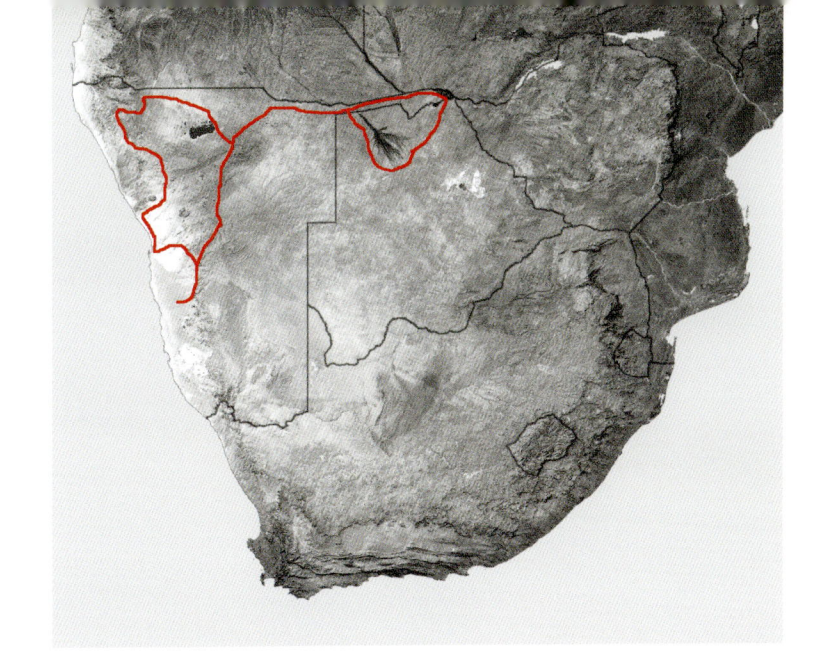

2008 / Unter dem Kreuz des Südens

Namibia und Botsuana habe ich schon zehnmal besucht, doch beide Länder faszinieren mich nach wie vor. Meine Tochter Gina hatte sich diese Reise zum bestandenen Abitur gewünscht, und auch mein Sohn David hatte 2006 bei einer ersten gemeinsamen Reise in die Sahelzone seine Afrikaleidenschaft entdeckt. Zusammen mit Uli, Wojo und Walter – meinen Freunden – sowie Lulu, Sophie, Fabio und Felix – Ginas Freunden – bildeten wir eine für meine Verhältnisse große Reisegruppe. In zwei Toyota Hilux fuhren wir von Windhuk nach Sossusvlei, dann an die Skelettküste, ins Damaraland, ins Kaokoveld und über den Kunene-Fluss zum Caprivistreifen, erkundeten in Botsuana das Okavango-Delta und durchquerten den Chobe-Nationalpark, einen der wildreichsten Parks im südlichen Afrika, wo wir zur Freude meiner Kinder Elefanten beobachteten, bevor wir nach Windhuk zurückkehrten. Mit meinen Kindern zu reisen war eine spannende Erfahrung, nur absorbierte die Gruppendynamik viel Zeit, die mir dann zum Fotografieren fehlte. Trotzdem kam ich auf meine Kosten: Zum ersten Mal fotografierte ich mit einer professionellen digitalen Spiegelreflexkamera und war von den neuen Möglichkeiten begeistert.

Länder / Namibia, Botsuana
Route / Windhuk, Sossusvlei, Swakopmund, Opuwo, Rundu, Maun, Windhuk
Fahrzeuge / 2 Toyota Hilux
Reisepartner / Gina Ramisch, David Kaiser, Uli, Sophie und Lulu Waggershauser, Wojo Kavcic, Walter und Fabio Dippold, Felix Weidemann
Kilometer / 6.000
Dauer / 21 Tage
Kamera / Nikon D3

← Meine Kinder am Fernrohr

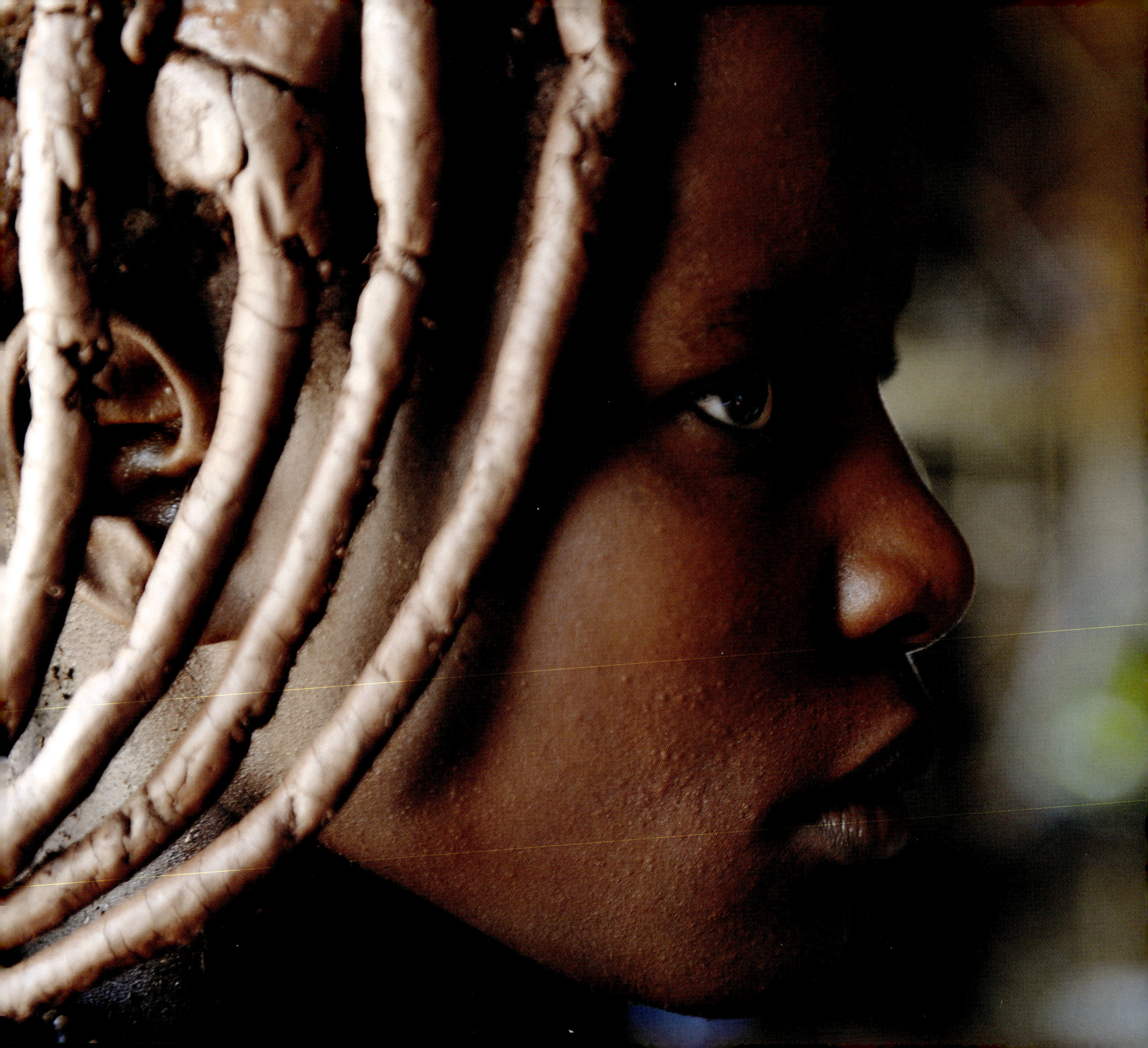

HIMBA-FRAU / NAMIBIA / 2008

Als ich 1991 zum ersten Mal im Kaokoveld unterwegs bin, ist der nächste Laden mehrere Tagesreisen entfernt, der Staat im äußersten Nordwesten Namibia so gut wie nicht präsent. 17 Jahre später, 2008, reise ich mit meinen Kindern durch das Kaokoveld. Im Himba-Dorf Purros stoßen wir auf den ersten »Winkel«, wie Krämerläden in Namibia genannt werden. In Orupembe steht inzwischen die einsamste Polizeistation Namibias. Auf dem Weg nach Kaoko Otavi halten wir immer wieder an Läden, die sogar Cola im Sortiment haben. Dort treffen wir Himba-Frauen beim Einkaufen. In der für sie neuen Welt bewegen sie sich genauso selbstsicher und souverän, wie ich sie mit ihren Herdentieren und an den Kochstellen ihrer einfachen Behausungen erlebt habe.

BRANGELINA / NAMIBIA / BOTSUANA / 2008

Ich hatte meinen Sohn David einmal und meine Tochter Gina schon zehnmal mit in die Wüste genommen, als ich im Sommer 2008 mit den beiden, ihren und meinen Freunden durch Namibia und Botsuana fahre. Die Tour lehrt mich, wie höchst unterschiedlich die Interessen bei einer Reise gelagert sein können. Gleich in den ersten Tagen, wir sind noch in Sossusvlei, geht es los. Obwohl Gina sich die Wüstenreise doch ausdrücklich gewünscht hat, erscheinen meinen Kindern die spektakulären Dünen in Sossusvlei weit weniger interessant als der neue Swimmingpool des Campingplatzes. Swakopmund ist für David ein lohnendes Ziel, weil dort die Chance besteht, einen Laden zu finden, in dem die neuesten Ausgaben deutscher Fußballzeitungen verkauft werden. Gina hat den Höhepunkt der Reise in Swakopmund bereits hinter sich. In einem kleinen Badeort zwischen Walfischbay und Swakopmund liegt jenes unscheinbare, aber luxuriöse Hotel, in dem Angelina Jolie und Brad Pitt monatelang zu Gast gewesen sind, als sie die Geburt ihres ersten Kindes erwartet haben. Der Hotelier sieht die leuchtenden Augen meiner Tochter und weist das Zimmermädchen an, Gina und ihrer Freundin Lulu die Gemächer zu zeigen, in denen die beiden Hollywoodschauspieler gewohnt haben. Gina ist glücklich, als sie von dem Zimmermädchen hört, wie nett und natürlich »Brangelina« seien. Die nächsten Tage an der Skelettküste gestalten sich recht schwierig, denn die Jugend will meine Begeisterung für die karge Landschaft nicht teilen. Auch das Kaokoveld werden sie wohl als jenen Landstrich in Erinnerung behalten, wo keine kalten Getränke aufzutreiben sind. Erst im Okavango-Delta sind die jungen Herrschaften wieder mit der gleichen Begeisterung unterwegs wie ich. Kein Wunder, denn wo sieht man schon so große Elefantenherden abends am Wasserloch, und wo schleichen sich schon nachts Löwen an das Zelt heran, in dem man friedlich schlummert!

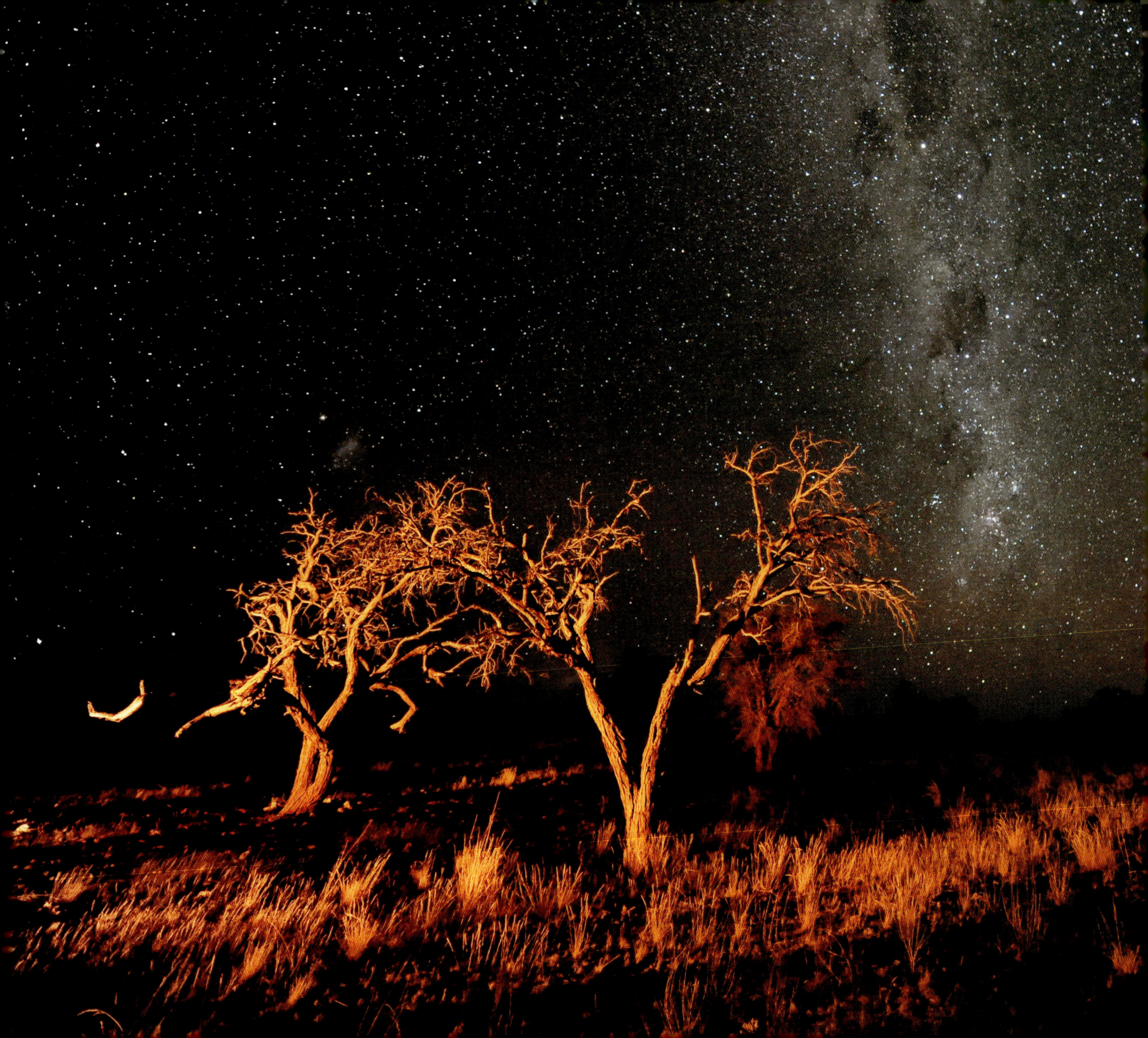

MILCHSTRASSE / NAMIBIA / 2008 181 /

Spätnachmittags schlagen wir 80 Kilometer östlich von Walfischbay
unser Nachtlager auf. Der tiefblaue Himmel lässt eine klare
Nacht erwarten, der Mond wird erst nach Mitternacht aufgehen.
Zwei Stunden nach Sonnenuntergang entferne ich mich vom
Lagerfeuer, schraube meine neue digitale Spiegelreflexkamera
auf das Stativ, richte sie auf die Milchstraße und belichte 30 Sekunden
lang. Der extrem lichtempfindliche Sensor sammelt Licht und
Farben von Sternen, die für das Auge gar nicht sichtbar sind.
Am Südosthorizont ist die Große Magellansche Wolke zu sehen,
unsere Nachbargalaxie, die Milchstraße nimmt den südlichen
Himmelsausschnitt ein. Ihr Zentrum wird vom sogenannten Kohlen-
sack, interstellarem Staub, verdeckt. Am Sternenhimmel der
Nordhalbkugel kenne ich mich aus – Sterne, Galaxien und Gasnebel,
die sich am Sternenhimmel der südlichen Hemisphäre beobachten
lassen, verwirren und faszinieren mich jedes Mal wieder aufs Neue.

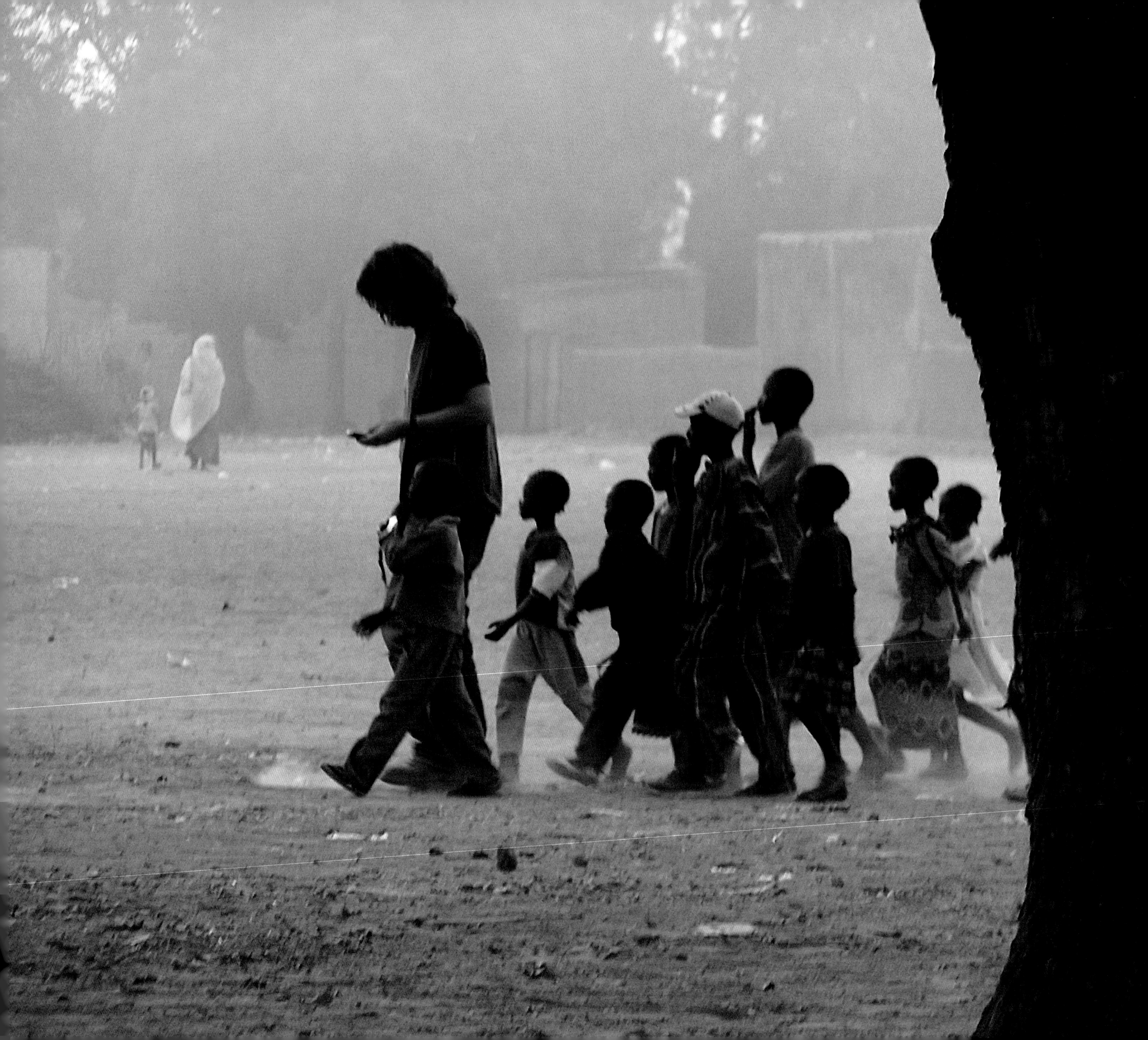

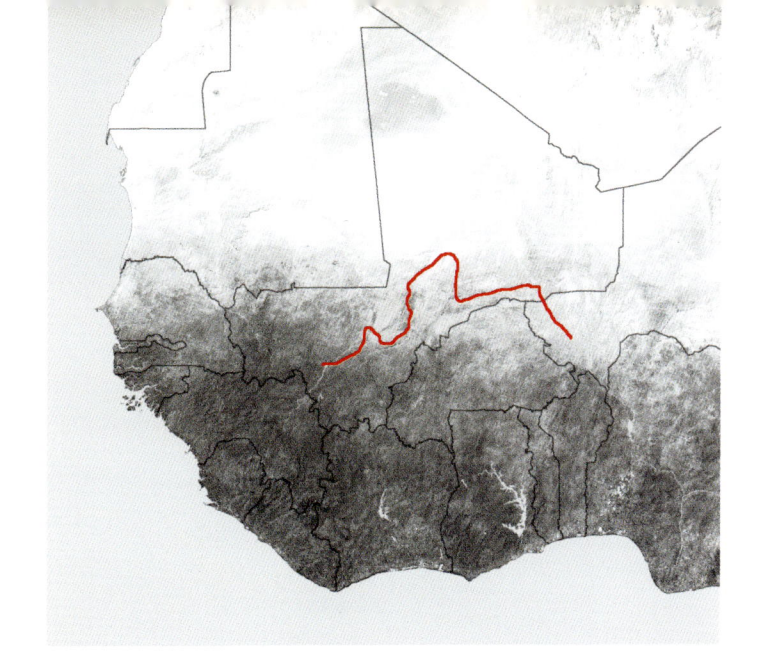

2009 / Wiedersehen mit Mali

Die Sahara ist immer meine Lieblingswüste gewesen, doch seit 2004 war ich nur einmal dort: für den Film *Willi und die Wunder dieser Welt*, bei dem ich einer der Protagonisten war. Höchste Zeit also, im Februar 2009 in die Sahara aufzubrechen: Mali und Niger standen auf dem Programm. Für die GTZ, die Deutsche Gesellschaft für Technische Zusammenarbeit, sollte ich fotografieren, wie die lokale Bevölkerung gegen die voranschreitende Desertifikation kämpft, z.B. Sanddünen durch Gräser befestigt und Felder durch Hecken vor Erosion geschützt werden. In Bamako, der Hauptstadt von Mali, mieteten wir einen Toyota Landcruiser samt Fahrer, besuchten im Nigerbinnendelta verschiedene GTZ-Projekte und fuhren dann trotz Warnungen nach Timbuktu, für mich bis heute ein besonderer Ort. Die schwierige Sicherheitslage östlich davon – bei einer Entführung kam kurz zuvor eine Geisel ums Leben – zwang uns, dem Nigerfluss den Rücken zu kehren und über Hombori nach Gao zu fahren. Der wunderschöne Markt von Gao war im letzten Jahr abgebrannt, die Stadt hatte dadurch viel von ihrem Flair verloren. Ab Gao folgten wir wieder dem Fluss, überquerten die Grenze nach Niger und flogen von Niamey nach Hause.

Länder / Mali, Niger
Route / Bamako, Mopti, Timbuktu, Gao, Niamey
Fahrzeug / Toyota Landcruiser
Reisepartner / Joachim Kuolt, Bernd Wittmann
Kilometer / 3.000
Dauer / 14 Tage
Kameras / Nikon D3 und Nikon D3X

← In einem Dorf bei Mopti

184 / DORFÄLTESTE / MALI / 2009

Wir sind nach Belem gekommen, um etwas über den Kampf des Dorfs gegen die Desertifikation zu erfahren. Mit Unterstützung der Deutschen Gesellschaft für Technische Zusammenarbeit haben die Bewohner eine ganze Reihe von Maßnahmen entwickelt, um ihr Dorf in der Sahelzone Malis vor dem Ausbreiten der Wüste zu schützen. Vom Dorfvorsteher und seinen Beratern werden wir förmlich und zugleich herzlich empfangen und erfahren, dass der Konflikt mit durchziehenden maurischen Viehzüchtern, deren Herden den Erosionsschutz der Felder zerstören, beigelegt worden ist. Das Dorf hat mit den Nomaden eine Vereinbarung getroffen, dass die Mauren gegen eine Gebühr mit ihren Herden durch das Gebiet ziehen dürfen, die Felder aber schonen müssen. Wegweiser kennzeichnen die für die Viehzüchter eingerichteten Korridore.

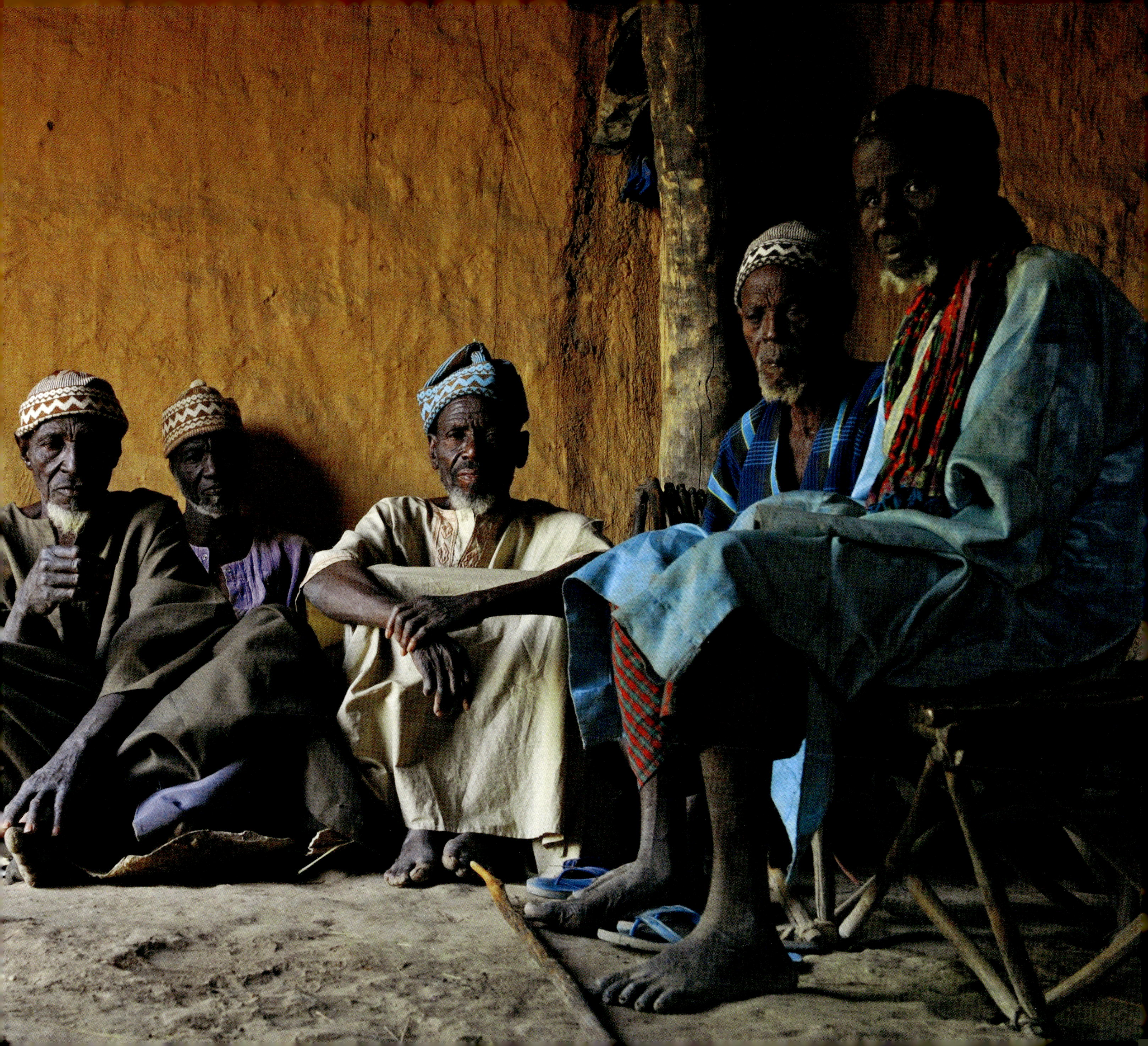

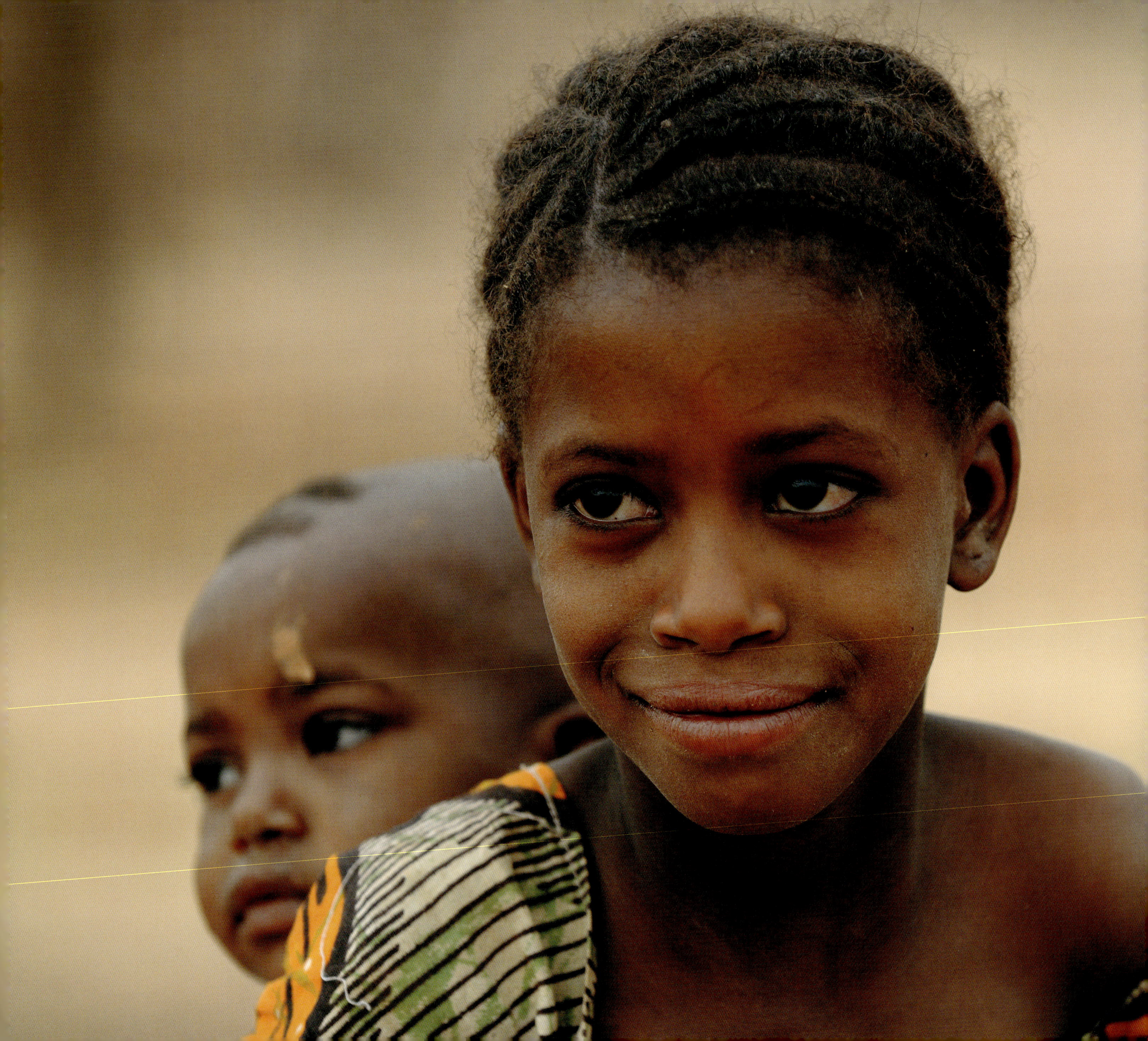

MÄDCHEN IN HOMBORI / MALI / 2009

Die Straße von Douenza nach Gao führt an den berühmten Felsen von Hombori vorbei. Sie sind im Staubnebel kaum auszumachen, als wir anhalten, um sie zu fotografieren. Nicht lange, und es tauchen Kinder auf, die uns neugierig beobachten. Ich frage ein Mädchen, ob ich sie mit ihrem Bruder, den sie sich auf den Rücken gebunden hat, fotografieren darf. Durch ein Nicken gibt sie ihr Einverständnis, und ich mache ein paar Bilder, denen das diffuse Licht zugutekommt. Anders als früher bedanke ich mich nicht mit Fotos aus der Sofortbildkamera. Stattdessen schließe ich einen winzigen Thermosublimationsdrucker an die Kamera an, um an Ort und Stelle ein Bild auszudrucken. Das Mädchen sucht am Monitor der Kamera ihr Lieblingsfoto aus. Es ist das gleiche, das ich für dieses Buch gewählt habe.

188 / DJENNÉ / MALI / 2009

Am späten Sonntagabend kommen wir in Djenné an, der malischen Handelsstadt im Nigerbinnendelta. Der Marktplatz vor der Moschee ist leer. Ich schlafe ein paar Stunden und kehre um vier Uhr morgens mit Stativ und Kamera zurück. Jetzt stehen dort schon ein paar Gerüste aus dünnen Ästen für die späteren Marktstände. Die meisten Händlerinnen und Händler werden den Montagsmarkt erst im Laufe des Vormittags nach langem Fußmarsch erreichen und ihn bis auf den letzten Quadratzentimeter mit ihren Waren füllen. Noch liegt die alte Lehmstadt im Schlaf, bald kündigt ein Knacken in den Lautsprechern der Moschee den Ruf des Muezzins an, der die Nachtruhe beendet. Die große Moschee von Djenné, das größte sakrale Lehmbauwerk der Welt, wurde im sogenannten sudanesischen Lehmbaustil errichtet, 2.000 Gläubige finden darin Platz. Nach jeder Regenzeit wird das Gebäude unter Beteiligung der Einwohner neu verputzt.

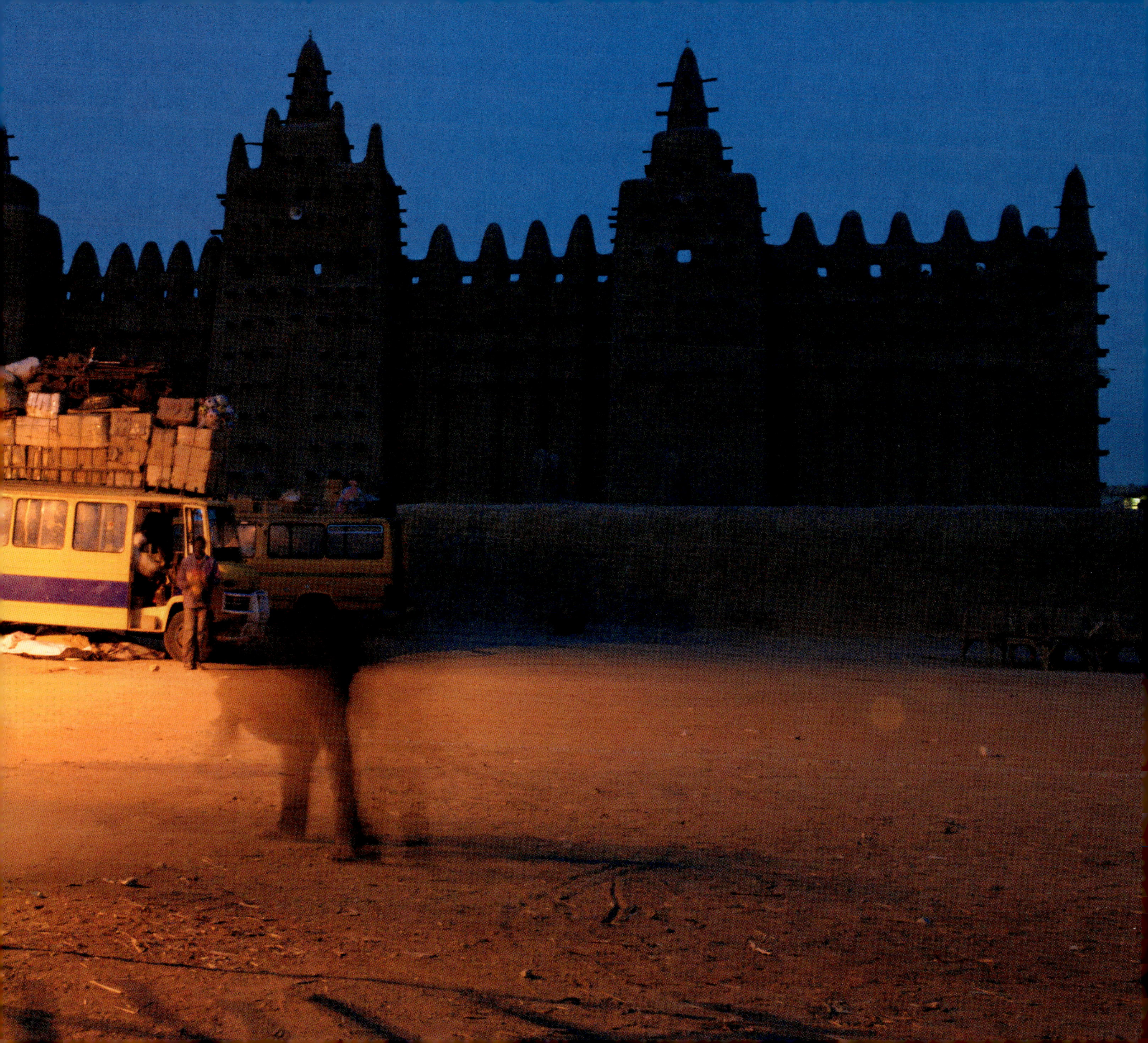

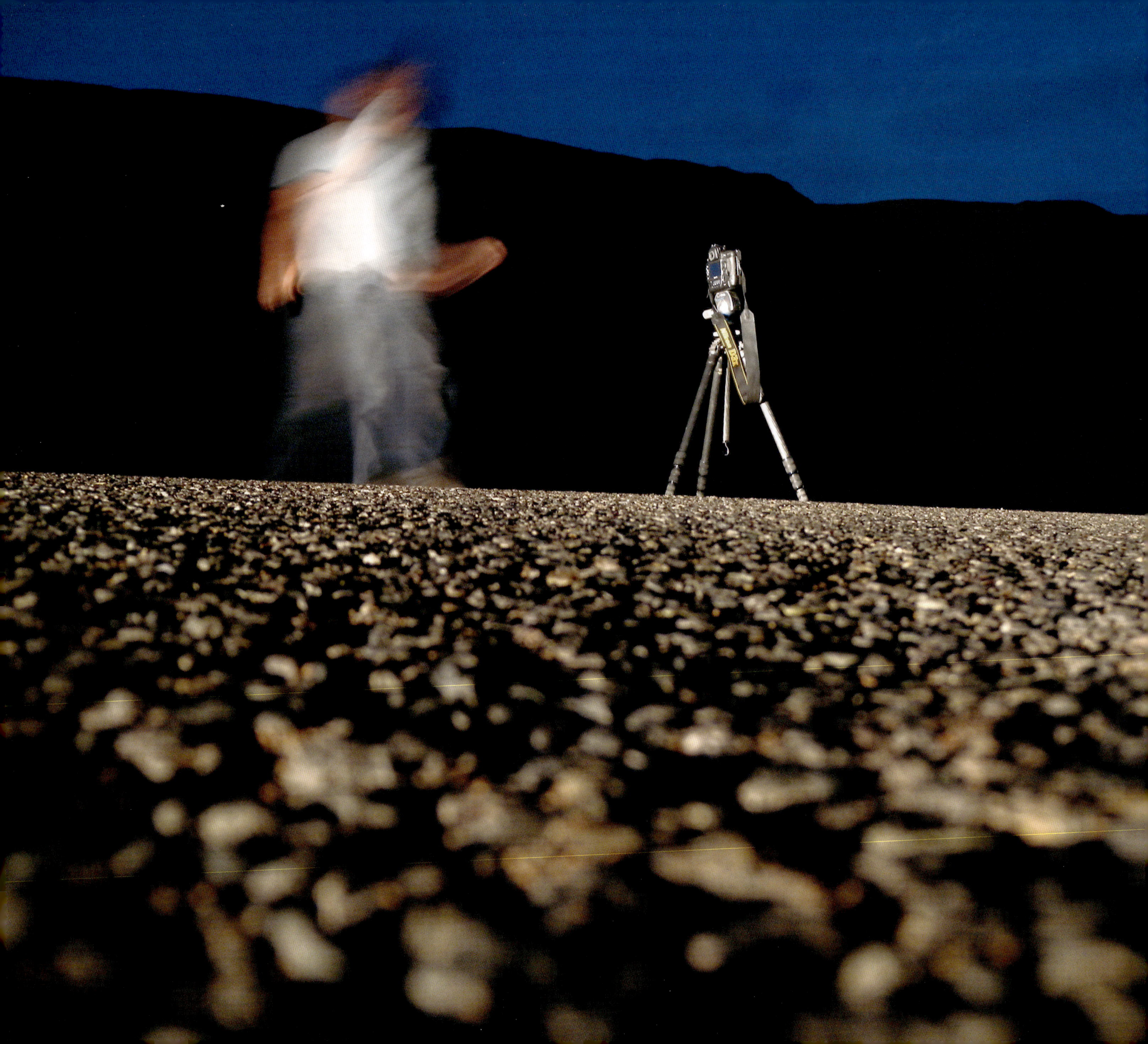

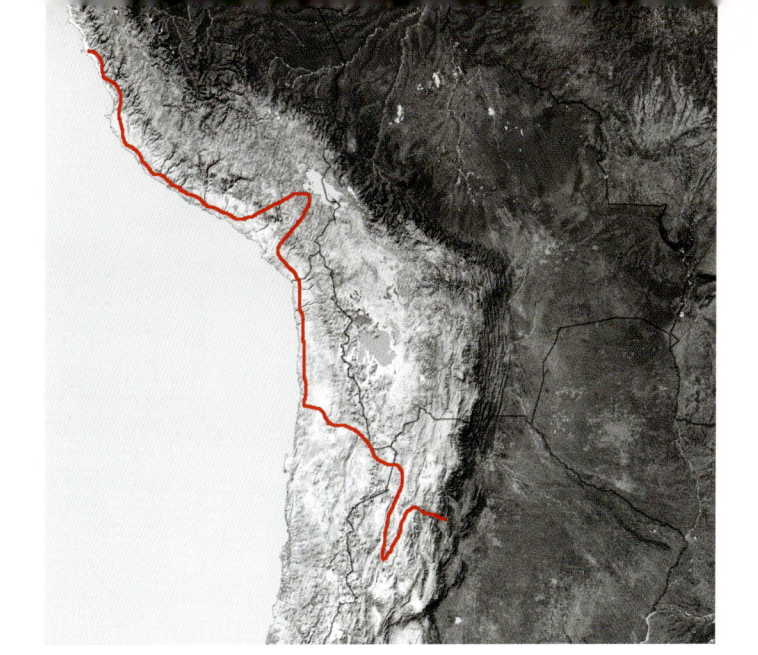

2009 / **Salzseen, Vulkane und das Meer**

Auf der UN-Desertifikationskonferenz 2006 in Buenos Aires hatte ich von grandiosen Wüstenlandschaften im äußersten Nordwesten Argentiniens gehört. Die wollte ich endlich kennen lernen. So reiste ich im April 2009 mit meiner Mutter und Thilo Mössner, meinem Mitarbeiter und Freund, für nur zehn Tage nach Südamerika. Wir flogen in die Provinzhauptstadt Salta, mieteten einen Toyota Hilux und erreichten über einen 5.000 Meter hohen Pass das Altiplano. Die erste Nacht verbrachten wir im höchsten Dorf Argentiniens auf gut 4.000 Meter Höhe. Am nächsten Morgen beschwerte sich Thilo über Nebel, dabei war es sternenklar! Auch in den folgenden Tagen machte Thilo und mir die Höhe zu schaffen, nur meine 71-jährige Mutter war topfit. Trotz eisiger Kälte und dünner Luft verließen wir stets noch bei Dunkelheit unsere bescheidenen Nachtquartiere, um im ersten Licht zu fotografieren und zu filmen. Weiter ging es zur chilenischen Küste, dann durch die Peruanische Küstenwüste nach Norden. Noch hatte der winterliche Nebel die Küste nicht verhüllt, und wir erlebten die Küstenwüste von ihrer schönsten Seite. Nach zehn Tagen erreichten wir Lima, wir hatten drei Länder besucht, Hunderte Fotos gemacht und viel erlebt.

Länder / Argentinien, Chile, Peru
Route / Salta, San Pedro de Atacama, Arica, Paracas, Lima
Fahrzeug / Toyota Hilux
Reisepartner / Gerda Martin, Thilo Mössner
Kilometer / 5.000
Dauer / 14 Tage
Kameras / Nikon D3 und Nikon DX3

← Nachtaufnahmen in Chile

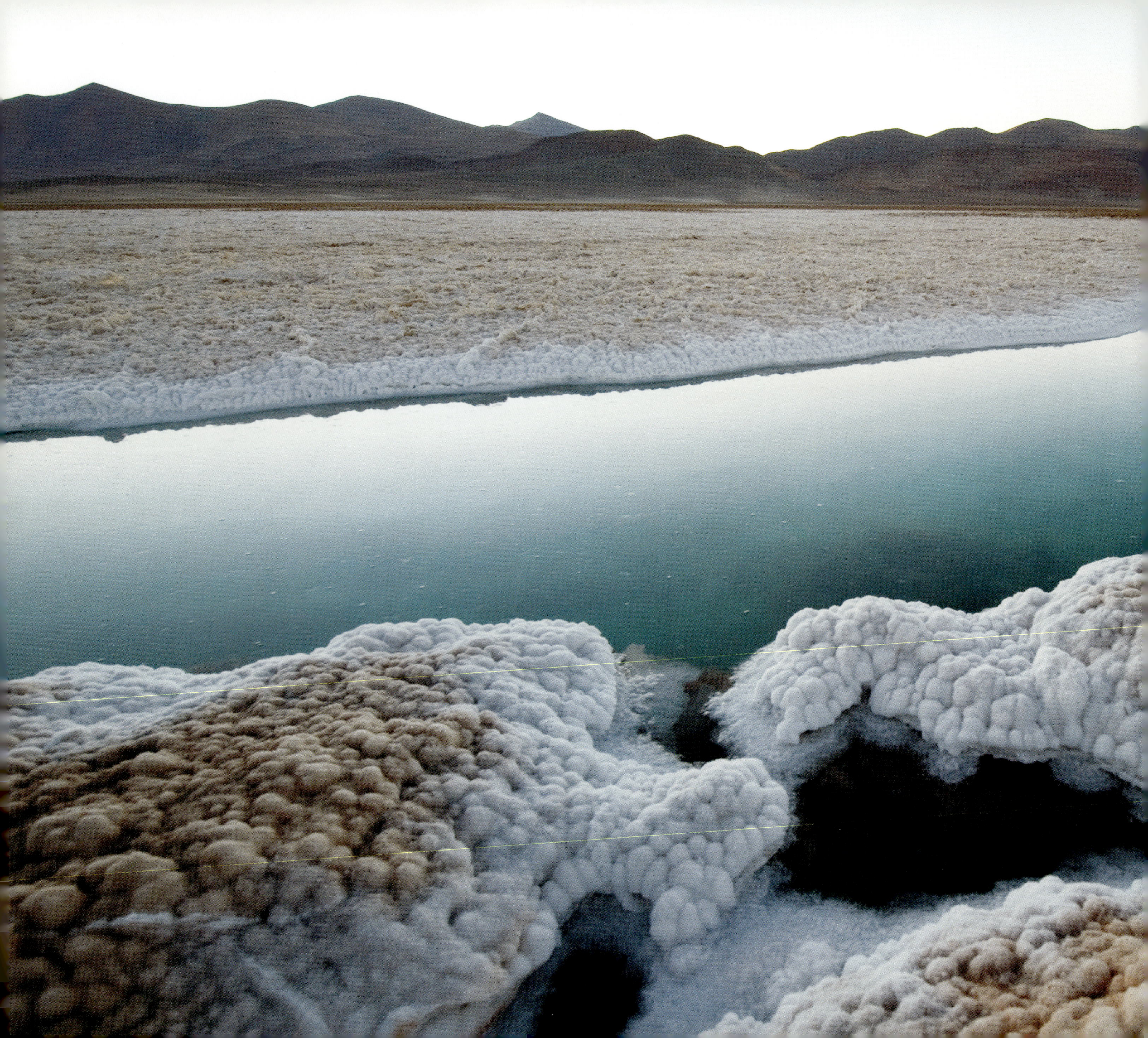

SALAR DE ARIZARO / ARGENTINIEN / 2009   193 /

Die Nacht war eiskalt, noch bei Dunkelheit verlassen wir das Dorf Tolar Grande auf dem Altiplano Argentiniens. Nach wenigen Kilometern Richtung Westen überquert die Piste den Salar de Arizaro, einen Salzsee. Die Salzoberfläche ist rau, der angewehte Staub überdeckt meist das strahlende Weiß. Im Geländewagen sitze ich auf dem Beifahrersitz, kämpfe mit der Müdigkeit, während eine CD von Cesaria Evora läuft. Beinahe hätte ich das Wasserloch neben der Piste übersehen. Wir fahren zurück, ich hole Stativ und Kamerarucksack aus dem Gepäckraum, will die Aufnahmen mit einem Ultraweitwinkelobjektiv machen. Im Wind kommen mir die minus 12 °C viel kälter vor, ich gebe mir einen Ruck. Als ich nach einer Viertelstunde ins Auto steige, bin ich völlig durchgefroren, aber glücklich über meine Bilder.

194 /   VULKAN AM SALAR DE ARIZARO / ARGENTINIEN / 2009

Noch vor Sonnenaufgang überqueren wir den Salar de Arizaro
in der Puna de Atacama Argentiniens. Ziel ist die Südspitze
des Salzsees, wo mich in der Ferne dieser ebenmäßige Vulkan
anzieht. Wir fahren am Vulkan entlang, bis wir auf die
dem Licht zugewandte Seite kommen. Als ich in den Rückspiegel
blicke, sehe ich die Staubfahne unseres Geländewagens im
Morgenlicht aufleuchten. Sofortiger Halt, in Windeseile bauen
wir Foto- und Filmkamera auf. Sekunden später haben sich
die Staubfahnen verzogen.

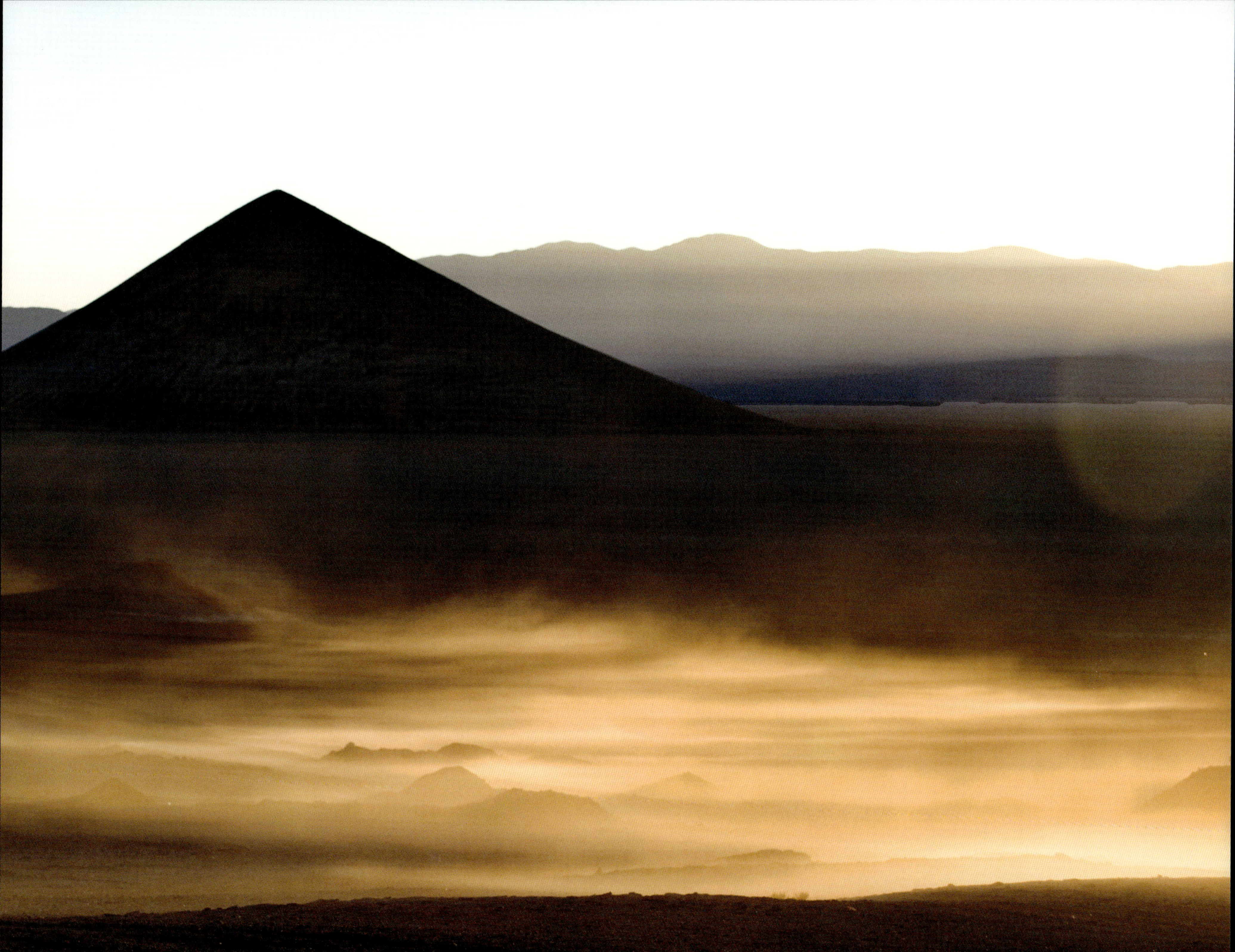

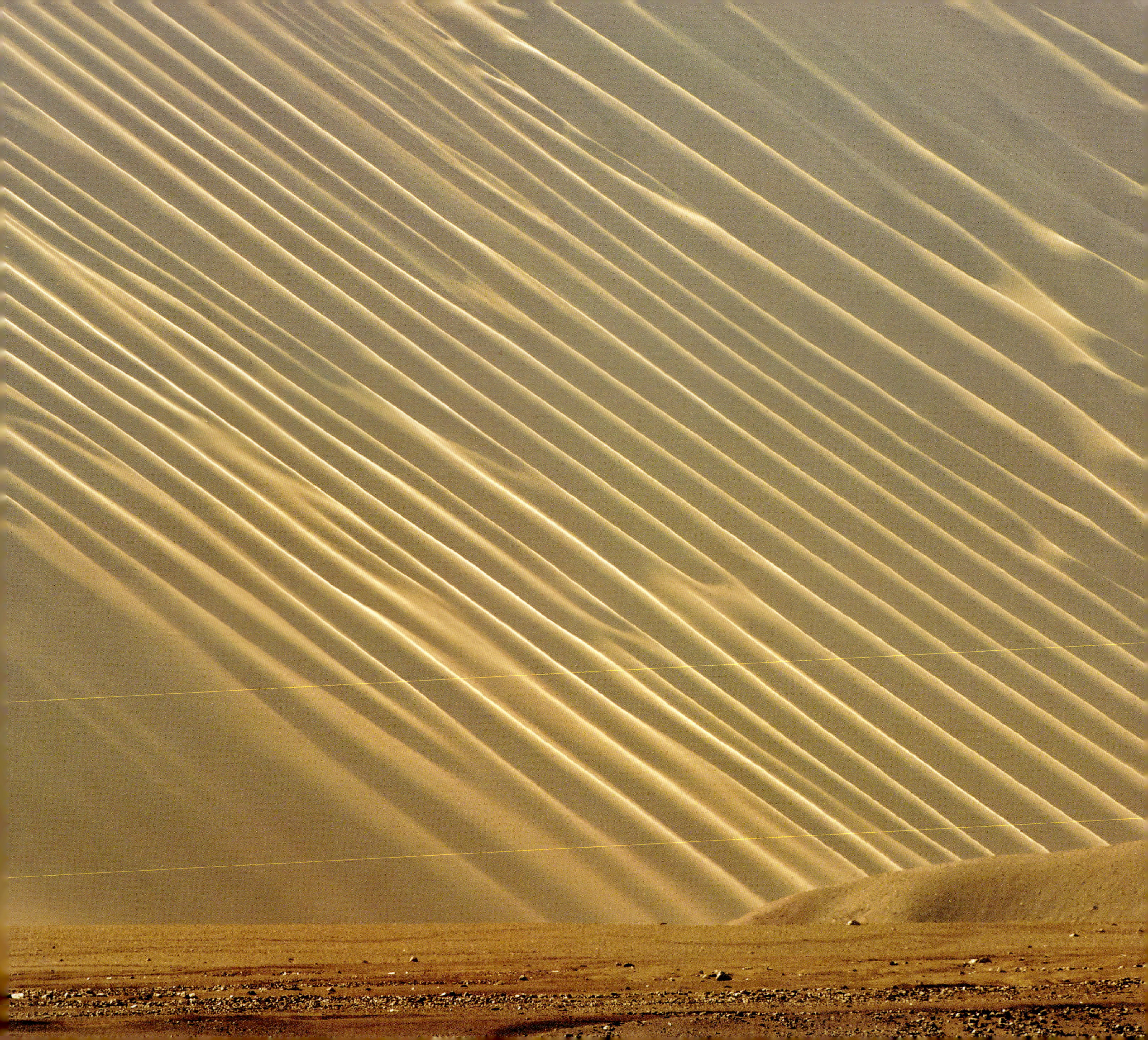

DÜNE / PERU / 2009

In der Peruanischen Küstenwüste sehe ich von der Panamericana
aus in der Nähe von Tanaka die höchsten Dünen, die mir je in
Südamerika begegnet sind. Die Nachmittagssonne steht so günstig,
dass die Strukturen in der rund 300 Meter hohen Dünenflanke
auf dem Foto gut zu erkennen sind. Peruanische Küstenwüste
und Atacama sind sonst eher ein Beispiel dafür, dass das Klischee,
Wüsten bestünden ausschließlich aus Sand, nicht zutrifft.
Entlang des 3.000 Kilometer langen Wüstenstreifens dominieren
Geröll-, Kies- und Gebirgswüsten. Die wenigen Dünen sind lokal
begrenzt, Sandmeere gibt es nicht.

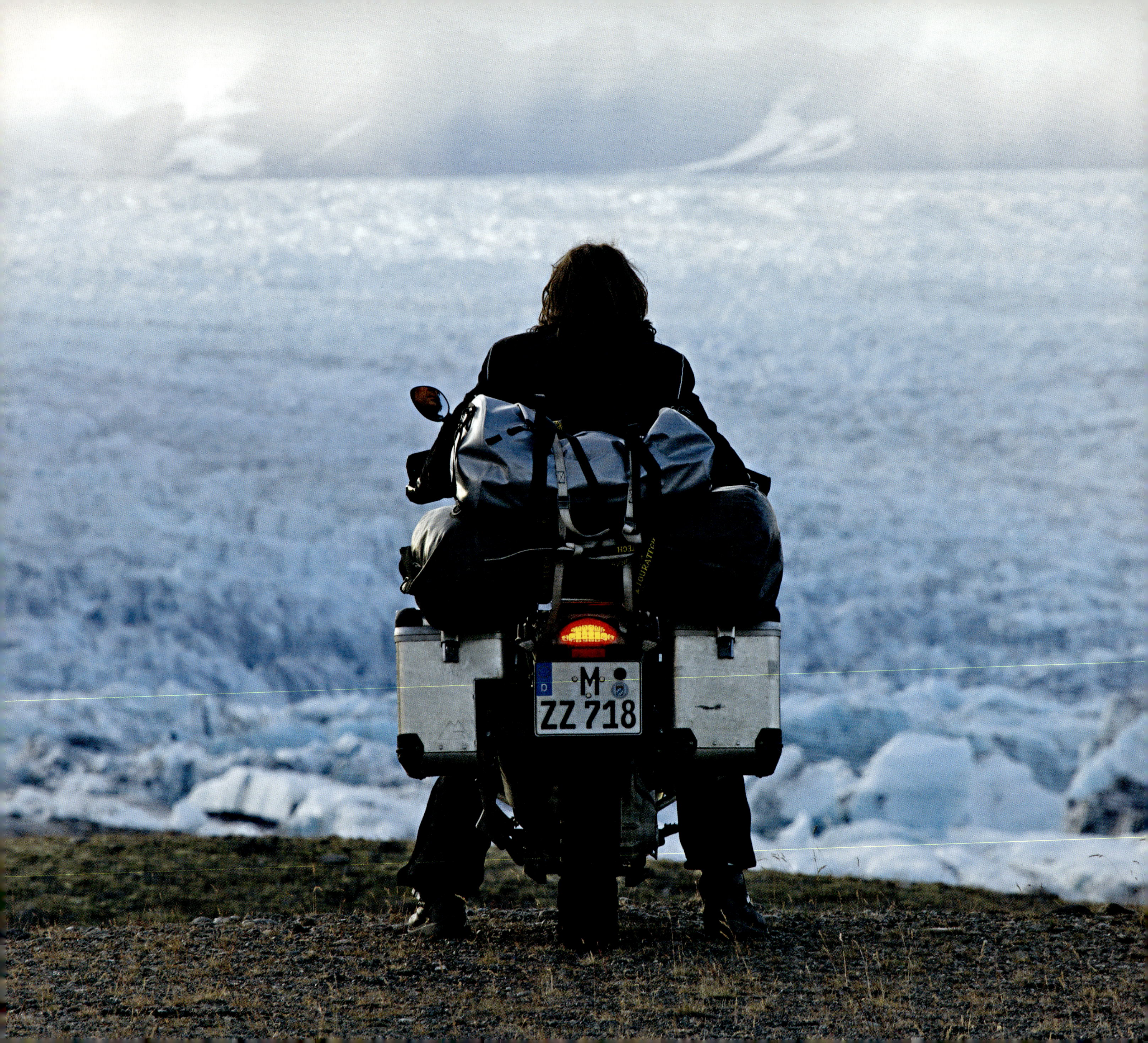
M
ZZ 718

2009 / Island – Aufbruch ins Eis

Schon bei den ersten Vorführungen der Diashow »Wüsten der Erde« im Herbst 2004 erkundigten sich Besucher, wie es nun weitergehen solle. Viele schlugen mir scherzhaft die »Wüsten des Mondes« vor und brachten damit das Problem auf den Punkt. Nach dem Projekt »Die Wüsten der Erde« stellte sich tatsächlich die Frage, welches Thema ich als Nächstes anpacken könnte. Dabei wollte ich dem Leitmotiv meiner Reisen unbedingt treu bleiben, meine Liebe zu den Wüsten ist ungebrochen. Als Fotograf sind sie für mich ein El Dorado, und als Geograph begeistert mich, dass Wüsten Gebiete sind, die nicht von Menschen gestaltet wurden. Ich dachte zunächst an eine regionale oder sachliche Spezialisierung, fand aber keinen Aspekt, der heutzutage, da alles schon in Fernsehfilmen, bei GEO oder National Geographic abgehandelt worden ist, spannend genug gewesen wäre.

So kam ich während nächtlicher Autobahnfahrten und in Gesprächen mit Freunden immer wieder auf die Eiswüsten zurück. Ist es in den Trockenwüsten der Erde der mangelnde Niederschlag, der zum Fehlen von Vegetation führt, sind es in den Eiswüsten die Kälte und lang währende Dunkelheit, die Pflanzenwuchs dezimieren

Länder / Island
Route / München, Hanstholm, Seydisfjördur, Askia, Sprengisandur, Fjallabak, Vatnajökull
Fahrzeug / BMW R 1200 GS Adventure
Reisepartner / Thilo Mössner, Jörg Reuther
Kilometer / 4.000
Dauer / 21 Tage
Kameras / Nikon D3, Nikon D3X und Sony Z7

← Vor dem Gletscher Breidamerkurjökull

Island – Aufbruch ins Eis / 2009

beziehungsweise verhindern. Neben Trockenheit und Kälte gibt es aber noch eine dritte Ursache für Wüsten, nämlich die Beschaffenheit des Bodens. Solche Wüsten nennt man edaphische Wüsten. Dazu gehören Salzseen, die Lavawüsten im Hochland Islands oder die baumlose Kalkebene des Nullarbor Plain in Australien.

Bislang sind Trocken-, Eis- und edaphische Wüsten noch nie in einem Buch, Vortrag oder Film miteinander verglichen worden. Wie unterscheiden sich ihre Landschaftsformen, und wie gelingt es dem Menschen, in diesen Extremlandschaften zu überleben – das sind Fragen, die ich mit meinem neuen Projekt beantworten möchte. Ich möchte aber auch globale Zusammenhänge wie die Auswirkungen des Klimawandels und die Folgen von Urbanisierung, Umweltzerstörung, Desertifikation und Bevölkerungsexplosion mit einbeziehen. Soweit dies möglich ist, wähle ich wieder das Motorrad als Reisefahrzeug, garantiert es doch höchstmögliche Flexibilität.

Im August 2009 brach ich auf zur ersten Etappe ... Sie führte mich nach Island. Die Insel am Polarkreis hat dank des Golfstroms ein relativ mildes Klima, Eiswüsten gibt es dort keine. Große Teile des Hochlands bestehen aber aus Lavawüsten, darüber erheben sich die Eisgletscher. Ich lernte schnell, dass Wüste und Regen hier kein Widerspruch sind. In strömendem Regen fuhren wir – ich war mit einem neuen Motorrad, der BMW R 1200 GS, unterwegs, Thilo und Jörg mit dem Geländewagen – von der Ostküste durch schwarze Lavawüsten nach Süden, zum Vatnajökull, dem größten Gletscher Islands. Hier im Bereich der Westwindzone werden die höchsten Niederschläge Islands gemessen – bis zu 8.000 Millimeter pro Jahr. Tatsächlich ließ uns das bekannte Islandtief tagelang auf gutes Wetter warten, bis wir endlich den Skeidararsandur- und den Vatnajökull-Gletscher überfliegen konnten. Doch verschaffte uns die milde, regenreiche Witterung auch viele fotografische Glücksmomente, vor allem, als wir am Gletschersee Jökulsarlon Nebelschwaden zwischen Eisbergen erlebten. Eile war geboten – der Drucktermin für dieses Buch rückte näher. Von einem mit WLAN ausgestatteten Tankstellenimbiss schickten Jörg, Thilo und ich die besten Bilder via Internet an den Verlag. Vor dem Imbiss parkte meine Maschine im Regen ... bereit für weitere Wochen in den Lavawüsten Islands.

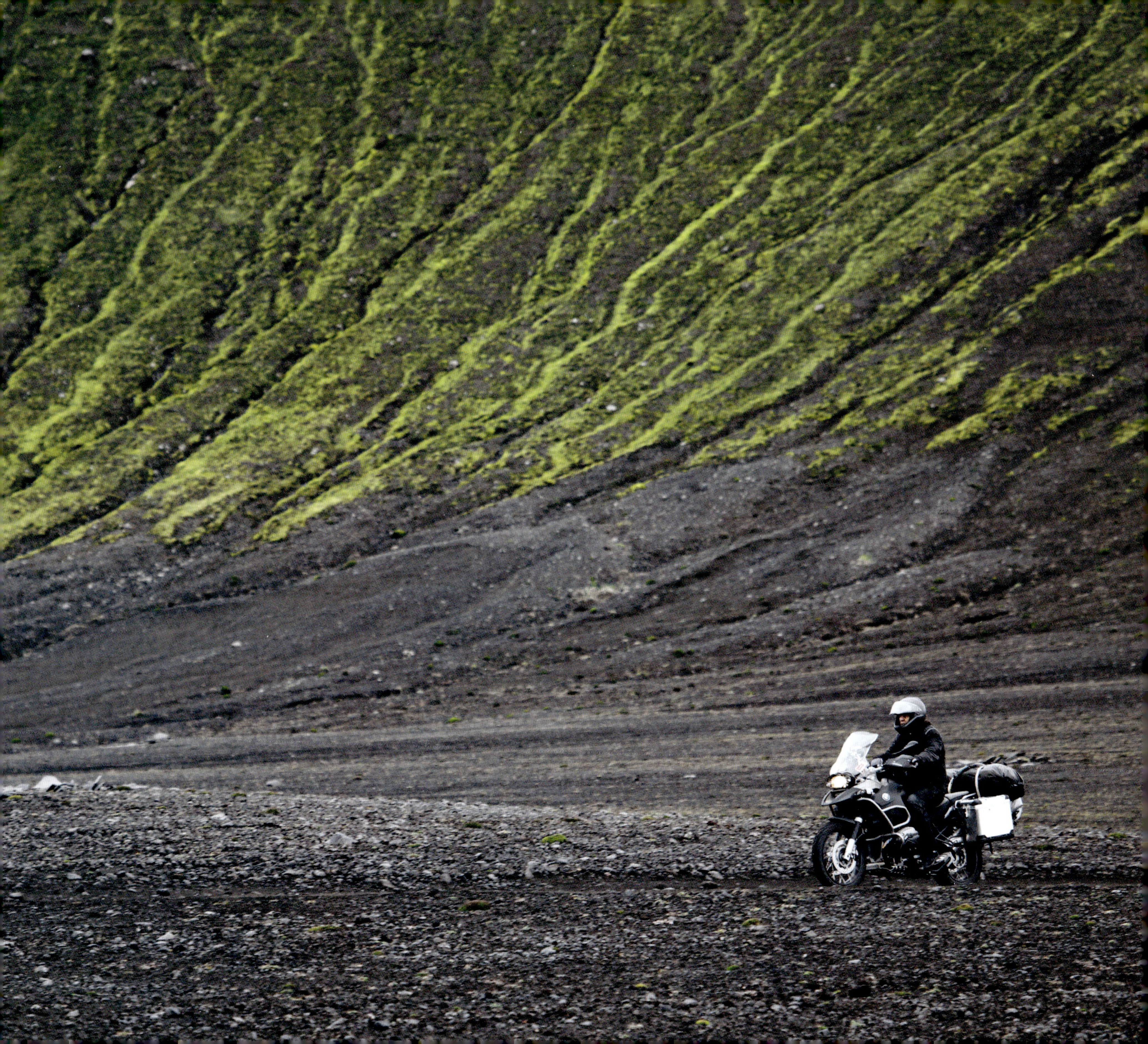

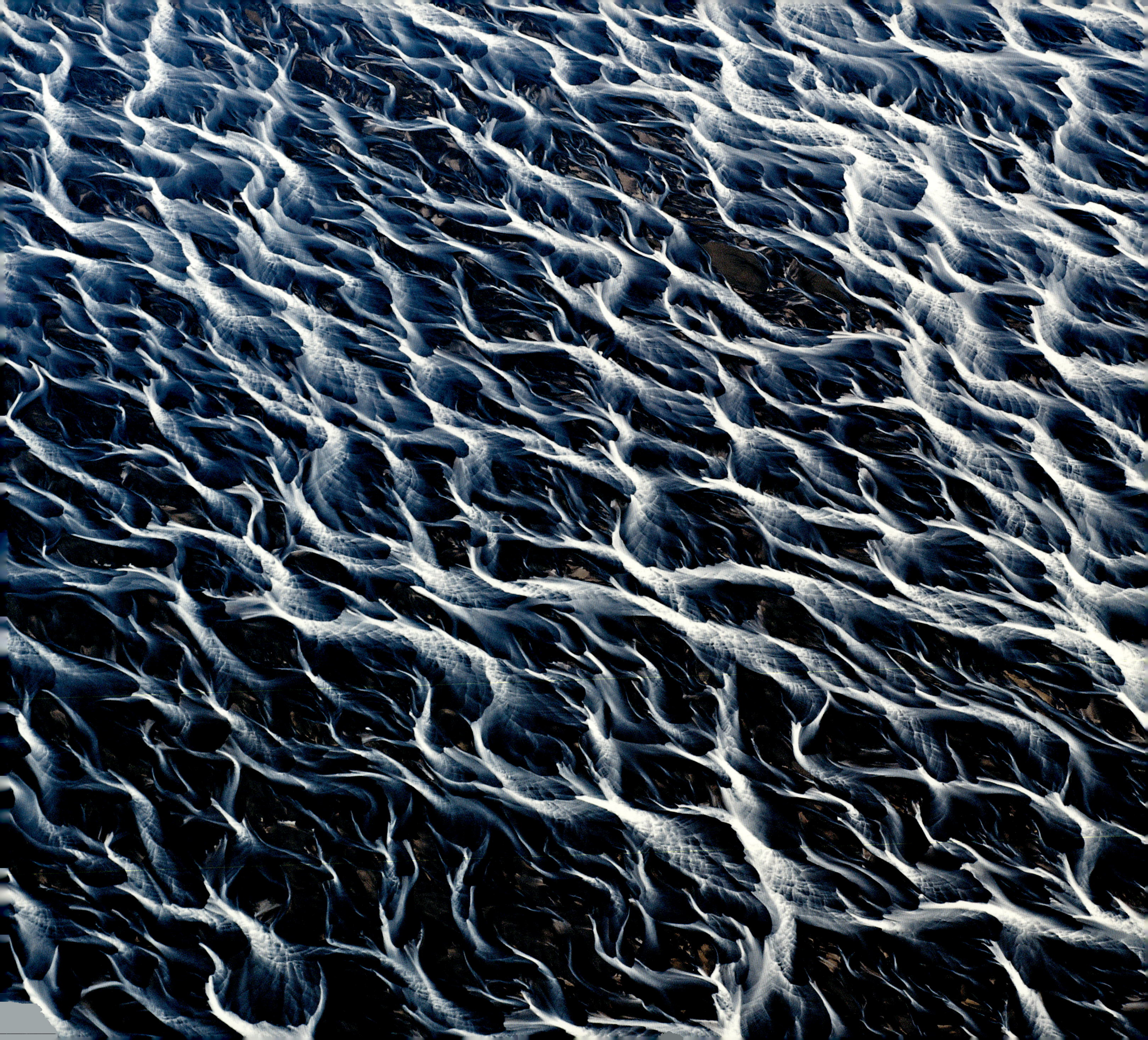

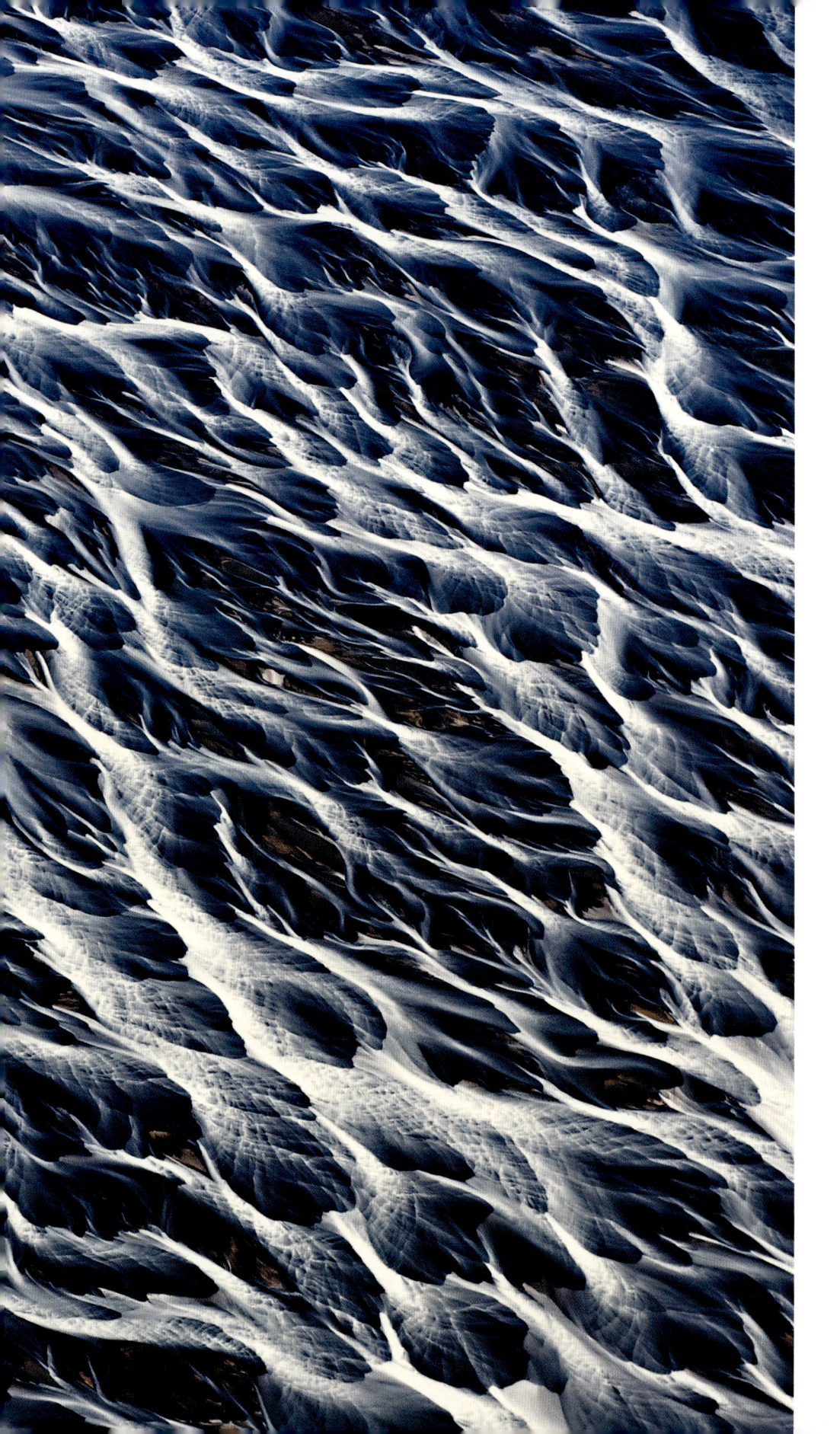

KUNSTWERK DER NATUR / ISLAND / 2009   203 /

Der Skeidararsandur entstand durch Gletscherströme, die
Gesteinsmaterial vom Vatnajökull, dem gewaltigen Gletscher,
an die Küste transportierten. Mit einer Ausdehnung von
1.000 Quadratkilometern ist der Skeidararsandur die größte
Sanderfläche an der Südküste Islands, er wird von zahllosen
kleinen Flüssen mit enormer Sedimentfracht durchströmt.
Nach heftigen Regenfällen bietet sich aus wenigen hundert
Metern Flughöhe ein stetig veränderter Anblick.

204 / LICHTOPER / ISLAND / 2009

Die Eismassen des Breidamerkurjökull, einer Gletscherzunge des Vatnajökull, enden auf einer Breite von 20 Kilometern im Gletschersee Jökulsarlon und kalben dort. Die durch Asche und Geröll manchmal schwarz eingefärbten Eisblöcke schwimmen lautlos in dem 120 Meter tiefen See. An seinem Ufer habe ich mein Zelt aufgeschlagen und die Kameraausrüstung nach einem bewölkten, aber milden Tag schon weggepackt. Eine Stunde vor Sonnenuntergang reißt die Wolkendecke im Westen auf, die Abendsonne streift den Gletscher. Durch die abendliche Abkühlung der feuchten Luft bilden sich zwischen den Eisblöcken im Ostteil des Sees Nebelbänke, die langsam nach Westen ziehen und im Gegenlicht zu leuchten beginnen. Ich stehe auf der Endmoräne des Gletschers und bekomme den Finger nicht mehr vom Auslöser. Ständig verändern sich Nebel und Sonnenlicht. Höhepunkt des

Naturschauspiels ist ein Strahlenglanz, der sich bildet, als das Sonnenlicht von den Wasserflächen zwischen den Gletscherbruchstücken nach oben reflektiert wird. Wieder am Zelt, genieße ich die bis kurz vor Mitternacht anhaltende Dämmerung. Aus dem Eiswasser tauchen Robben auf und beäugen mich neugierig. Am Ufer treiben Eisschollen vorbei. Noch einmal baue ich das Stativ auf und versuche, die besondere Stimmung dieser Nacht einzufangen.

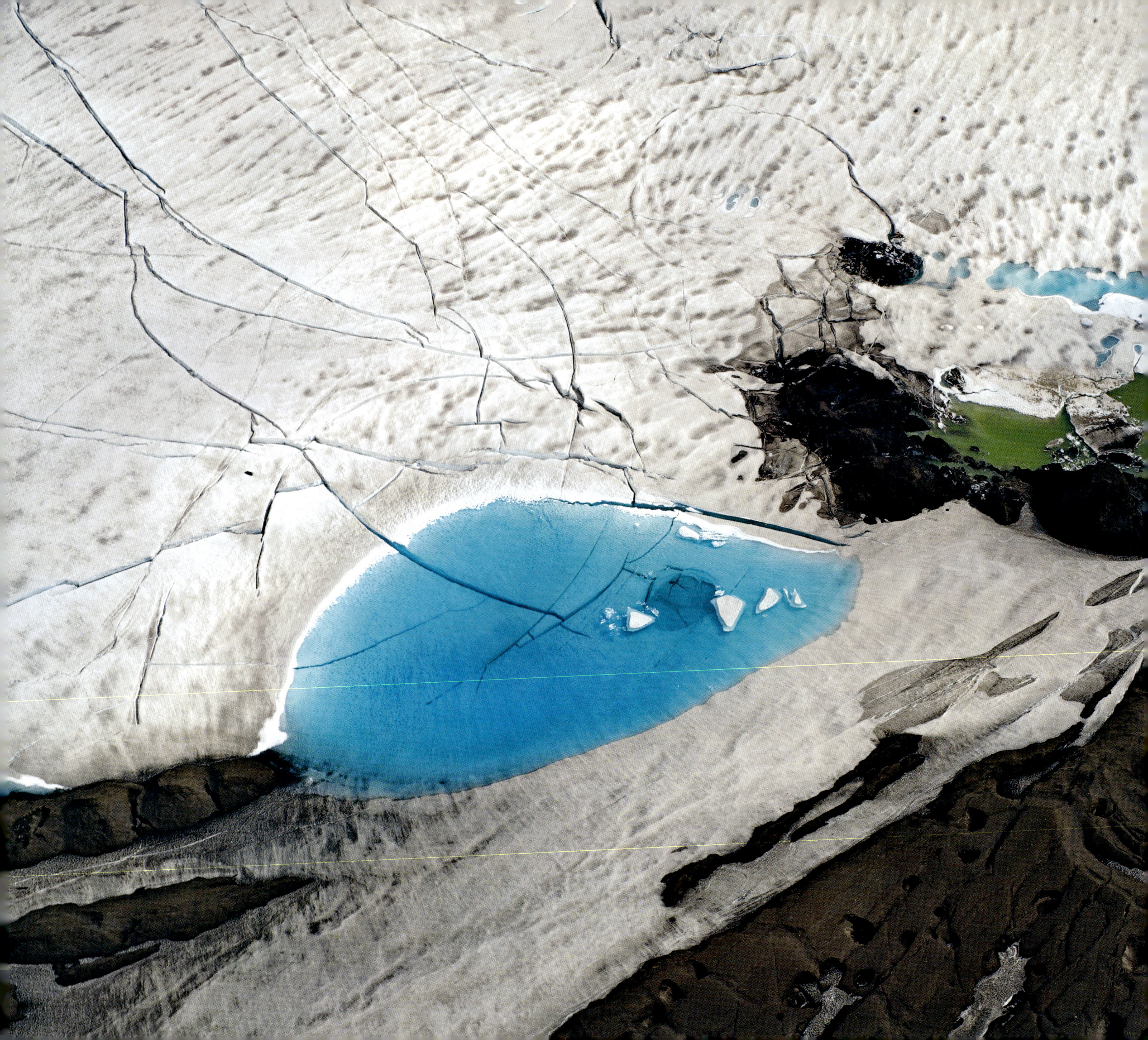

HITZE UND EIS / ISLAND / 2009

Die zweimotorige Maschine von Jon Sigurdsson, dem isländischen Piloten, hat mich in wenigen Minuten vom Meeresniveau hoch über den Vatnajökull-Gletscher gebracht. Dessen bis zu 1.000 Meter mächtiger Eispanzer breitet sich auf einer Fläche von 8.300 Quadratkilometern über Bergrücken und Vulkane aus. Unter den Eismassen liegt ein aktiver Vulkan, der zur Bildung der Grimsvötn, einer Caldera, führte. Ihre subglazialen Ausbrüche lösen immer wieder die gefürchteten Jökulhlaup (Gletscherläufe) aus, die sich in die Sanderflächen im Küstenbereich ergießen. Lange kreisen wir über zwei Gletscherseen, die am Rande der Caldera liegen.

Specials →→

Blende 16 / Sand im Getriebe / Wüstenlatein / Vollpension / Wo gehts nach Timbuktu? / Räuber und Gendarm / Papier ist geduldig / Traumberuf Abenteurer? / Backstage

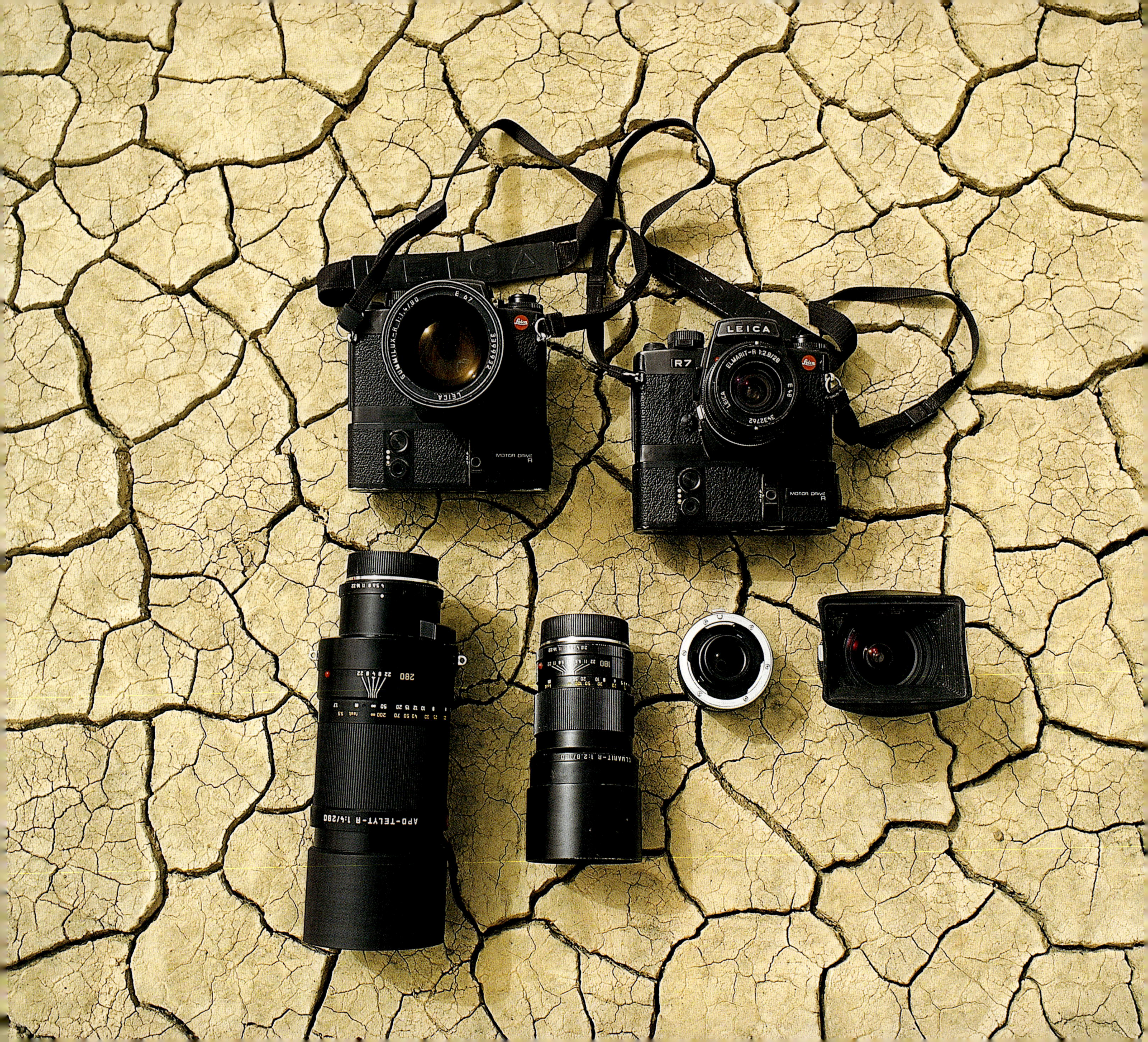
LEICA
R7
MOTOR DRIVE R
MOTOR DRIVE R
APO-TELYT-R 1:4/280
280
180

Meine Leica-Ausrüstung von 1997

→→ Blende 16

Meine erste Kamera bekam ich zum zehnten Geburtstag. Es war eine Kodak Instamatic, in die nicht herkömmliche Kleinbildfilme, sondern Filmkassetten eingelegt wurden. Die belichteten Kassetten brachte ich regelmäßig zur Drogerie Liebscher in meinem Heimatort Gersthofen. Es dauerte meist eine Woche, bis der entwickelte Negativfilm und die Abzüge vom Labor zurückkamen. Im Beisein von Herrn Liebscher, auch mit 80 noch ein begeisterter Fotograf, öffnete ich erwartungsvoll die Tüte, und gemeinsam beurteilten wir die einzelnen Bilder. Die Kosten für Entwicklung und Abzüge waren mit 20 DM ziemlich hoch, doch nie verließ ich die Drogerie ohne eine neue Filmkassette.

Die Kamera hatte nur wenige Einstellmöglichkeiten. Das Fixfokus-Objektiv sorgte für eine gewisse Schärfentiefe. Die Belichtung ließ sich lediglich anhand der Symbole Sonne, Schatten und Blitz beeinflussen. Zum Blitzen wurden Blitzwürfel aufgeschoben, die vier Blitze zuließen.

Die Möglichkeiten der Kamera waren mir bald zu wenig, und ich träumte von einer Spiegelreflexkamera, mit der ich Schärfe, Blende und Belichtungszeit einstellen und so die Bilder kreativ gestalten könnte. Groß daher war meine Freude, als Weihnachten 1975 ein Kosmos-Optikbaukasten für mich auf dem Gabentisch lag. Er enthielt den Bausatz für eine einfache Spiegelreflexkamera. Gespannt baute ich alles zusammen, machte ein paar Aufnahmen und war enttäuscht – die Qualität der Bilder reichte nicht einmal an die meiner Kodak Instamatic heran.

Mit 14 hatte ich endlich genug Geld gespart und kaufte mir eine manuelle Kleinbild-Spiegelreflexkamera. Ich entschied mich für die Minolta SRT 101b, mit einem 50-mm-Normalobjektiv sowie einem lichtstarken 200-mm-Soligor-Teleobjektiv. Die Kamera ließ sich durch Adapter mit einem Fernrohr verbinden, das damit zu einem gewaltigen Teleobjektiv wurde.

30 Jahre lang bestimmten nun drei Konstanten mein Leben als Fotograf – die analoge Spiegelreflexkamera, lichtstarke Objektive und Diafilme. Dafür war zunächst meine Leidenschaft für Astronomie verantwortlich, denn die Astrofotografie erfordert lichtstarke Wechselobjektive, nutzt die überlegene Schärfe und Farbbrillanz von Diafilmen und erzielt die besten Resultate, wenn das Kameragehäuse direkt an das Fernrohr angeschlossen werden kann.

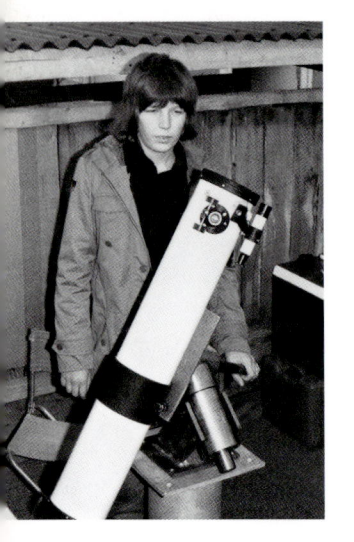

Mein erstes Fernrohr / Mein selbstgebautes Spiegelteleskop

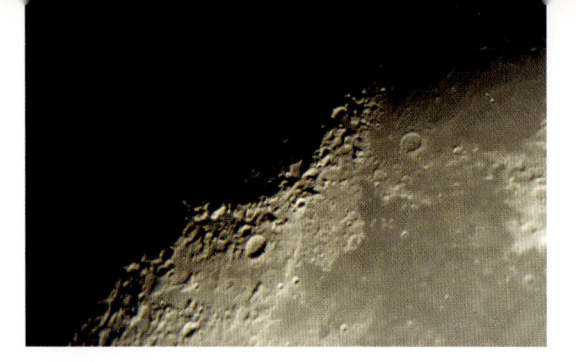

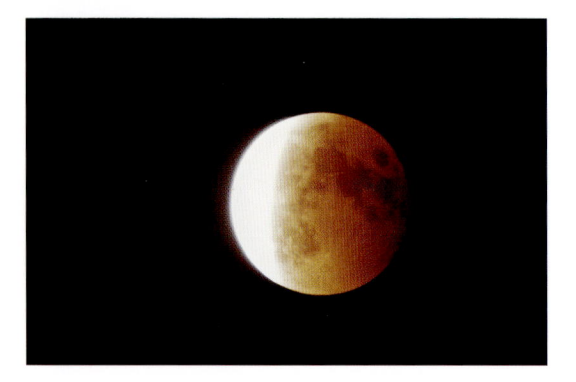

Mondkrater und totale Mondfinsternis

Blende 16 /

In der ersten Hälfte dieser drei Jahrzehnte waren meine Bilder eher einfach gestaltet. Bald fotografierte ich nicht mehr nur die Sterne. Mehr und mehr wurde ich zum Reisefotografen und richtete die Kamera auf die Motive, die mir unterwegs begegneten. Diesen Bildern sah man an, dass sie im Vorübergehen entstanden waren. Das hing vor allem mit meinem Reisestil jener Jahre zusammen. Ob mit Mofa, Rucksack oder Auto unterwegs, es ging jeden Tag weiter. Kilometer zurücklegen, das zählte für mich mehr als exzellente Fotos machen. Und wenn man die Wüste mit alten Autos durchquert, dreht sich alles um die Fahrzeuge und das Bemühen, sie fahrtüchtig zu halten. Ölverschmiert, erschöpft, mit den alltäglichen Herausforderungen des Reisens beschäftigt, blieb mir nicht so viel Zeit und Energie fürs Fotografieren. Der Umstieg vom Auto auf das Motorrad änderte daran kaum etwas. Die gesponserten nagelneuen Motorräder mussten zwar nicht dauernd gewartet werden, aber Motorradfahren erfordert so viel Kraft, dass es schwierig ist, sich dabei aufs Fotografieren zu konzentrieren.

Mit meiner ersten Minolta-Spiegelreflexkamera, der SRT 101 b, fotografierte ich einige Jahre lang, hatte mir zu meinem Normal- und dem Teleobjektiv aber auch ein 17-mm-Tokina-Weitwinkelobjektiv gekauft. In die Kamera war ein Belichtungsmesser eingebaut, der im Sucher den korrekten Wert anzeigte. Belichtungszeit, Blende und Schärfe musste ich dann manuell einstellen, was mich lehrte, diese Faktoren und ihr Zusammenwirken bei der Bildgestaltung bewusst einzusetzen. Später ersetzte ich die manuelle durch eine automatische Minolta-Spiegelreflexkamera, bei der ich nur noch die Schärfe einstellen musste – was die Erfolgsquote bei Motiven, die schnelles Auslösen erforderten, beträchtlich erhöhte.

Minolta stellte mir 1986 die Minolta 9000 zur Verfügung, damals eine technische Neuerung mit Autofokusobjektiven, die eine automatische Einstellung der Bildschärfe gewährleisteten. Meine Fotos wurden aber nicht sehr viel besser. Der Autofokus jener Kamerageneration war laut und langsam. Bei schwachem Licht und diffusen Objekten funktionierte er gar nicht. Auch die automatische Einstellung von Blende und Belichtung erwies sich bei den oft extremen Lichtsituationen als unzureichend, und nicht selten wünschte ich mir die manuelle Belichtungsmessung meiner ersten Spiegelreflexkamera zurück. Als ich die entwickelten Filme

Die Minolta 9000, meine erste Kamera mit Autofokusobjektiven

meiner Motorradreise von Kenia nach Kapstadt auf dem Leuchtpult betrachtete, überzeugte mich das Ergebnis nicht hundertprozentig. Ich musste mich fotografisch verbessern.

Schon lange bewunderte ich die Fotos des Reise- und Landschaftsfotografen Karl Johaentges. Sein Buch *Bilder einer Weltreise* hatte mich so fasziniert, dass ich ihn unbedingt kennen lernen wollte. Wir verabredeten uns in einer Münchner Eisdiele. Dort wartete ich eine Stunde auf ihn. Ihm ging es genauso, auch er wartete eine Stunde auf mich. Bis wir beide endlich merkten, dass wir an zwei Nachbartischen saßen, ohne uns erkannt zu haben. Karl Johaentges machte den Pressechef von Leica auf mich aufmerksam. Und tatsächlich erhielt ich von dem legendären Kamera- und Objektivhersteller, wenn auch nur leihweise, eine Leica R 7 mit einem 28-mm-Weitwinkel- und einem 180-mm-Teleobjektiv.

Ich war glücklich, wieder mit einer Kamera zu fotografieren, deren Blende, Belichtungszeit und Scharfeinstellung auch manuell zu bedienen waren, die Präzision der Objektive fand ich atemberaubend. Genauso wichtig wie die neue Kamera war für mich die Markteinführung eines neuen Films, den ich 15 Jahre lang in meine Kameras einlegte – der Fuji Velvia RVP 50. Der Film ist nicht nur extrem feinkörnig und scharf, sondern hat auch eine sehr warme, gleichwohl sehr intensive Farbwiedergabe. Endlich hatte ich einen Film in der Kamera, der die Farben Afrikas angemessen wiedergab! Schraubte ich bei intensivem Seitenlicht noch einen Polfilter vor das Objektiv, war die Wirkung spektakulär. Ob die Bilder nun als Dias auf die Leinwand projiziert oder – eine entsprechende Lithografie vorausgesetzt – in einem Buch abgedruckt wurden, die brillante Farbwirkung des Fuji Velvia begeisterte mich jedes Mal aufs Neue.

Meine erste Reise mit neuer Kamera und neuem Film ging nach Ägypten, ich fuhr in Überlandtaxis das Niltal hinauf. Von dieser Reise brachte ich Bilder nach Hause, die mich glücklich machten. Sie zeigten Menschen und Alltagssituationen in großer Eindrücklichkeit. Eines dieser Fotos, ein Mädchen mit einer weißen Taube, wird bis heute immer wieder veröffentlicht.

Was hatte sich verändert? Sicherlich spielten die neue Fotoausrüstung und der neue Film eine Rolle, bestimmt auch der Motivreichtum Ägyptens. Entscheidend aber war, dass es mir zum ersten

Polaroidbilder aus China, Indien und Afghanistan

Blende 16 /

Mal gelang, Menschen zu fotografieren. Ich hatte begriffen, dass ich mit den Leuten ins Gespräch kommen, dass ich ein Vertrauensverhältnis aufbauen musste, bevor ich die Kamera hervorholen konnte. Dies ist in Ägypten einfacher als zum Beispiel bei den Tubu im tschadschen Tibesti-Gebirge, die gegen ihre Regierung rebellieren und jedem Fremden daher zunächst mit Misstrauen begegnen. Trotzdem war ich überrascht und ein bisschen gerührt, als ich erlebte, wie offen die Menschen auf mich zugingen, als ich endlich meine Scheu überwunden hatte, Einheimische anzusprechen oder mich auf eine Unterhaltung mit ihnen einzulassen, wenn sie mich ansprachen. So saß ich bald inmitten von Großfamilien, wurde mit Fragen bestürmt und versuchte selbst möglichst viel zu erfahren. Sprach niemand Englisch und war kein Dolmetscher zur Hand, zog ich ein Fotoalbum aus dem Rucksack, das ich von zu Hause mitgebracht hatte. Ich zeigte den Fragenden meine Familie und meine Welt, und der Funke sprang über.

Erstmals hatte ich auch eine Sofortbildkamera dabei. Ich fragte die Leute, ob sie sich nicht fotografieren lassen wollten, ich würde ihnen das Foto schenken, und viele ließen sich daraufhin gern porträtieren. Die Sofortbildkamera sollte mich jahrelang auf allen meinen Reisen begleiten. Immer wieder traf ich Menschen, die noch nie ein Foto von sich besessen hatten. Eltern ließen ihre Kinder, Enkel ihre betagten Großeltern von mir ablichten – natürlich erst, wenn sich alle in ihre feinste Kleidung gehüllt hatten. Selbst turkmenische Sicherheitsbeamte und chinesische Geheimdienstler, die hartgesottensten ihrer Zunft, vergaßen das strenge Fotografierverbot, wenn ich ihnen sagte, dass ich sie, oft auf meinem Motorrad sitzend, in Uniform ablichten würde. Immer habe ich zuerst meine Bilder aufgenommen, danach das Sofortbild für die Einheimischen, denn sobald es aus der Polaroidkamera kam, starrten alle gebannt auf das entstehende Bild. Viele wünschten sich auch ein Foto mit mir oder meinen Reisepartnern, vorzugsweise meinen weiblichen. In den Jahren von 1993 bis 2004 habe ich 15 Sofortbildkameras verschlissen und Tausende Sofortbilder verschenkt.

Inzwischen hatte ich auch begriffen, wie wichtig die Lichtverhältnisse beim Fotografieren sind. Sie sind in erster Linie von der Wahl der richtigen Jahreszeit und Tageszeit abhängig. Da ich klares Wetter bevorzuge, reise ich fortan nur noch während der Winter-

Neugierige Zuschauer in der Danakil-Wüste

monate durch die Wüste. Dann ist der Himmel dort meist tiefblau, die Sicht glasklar, die Sonne steht tief und die Konturen der Landschaften treten besser hervor. Was die Tageszeit angeht, so entstehen inzwischen fast alle meine Bilder in den Tagesrandzeiten, also in den zwei Stunden nach Sonnenaufgang und zwei Stunden vor Sonnenuntergang. Das ist auch genau die Zeit, wenn die Menschen die Straßen bevölkern, ihren vielfältigen Beschäftigungen nachgehen, sich treffen und miteinander reden. Wer einmal mittags durch eine Sahara-Oase läuft, wird einen scheinbar menschenleeren Ort vorfinden.

Richtete sich in den ersten 15 Jahren der Reiserhythmus nach der Art und dem Zustand der Fahrzeuge, mit denen ich unterwegs war, beeinflusste nun das Fotografieren die Tagesplanung. Ich stehe lange vor Sonnenaufgang auf, esse in der Dunkelheit schnell eine Kleinigkeit, und sobald sich das erste Morgenlicht zeigt, nehme ich die Kamera zur Hand. Spätestens zwei Stunden nach Sonnenaufgang ist das von mir zum Fotografieren bevorzugte Licht verschwunden, dann frühstücke ich ausgiebig, packe zusammen und breche so schnell wie möglich auf. Tagsüber versuche ich so viel Strecke wie möglich hinter mich zu bringen, denn spätestens zwei Stunden vor Sonnenuntergang muss die Tagesetappe geschafft und genügend Zeit fürs Fotografieren sein. Nach dem Verschwinden des letzten Tageslichts wird gekocht, der Schlafplatz eingerichtet, und ich kümmere mich um Fotoequipment oder Fahrzeug.

Das erste Projekt, das ich konsequent als Fotoprojekt umgesetzt habe, war »Die Wüsten Afrikas«. Erstmals war ich mit einer professionellen Fotografin unterwegs, meiner damaligen Freundin Katja. Wir teilten die gleiche Begeisterung für Afrika, Reisen und Fotografieren und waren uns einig, dass wir lieber ein Objektiv mehr als eine Ersatzhose mitnehmen wollten. So glich unser Motorrad beim Start in Kapstadt einem rollenden Fotostudio. Neben unseren Spiegelreflexausrüstungen hatten wir noch zwei Sofortbildkameras, eine Mittelformatkamera – die Mamiya 7 mit dem Bildformat von 6 x 7 cm – und zwei schwere Stative an Bord. Die Mittelformatkamera brauchte ich für Motive, die sich für große Kalenderbilder und doppelseitige Abbildungen eignen.

Jeden Tag standen wir um vier Uhr morgens auf und fotografierten um die Wette. In den sechs Monaten dieser Reise legten wir

Leica-Ausrüstung von 2004

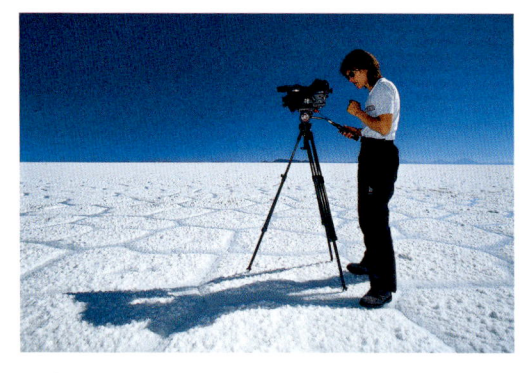

Auf dem Salar de Uyuni in Bolivien

Blende 16 /

mehr als 20.000 Kilometer quer durch Afrika zurück, blieben an kaum einem Ort länger als eine Nacht und fanden täglich neue faszinierende Fotomotive. Bei der Ankunft in Mauretanien hatten wir fast 1.000 Rollen Fuji Velvia belichtet.

»Die Wüsten der Erde«, mein bislang größtes Fotoprojekt, führte ich mit Elke Wallner durch. Als Kamerafrau war sie für das Filmen zuständig. Als es im Januar 2000 losgehen sollte, standen wir vor unserem Motorrad und fragten uns, wie wir die Fotoausrüstung für das Mammutprojekt darauf verstauen sollten. Ich hatte mein Fotoequipment ein weiteres Mal vergrößert. Drei komplette Fotoausrüstungen und eine Filmausrüstung mussten auf dem Motorrad untergebracht werden. Meine Leica-Ausrüstung bestand aus zwei Leica-Spiegelreflexkameras R 8 und Leica-Objektiven mit Brennweiten von 15 mm, 19 mm, 28 mm, 35 mm, 50 mm, 80 mm, 180 mm und 280 mm. Dazu kam meine Mamiya 7, die als Mittelformatkamera deutlich schwerer ist als die Leica, mit dem 43-mm-, 80-mm- und 150-mm-Objektiv und außerdem noch eine komplette Nikon-Ausrüstung mit zwei F-5-Gehäusen – Nikons Profikamera mit Autofokus –, dem 17–35-mm-Weitwinkelzoom und dem 70–200-mm-Telezoom, denn ich brauchte für bewegliche Objekte den Autofokus und ein modernes Blitzsystem.

Allein meine Kameraausrüstung wog mehr als Elke, die für das Filmen zuständig war. Ich hatte mir vorgenommen, von der Reise einen Film zu produzieren, und dazu eine Videokamera, die Sony PD 150, samt einem schweren Filmstativ angeschafft. Wenn ich die Sofortbildkamera, die Polaroidfilme, die Hunderte Kleinbild- und Mittelformatfilme und die große Anzahl Videokassetten hinzurechne, belief sich das Gewicht der Foto- und Filmausrüstung auf weit über 100 Kilogramm – und das auf einem Motorrad. Schließlich fand alles auf der Maschine Platz, Elke saß eingeklemmt zwischen den Kamerataschen auf dem Soziussitz, und wir fuhren los.

Wenn ich nun ein interessantes Motiv oder wenn Elke eine filmenswerte Szene sah und wir unsere Ausrüstung hervorholen wollten, war das mit einem erheblichen Zeitaufwand verbunden, bedeutete es doch, dass wir das kunstvoll verschnürte Gepäck abpacken mussten. So brauchte es zunächst etwas Zeit, bis wir die Bilder im Kasten hatten. Kompliziert wurde es auch, wenn wir Fahrszenen mit dem Motorrad aufnehmen wollten. Abpacken,

Durch Kälte zersplitterte Filme

Das mit Stativköchern bepackte Motorrad

mehrfaches Hin- und Herfahren, denn jede Fahrszene musste ja mehrmals fotografiert und mehrmals gefilmt werden, alles wieder aufpacken – das dauerte, aber wir bekamen Übung darin und schafften es schließlich in wenigen Minuten. Und freuten uns darauf, die tagsüber entstandenen Filmaufnahmen uns abends am Feuer auf dem Monitor anzusehen.

Fotografieren und Filmen erfordern unterschiedliche Arbeitsweisen, und nicht immer ist es möglich, beides gleichzeitig durchzuführen – so hätten Fotos mit der Sofortbildkamera, die ja sofort die Aufmerksamkeit der Einheimischen auf sich ziehen, das Filmen von Alltagsszenen gestört, und durch das Auslösegeräusch der Kamera wäre jede Tonaufnahme ruiniert worden. Bei den meisten Motiven mussten Elke und ich uns daher miteinander abstimmen. War es besser, zu fotografieren, zu filmen, oder bekamen wir vielleicht beides hin, und wenn ja, wie? Darüber gab es oft heftige Diskussionen, weil wir beide ehrgeizig sind.

Genau genommen hätten wir uns in den jeweiligen Wüstenländern als Fotograf und als Kamerafrau akkreditieren lassen müssen, doch das wäre angesichts der Anzahl und Art der Staaten, in denen wir unterwegs waren, vollkommen aussichtslos gewesen, also reisten wir lieber mit einfachen Touristenvisa. Das Motorrad schützte uns vor dem Misstrauen der Behörden, denn niemand vermutete darauf einen Profifotografen oder eine Kamerafrau. Kein afrikanischer Polizist, ja nicht einmal die chinesischen Zöllner sahen sich unser Gepäck genauer an, sonst wäre ihnen schnell aufgefallen, dass die umfangreiche Kamera- und Filmausrüstung eher zu Journalisten als zu Touristen passte und offiziell gar nicht hätte eingeführt werden dürfen.

Eine andere Sorge erwies sich als unbegründet, nämlich die Haltbarkeit der Filme. Da wir meist in den Wintermonaten reisten, war es selten heißer als 40 °C. Die Filme hatte ich in einer Thermotasche in einer Motorradbox verstaut. Weder in unbelichtetem, noch in belichtetem, aber unentwickeltem Zustand nahmen sie Schaden. Von den über 2.000 Filmen, die ich während der Reisen durch die Wüsten der Erde belichtete, büßte ich nur drei ein – nicht durch Hitze, sondern durch Kälte. Als ich die Filme auf dem Altiplano in Bolivien bei Temperaturen von minus 25 °C in der Kamera zurückspulte, zersplitterten sie. Dass extreme Hitze einen

Bleitaschen zum Schutz meiner Filme

Zeitungsartikel über den Diebstahl meiner Kameraausrüstung

218 / **Blende 16** /

Film zerstört, habe ich nie erlebt. Auch die zahllosen Röntgenkontrollen des Handgepäcks haben die Filme nicht beschädigt. Um der Gefahr des Diebstahls vorzubeugen, ließ ich die belichteten Filme nie aus den Augen und trug sie immer bei mir, manchmal hatte ich sie sogar des Nachts mit im Schlafsack. So brachten wir von unseren Reisen in den Jahren von 2000 bis 2004 insgesamt 2.200 Rollen belichteten Film und 400 Videokassetten wohlbehalten mit zurück nach Hause.

Auch beim Entwickeln der Diafilme ließ ich Vorsicht walten. Das fertige Dia kann man nicht mehr verändern, auf den Entwicklungsprozess kann man aber noch Einfluss nehmen. Wenn zum Beispiel der Belichtungsmesser defekt ist und eine Drittelblende zu dunkel gemessen hat, kann man den ganzen Film heller entwickeln lassen. Nach unserer Rückkehr brachte ich erst einen Film aus jeder Kamera zum Entwickeln, dann noch einen und noch einen. Wenn dann alles in Ordnung war, kamen die übrigen Filme an die Reihe.

Im Sommer 2006 rief mich die Polizeiinspektion München-Pasing an meinem Urlaubsort in der Toskana an und setzte mich davon in Kenntnis, dass Polizeitaucher persönliche Unterlagen von mir bei München aus dem Fluss Würm gefischt hätten. Das konnte nur bedeuten, dass in mein Haus eingebrochen worden war. Ich bat die Polizei, nachzusehen. Per Handy dirigierte ich sie in den Keller, wo in einem Regal meine gesamte Kamera- und Filmausrüstung lagerte. Das Regal war leer – Kameras und Objektive im Wert von über 50.000 Euro waren gestohlen. Meine wichtigsten Dias liegen glücklicherweise in einem Bankschließfach.

Die Diebe hatten mir Entscheidungshilfe geleistet: Der Augenblick war für mich gekommen, von der Analog- auf die Digitalfotografie umzusteigen. Eine komplett neue Analog-Ausrüstung anzuschaffen wäre nicht mehr zeitgemäß gewesen. Lange beobachtete ich den Markt für Digitalkameras, probierte auf einer Reise nach Westafrika die Canon Mark II aus, lieh mir eine Leica Digilux und eine Leica M 8. Aber eigentlich wartete ich auf eine digitale Spiegelreflexkamera aus der R-Serie von Leica.

Als aber Leica bei der Photokina 2008 stattdessen die schwere und teure Mittelformatkamera S 2 vorstellte, stand mein Entschluss fest, auf Nikon umzusteigen. Nikon hatte mit der D 3 eine digitale

»Seit ich die Fotos gleich nach dem Aufnehmen
auf dem Monitor überprüfen kann,
bin ich viel experimentierfreudiger geworden.«

Spiegelreflexkamera auf den Markt gebracht, die hinsichtlich Ausstattung und Robustheit ideal für mich schien. Ich zögerte nicht länger und kaufte sie. Einschließlich der neu entwickelten Zoomobjektive wiegt meine Kameraausrüstung nun nur noch ein Viertel dessen, was die alte wog, und endlich passt sie wieder in den Tankrucksack des Motorrads oder in einen kleinen Fotorucksack.

Im August 2008 reiste ich mit meinen Kindern nach Namibia und Botsuana. Im Gepäck hatte ich meine neue Nikon D 3 mit dem 14–24-mm , dem 24–70-mm- und dem 70–200-mm-Nikon-Zoom. Gespannt, was die Kamera zu leisten vermochte, richtete ich gleich in der ersten Wüstennacht die D 3, das Zoom auf die Ultraweitwinkelbrennweite von 14 mm eingestellt, auf die Milchstraße der südlichen Hemisphäre und belichtete bei einer Empfindlichkeit von 6.400 ASA 30 Sekunden lang. Wenige Sekunden nach der Belichtung leuchtete das Bild auf dem Monitor auf – ich glaubte meinen Augen nicht zu trauen. Die Milchstraße erstrahlte vor einem dunklen Himmel, Tausende Sterne funkelten in allen Farben, und das Lagerfeuer in meiner Nähe ließ die Bäume im Vordergrund orange leuchten.

Die Veränderbarkeit der Isozahl zählt für mich zu den größten Vorteilen der digitalen Fotografie, lässt sich die Empfindlichkeit des Sensors doch blitzschnell den jeweiligen Lichtverhältnissen anpassen. Günstige Kompaktkameras zeigen schon bei 400 ASA ein starkes Bildrauschen, die Topmodelle von Nikon, Sony oder Canon liefern hingegen selbst bei 6.400 ASA noch hervorragende Bilder. Damit ergaben sich mir wenige Monate später in Mali ganz neue Möglichkeiten. Wie düster und schummrig es in den Nomadenzelten auch war, mit der D 3 konnte ich ohne Stativ und Blitz fotografieren und mich an Farben erfreuen, die dem bloßen Auge verborgen blieben, aber trotzdem da waren und auf den Fotos natürlich wirkten.

Auch die extremen äußeren Bedingungen in der Wüste, Hitze, Sand, Erschütterungen und der allgegenwärtige Staub, konnten der Digitalkamera nichts anhaben. Natürlich muss man darauf achten, dass die Kamera so wenig wie möglich mit Sand und Staub in Berührung kommt. Ein verschmutzter Sensor führt zu Flecken und Punkten auf den Bilddateien, die bei der Nachbearbeitung mit großem Zeitaufwand wieder entfernt werden müssen. Der Vorteil

Blende 16 /

im Vergleich zur Analogkamera ist aber, dass man die Verschmutzung des Bildsensors unterwegs bemerkt und beheben kann. Durch Sand und Staub verursachte Kratzer auf einem Film merkt man dagegen erst, wenn es zu spät ist. Dadurch hatte ich früher schon viele Bilder verloren.

Auch die Stromversorgung digitaler Kameras ist kein Problem. Steckdosen sind zwar unterwegs oft Mangelware. Da die Energie moderner Akkus für 1.000 Bilder und mehr reicht, findet sich aber meist rechtzeitig eine 220-V-Steckdose. Im Notfall hätte ich die Akkus an der Fahrzeugbatterie aufladen können.

Es beruhigt mich außerordentlich, dass ich meine Bilder nun auf einer Festplatte zusätzlich sichern kann. Diese verstaue ich getrennt von der Kamera im Gepäck, was das Risiko eines Verlustes der Bilder durch Diebstahl deutlich mindert. Gegenüber den Wüstennächten, die ich mit Dutzenden belichteter Filme im Schlafsack verbracht habe, um sie vor Diebstahl zu schützen, ist das ein wahrer Fortschritt.

Und das digitale Fotografieren selbst? Ja, es macht richtig Spaß! Seit ich die Fotos gleich nach dem Aufnehmen auf dem Monitor überprüfen kann, bin ich viel experimentierfreudiger geworden. Schneller bin ich auch geworden, denn ich muss ein Motiv nicht mehr weiter fotografieren, wenn mir der Monitor zeigt, dass ich das optimale Bild habe. Und ich bin begeistert darüber, dass ich nicht erst Wochen warten muss, bis ich das Ergebnis meiner Arbeit sehe, sondern mich sofort über ein gelungenes Bild freuen kann.

Bei allem Enthusiasmus über die neuesten Entwicklungen in der Fotografie – wenn ich die Bilder der großen Fotografen Robert Capa oder Henri Cartier Bresson, von Eric Valli oder Steve McCurry betrachte, wird mir immer wieder deutlich, dass nicht die Technik das Entscheidende ist, sondern der Mensch hinter der Kamera.

Timbuktu bei Nacht, digital fotografiert mit 6.400 ASA

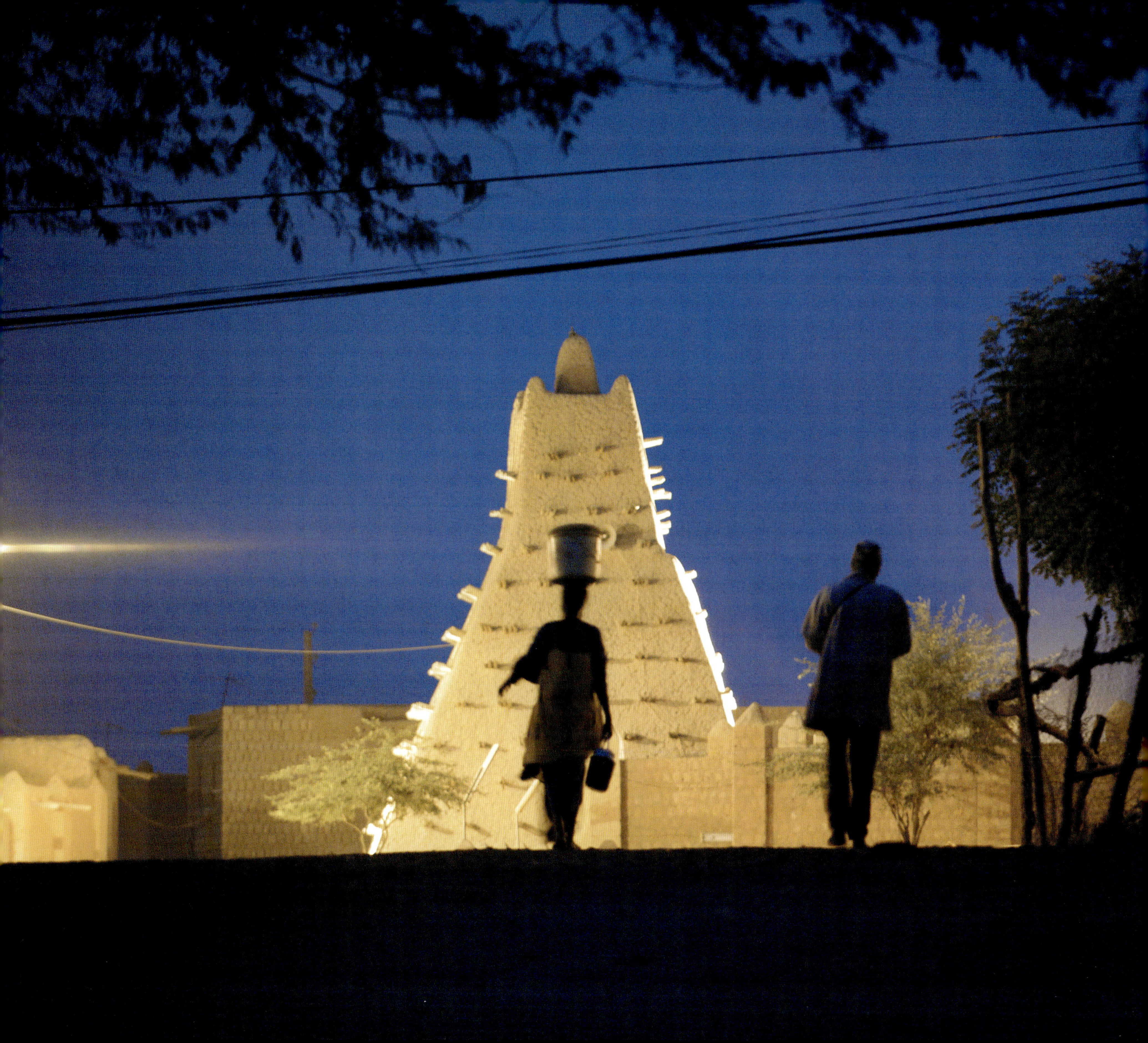

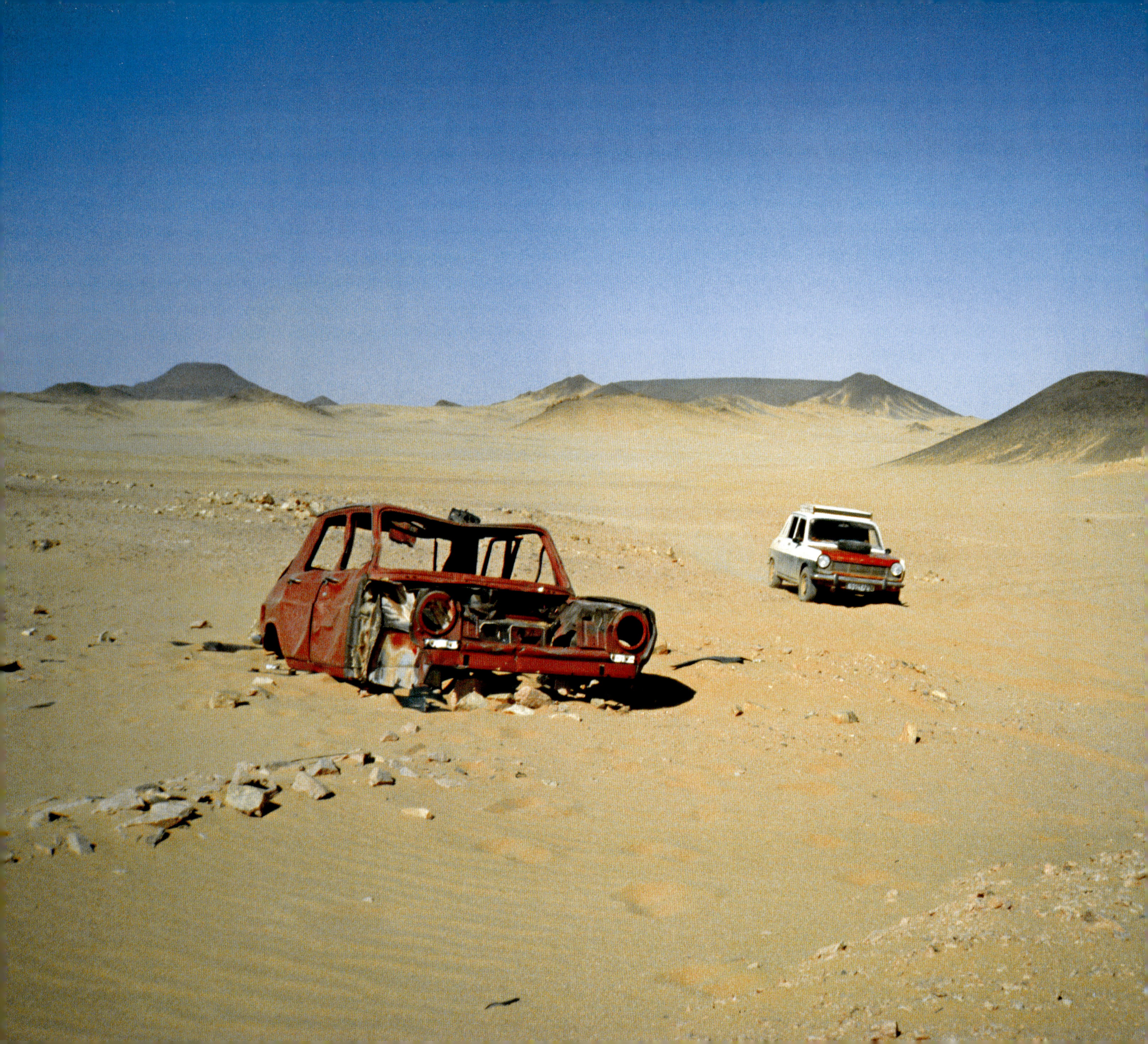

→→ Sand im Getriebe

Über Jahrhunderte hinweg war man in der Wüste mit dem Kamel unterwegs, jedenfalls in den Wüsten des Altweltlichen Trockengürtels von Mauretanien bis China. Physiologisch perfekt an die extremen Bedingungen angepasst, dient es den Wüstenbewohnern als Zug-, Last- und Reittier, außerdem als Woll- und Milchquelle und nach seinem Lebensende als Fleisch- und Lederlieferant. Das sind Eigenschaften, mit denen kein modernes Fortbewegungsmittel konkurrieren kann! Auch ist keines so geländegängig wie ein Kamel, von der Tatsache, dass Tankstellen in der Wüste deutlich seltener sind als Brunnen, einmal ganz abgesehen.

1981, als ich mit Achim zum ersten Mal in die Wüste aufbrach, wäre uns der Gedanke, es den Wüstenbewohnern gleichzutun und auf dem Rücken eines Kamels den Nordrand der Sahara zu erkunden, allzu fremd und abenteuerlich erschienen – inzwischen weiß ich, dass der Umgang mit dem doch recht störrischen Tier gelernt sein will. Wir entschieden uns damals für ein Transportmittel, das uns vertraut war – zwei betagte Mofas der Marken Herkules und Peugeot, die wir als Siebzehnjährige fahren durften. Das war Abenteuer genug!

Vorsichtig knatterten wir über die marokkanischen Schotterpisten, flickten immer wieder Reifen und fragten uns oft, ob wir noch genug Sprit hatten, um den nächsten Ort zu erreichen. Wenn die Leute am Wegesrand nach unserem Fahrtziel fragten und wir den Erg Chebbi nannten, bedachten sie uns mit einem mitleidsvollen Kopfschütteln, kannten die Einheimischen Mofas doch nur als Fortbewegungsmittel auf innerstädtischen Straßen. Es machte uns zwar großen Spaß, mit dem Mofa und dem nötigen Schwung durch den Sand zu fahren, doch muss ich heute sagen, dass es für die Wüste absolut untauglich ist. Die Entfernungen sind einfach zu groß, Brunnen, Oasen, Siedlungen und Tankstellen liegen viel zu weit voneinander entfernt.

Für Fahrräder gilt Ähnliches. Der Fahrradfahrer hat dabei aber den Vorteil, dass er stolz sein kann auf die erbrachte körperliche Leistung. Von Einheimischen erfährt er Bewunderung, auf ihre Unterstützung kann er jederzeit bauen. Ich habe immer wieder Fahrradfahrer in der Wüste getroffen, die sich auf den Überlandstraßen Kilometer um Kilometer vorankämpften und ihr Ziel zwar erschöpft, aber ohne größere Probleme erreichten. Schwierig wird

»Zu kämpfen hatten wir auch mit streikenden Anlassern, Kupplungen, die im Sand durchrutschten, Kühlern und Tanks, die leck geschlagen waren. Von Einheimischen lernten wir, solche Pannen einfallsreich zu beheben.«

Sand im Getriebe /

es auf Pisten. Ich erinnere mich an einen Japaner, den wir 1982 auf der algerischen Hoggarpiste in den Dünen von Laouni trafen: Schon 14 Tage lang schob er sein Fahrrad samt schwerer Gepäcktaschen über die Geröll- und Sandpiste.

Mit dem Mofa war ich in die Wüste gefahren, weil ich keine andere Wahl hatte: Ich wollte unbedingt hin und das Kreuz des Südens sehen, hatte mit 17 aber noch keinen Führerschein. Sobald ich ihn besaß, war klar, dass ich mir ein Auto kaufen und in die Wüste aufbrechen würde. Das tat ich umgehend, und von 1982 bis 1987 unternahm ich meine Wüstentouren im Pkw, in den Jahren von 1987 bis 1991 im Geländewagen. Seitdem gibt es für mich nichts anderes mehr als das Motorrad. Nach der Art des Fahrzeugs, für das man sich entscheidet, richtet sich nicht nur die Reiseroute, der gesamte Reiseablauf muss darauf abgestimmt werden. Aber der Reihe nach.

Zunächst war ich mit alten Autos kreuz und quer in der Sahara und in Schwarzafrika unterwegs, erst mit einem Opel Kadett, dann mit einem VW-Bus und schließlich mit dem Peugeot 504 – im Laufe der Jahre habe ich 16 Peugeots gefahren! Die Entscheidung für gebrauchte Pkws hatte mit meinen finanziellen Möglichkeiten zu tun, denn einen Geländewagen zu kaufen, dazu fehlte mir das nötige Kleingeld. Dagegen kostete ein TÜV-fälliger Peugeot 504 – so man ihn fand – nicht mehr als 200 DM. Ich las regelmäßig die Automarktseiten der Tageszeitung und stieß immer wieder auf so ein Schnäppchen.

Die günstig gekauften Autos waren fast ausschließlich Modelle aus den 70er-Jahren, noch kaum mit Elektronik, aber mit robusten Motoren ausgestattet. Ihnen gemeinsam war eine hohe Rostanfälligkeit, daneben hatte jedes Modell seine eigenen Unzulänglichkeiten. Beim Opel Kadett erhitzte sich in der Sommerhitze der Sahara die Benzinpumpe derart, dass das Benzin verdunstete. Ein um die Benzinpumpe gewickelter nasser Lappen, den wir alle zehn Minuten neu befeuchten mussten, schuf wirkungsvoll Abhilfe. Beim VW-Bus kam es wegen der fehlenden Wasserkühlung oft zu Überhitzung, und der besonders schlecht gekühlte dritte Zylinder zog immer wieder Motorschäden nach sich. Auf einer Fahrt im Sommer bei mörderischer Hitze – um 45 °C! – montierten wir die Nummernschilder ab und bauten aus ihnen Windfächer, die wie

Wellblechpiste

Nächtliche Reparatur

Autowracks bei Laouni

große Eselsohren an den Lufteinlassschlitzen für bessere Kühlung sorgen sollten.

Beim Peugeot 504 gab es diese Schwierigkeiten dank des Wasserkühlers nicht. Die Schwachstelle des 504 war die Korrosion an den vorderen Federbeinen, die dazu führte, dass die Federbeine durch die Karosserie brachen. Passierte dies in Reichweite einer Werkstatt, konnte das Problem durch aufwändige Schweißarbeiten behoben werden. Draußen in der Wüste blieb aber nur eines: die Handbohrmaschine und einen schweren Hammer aus der Werkzeugkiste holen und die durchbrechenden Federbeine mit Eisenarmierungen stabilisieren. Zu kämpfen hatten wir auch mit streikenden Anlassern, Kupplungen, die im Sand durchrutschten, Kühlern und Tanks, die leck geschlagen waren. Von Einheimischen lernten wir, solche Pannen einfallsreich zu beheben. Klemmende Anlasser ließen sich mit einem Hammerschlag lösen, leck geschlagene Kühler konnte man mit Kautabak abdichten und Risse im Tank mit einem Stück Seife kitten.

Bei meinen Wüstenfahrten im alten Peugeot gehörte dazu, dass ich, bevor ich aufbrach, einen zweiten Peugeot zum Ausschlachten kaufte. So führten meine Reisepartner und ich ein reiches Sortiment an Ersatzteilen mit: Ersatzkupplung, Ersatzkühler, oft aber auch komplette Motoren, Getriebe und Windschutzscheiben, die besonders schwer zu transportieren und vor Ort selten als Ersatzteil zu erhalten waren. So waren wir für fast jede Panne gerüstet, und nur ein einziges Mal auf 16 Reisen mit Peugeots 504 war ich gezwungen, ein Fahrzeug in der Wüste aufzugeben.

Der Totalausfall eines Autos war nicht nur eine Katastrophe für die Reisekasse. Passierte solch ein Ungemach in Algerien, standen dem Besitzer bürokratische Schwierigkeiten ins Haus. Bei der Einreise in das Land wurde jedes Fahrzeug in den Pass eingetragen, und die Zöllner an den Grenzübergängen in In Guezzam (Richtung Niger) und Timaouine oder Bordj Moktar (Richtung Mali) bestanden bei der Ausreise darauf, dass auch das Auto das Land wieder verließ, und sei es als Schrotthaufen. So mancher Wüstenfahrer durchlebte den Albtraum, sein liegen gebliebenes Auto für extrem viel Geld auf einem Lastwagen zur Grenze transportieren zu lassen, nur um das Wrack einem Zöllner vorzuführen. Auf den Parkplätzen hinter den algerischen Grenzstationen standen in den

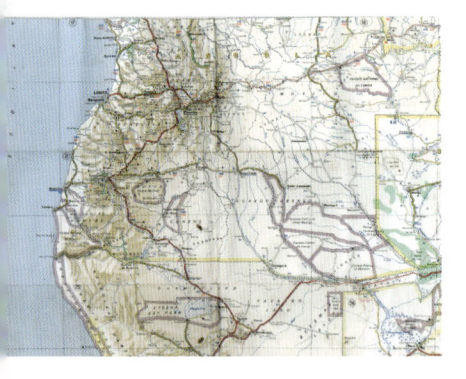

Reparatur der hinteren Radaufhängung

226 / Sand im Getriebe /

1980er-Jahren reihenweise Peugeots und VW-Busse aus Europa, die niemals abgeholt wurden.

Ganz pfiffige Saharadurchquerer wurden vorher Mitglied im ADAC und nahmen im gegebenen Fall die im Schutzbrief enthaltene Garantie in Anspruch, Fahrzeuge »aus allen ans Mittelmeer angrenzenden Ländern«, die vor Ort nicht zu reparieren waren, zurück nach Deutschland zu transportieren. Und wirklich machte sich in den 80er-Jahren in jedem Frühling ein Abschleppunternehmen aus Garmisch-Partenkirchen im Auftrag des ADAC auf den Weg in die Sahara, um aus Algerien oder aus Libyen schrottreife Peugeots und VW-Busse zurück in die Heimat zu bringen.

Das Risiko, bei einer Panne hilflos auf der Strecke liegen zu bleiben und Gefahr zu laufen, zu verdursten, ließ sich erheblich reduzieren, indem man im Konvoi fuhr. Ausgangspunkt waren die Campingplätze im algerischen Djanet oder Tamanrasset. Manche hatten sich schon zu Hause verabredet, sich dort zu treffen, andere trafen zufällig zusammen. Ich hatte dabei oft das Pech, dass die Autos meiner Konvoipartner in einem noch schlechteren Zustand waren als meine eigenen.

Mit Schrecken erinnere ich mich an den alten Citroën GS meines Freundes Sebastian, mit dem ich mich in Tamanrasset getroffen hatte und gemeinsam die einsame Piste nach Timiaouine fahren wollte. Nach 400 Kilometern zügiger Fahrt sackte der GS, ein Schwestermodell des legendären Citroën DS, plötzlich in sich zusammen, das Bodenblech schlug kreischend auf, Steine spritzten zur Seite. Der Wagen rührte sich nicht mehr von der Stelle und saß auf dem Wüstenboden auf – nicht einmal eine Hand ließ sich zwischen Bodenblech und Untergrund schieben: Hydraulikschaden. Die berühmte pneumatische Hydraulikfederung, ein kompliziertes System von Hydraulikpumpe, Federkugeln und vielen Metern Hydraulikleitungen, versagte. Übrigens ist sie die Achillesferse des GS. Nachdem wir den Wagen mit viel Mühe aufgebockt und das Hinterrad abgeschraubt hatten, war die Fehlerquelle, eine angeschlagene Hydraulikleitung, schnell entdeckt. Da half nur, die Leitung zu flicken, das ganze System zu entlüften und wieder Druck aufzubauen. Der Schweiß floss in Strömen, doch wir brachten die Reparatur zuwege. Mit dem Ergebnis, dass der GS sich für ein paar Sekunden in die sogenannte »Fahrposition« begab und

Unterwegs mit Sebastian und Steffi

Hydraulikschaden am Citroen GS

Die wiedergefundene Ventilkugel der Hydraulikpumpe

dann wieder in die Knie ging. »Bei Problemen mit der pneumatischen Hydraulikfederung ist die nächste Citroën-Vertragswerkstatt aufzusuchen«, belehrte uns ein Blick in die Bedienungsanleitung. Wir tranken einen Kanister Wasser leer und beugten uns wieder über den Motor. Die Hydraulikpumpe kam uns wie eine Blackbox vor. Noch wagte niemand von uns beiden, es auszusprechen: Wir müssen den Citroën stehen lassen. Wortlos räumte Sebastian das Gepäck aus dem Auto, baute die beiden Scheinwerfer aus. Wenigstens die sollten in Mali Geld bringen. Steffi, mit der ich die Reise unternahm, räumte die Rückbank unseres Peugeots 504 für Sebastian und seinen Mitfahrer frei. Da tauchten plötzlich in der Ferne zwei Laster auf, die ersten Fahrzeuge seit zwei Tagen. Als die letzte Luftspiegelung hinter ihnen lag und wir sie klar erkennen konnten, fiel unser Blick auf deutsche Zollkennzeichen: zwei Lkws, die durch die Sahara nach Schwarzafrika verschoben wurden. Sie kamen näher und hielten an. Einer der beiden Fahrer war Automechaniker und hatte in einer Citroën-Werkstatt gelernt! Aufgeregt schilderten wir ihm das Problem. In aller Seelenruhe untersuchte der Mechaniker die Hydraulikpumpe und stellte fest, dass die

Ventilkugel fehlte. Zu unser aller Überraschung holte Steffi eine winzige Stahlkugel hervor, die sie am Morgen unter dem Motor im Sand gefunden hatte: die Ventilkugel! Nun ging alles ganz schnell. Der Citroën-Mechaniker setzte mit geübten Handgriffen die Kugel wieder ein, Sebastian startete den Motor, das Auto gewann sofort Bodenfreiheit und blieb in der Fahrposition. Unter Freudentränen schenkte Sebastian dem Mann die Flasche Pastis, die für die korrupten Zöllner in Timiaouine gedacht war. Erleichtert gaben wir Gas, die beiden deutschen Lastwagen verschwanden langsam im Dunst. Wir fuhren in dem beruhigenden Gefühl, einen Citroën-Mechaniker hinter uns zu wissen.

22 Jahre später, im April 2007, saß ich in der marokkanischen Stadt Essaouira im Restaurant beim Essen, als mich ein deutscher Urlauber ansprach. Ob ich mich noch an ihn erinnere? Es war der Citroën-Mechaniker! Nach seiner Zeit als Autoschieber hatte er Pharmazie studiert und besitzt heute in Karlsruhe eine Apotheke.

Auf den Touren quer durch die Sahara war der Citroën GS eher ein Exot. Die meisten Wüstenfahrer fuhren im vergleichsweise soliden Peugeot 504, vorzugsweise in den Kombimodellen »Break«

Im Nigerbinnendelta Auf dem Weg zur Aussandung

Sand im Getriebe /

und »Familale«, die relativ geländegängig sind, vorausgesetzt, man hat sie nicht zu schwer beladen. Bedingt durch die französische Kolonialzeit und die nachkolonialen Handelsbeziehungen zu Frankreich war der Peugeot 504 in Algerien und Westafrika weit verbreitet, es gab überall Ersatzteile zu kaufen, in den örtlichen Werkstätten kannten die Mechaniker jede Schraube dieses Wagens. Bei den Saharafahrern erfreute er sich größter Beliebtheit, weil sich die Peugeots 504 in Obervolta, dem heutigen Burkina Faso, in Benin, Togo und in der Elfenbeinküste an Autohändler, an wohlhabende Geschäftsleute oder Funktionäre gewinnbringend verkaufen ließen.

Ein guter Peugeot 504, in Deutschland für wenige Hundert DM erstanden, brachte in Westafrika mehrere Hunderttausend CFA-Franc, eine an den französischen Franc im Verhältnis 1:50 gekoppelte konvertierbare Währung. Aus dem erzielten Gewinn konnte man mit etwas Glück und bei großer Sparsamkeit die Reise finanzieren, manchmal sogar einschließlich Rückflug. Moralische Bedenken hatten wir nicht, waren die Autokäufer doch immer wesentlich vermögender als wir selbst. Oft sahen wir, wie Tieflader aus dem Norden mit alten Peugeots 504 beladen in Bamako, der Hauptstadt von Mali, oder in Lomé, der Hauptstadt von Togo, eintrafen. Was für uns eine Möglichkeit war, unsere Reisekasse aufzubessern, galt bei manchen Gebrauchtwagenhändlern in Europa als das große Geschäft.

Die meisten Autoschieber waren damals Studenten und junge Leute aus Deutschland, Österreich, der Schweiz, Frankreich und den Niederlanden, die sich das Abenteuer Sahara sonst wohl nicht hätten leisten können. Es gab Tage, da hatten sich mehr als 100 Peugeotfahrer auf dem Campingplatz von Tamanrasset zusammengefunden, um gemeinsam die 600 Pistenkilometer nach Arlit in Niger zu bewältigen. Diese Art der Saharadurchquerung fand mit dem Beginn der Tuaregrebellion in Niger und Mali sowie mit dem Beginn des Bürgerkriegs in Algerien Anfang der 1990er-Jahre ein jähes Ende. Heute wird der Gebrauchtwagenmarkt Westafrikas von Fahrzeugen bedient, die per Schiff bis in die westafrikanischen Häfen transportiert werden. Das Geschäft wird heute nicht zuletzt auch von Afrikanern betrieben, die in Europa leben und sich damit begnügen, den Gebrauchtwagen zum Hafen nach Hamburg

Begegnung der Kulturen

Schon wieder eingesandet!

oder Rotterdam zu bringen und auf das Schiff verladen zu lassen. Wenn alte Autos, die in Westafrika verkauft werden sollen, auf dem Landweg dorthin gebracht werden, dann über die landschaftlich eintönige, fahrtechnisch harmlose Route über Marokko, die Westsahara und Mauretanien.

Doch zurück zu der Frage, inwieweit Pkws als Wüstenfahrzeuge tauglich sind. Neben der Pannenanfälligkeit kosteten uns vor allem die geringe Bodenfreiheit und der fehlende Allradantrieb Kraft und Nerven. Einmal schlichen wir mit unserem schwer beladenen Peugeot drei Tage über das steinige Fadnoun-Plateau in der algerischen Zentralsahara. Obwohl wir uns im Schritttempo vorwärts bewegten, setzte das Auto dauernd auf, die komplette Auspuffanlage war schon nach wenigen Kilometern abgerissen und reiste als zusätzliches Gepäckstück auf dem Dachgepäckträger mit. In Sandfeldern führte die geringe Bodenfreiheit dazu, dass das Bodenblech über den Sand schleifte, den Wagen abbremste und das Auto völlig im Sand versank.

Sand war für Pkw-Fahrer eine echte Herausforderung, insbesondere, wenn man ihm in Form von Sandfeldern begegnete, die sich Hunderte von Metern oder gar mehrere Kilometer weit erstreckten. Man konnte sie weiträumig umfahren, was aber viel Zeit und Sprit kostete. Oft wagten wir uns auf das Sandfeld vor, suchten nach der besten Passage, immer den Fuß am Gaspedal, falls eine blitzschnelle Reaktion vonnöten war. Solange man sich noch auf festem Untergrund bewegte, musste man das Auto beschleunigen. Dann, im Sand, hieß es sich festhalten und bei möglichst hoher Drehzahl so weit wie möglich durchkommen. Mit etwas Glück erreichte man mit letzter Kraft das rettende Ufer und hatte wieder festen Boden unter den Rädern.

Nicht selten aber blieb man mitten im Sandfeld hängen. Dann stieg man aus, begutachtete die Lage und holte die Sandbleche vom Dach, sogenannte Luftlandbleche aus Eisen, die noch aus Wehrmachtsbeständen stammten. Aluminium-Sandbleche, die viel leichter waren, konnten wir uns aus Geldmangel nicht leisten. Der Sand wurde unter dem Auto so weit weggeschaufelt, bis das Bodenblech des Wagens nicht mehr auf dem Sand auflag. Wenn man unter dem Auto hindurchsehen konnte, begann man damit, die Räder auszugraben, danach konnten endlich die Sandbleche unter

»Rückblickend kann ich sagen, dass selbst alte Autos in der Wüste ein erstaunliches Durchhaltevermögen an den Tag legen – vorausgesetzt, der Fahrer hat gute Nerven, versteht etwas von Reparaturen, kann wirklich Auto fahren und weiß, wie er seine Mitfahrer zum Schaufeln animiert.«

Sand im Getriebe /

die Antriebsräder geschoben werden. Der Fahrer setzte sich hinter das Steuer, die Mitfahrer, meist auch die aus den anderen Autos des Konvois herbeigeeilten Leute schoben an. Auf Kommando gab der Fahrer Gas, und alle schoben. Allzu oft kam man mit dieser Methode nur exakt anderthalb Meter weit – genauso lang waren die Sandbleche –, und das Auto versackte wieder im Sand. Das Procedere ließ sich abkürzen, wenn man den Luftdruck der Reifen absenkte. Dann trug der Sand wesentlich besser. Doch die Zeit und Kraft, die man dabei sparte, ging beim Aufpumpen der Reifen mit unseren Billigluftpumpen drauf.

Wenn wir im Winter bei angenehmen Temperaturen und blauem Himmel unterwegs waren, waren wir keinen extremen Belastungen ausgesetzt. Stiegen die Temperaturen im Sommer aber auf über 45 °C oder tobten tagelang Sandstürme, dann gerieten wir doch manchmal an die Grenze unseres Leistungsvermögens. Gerade bei der allergrößten Hitze war ich zum Entsetzen aller meiner Mitfahrer gezwungen, die Fahrzeugheizung voll aufzudrehen, um den Heizungskühler in den Kühlkreislauf einzubinden und so dem Motor verstärkt Hitze zu entziehen.

Rückblickend kann ich sagen, dass selbst alte Autos in der Wüste ein erstaunliches Durchhaltevermögen an den Tag legen – vorausgesetzt, der Fahrer hat gute Nerven, versteht etwas von Reparaturen, kann wirklich Auto fahren und weiß, wie er seine Mitfahrer zum Schaufeln animiert. Am Ende einer Saharareise hatten viele Wüstenneulinge diese Eigenschaften und Kenntnisse wenigstens im Ansatz erworben, auf jeden Fall aber waren sie zu »Sandfacharbeitern« aufgestiegen.

1987 bin ich vom Pkw auf Geländewagen umgestiegen, weil ich Gebiete in der Sahara und im Sahel bereisen wollte, die beim besten Willen nicht anders zu erreichen waren. In den folgenden Jahren fuhr ich mehrere Nissan Patrol, einen Geländewagen, dessen 6-Zylinder-Dieselmotor als extrem zuverlässig galt. Das Chassis war nicht ganz so stabil wie das eines Toyota Landcruisers, dafür lag der Anschaffungspreis deutlich niedriger. Ich war in diesen fünf Jahren mit vier verschiedenen Patrols in Afrika unterwegs – allesamt älter als zehn Jahre und mit Kilometerständen jenseits der 200.000. Insofern prägten Pannen und Reparaturen auch weiterhin meinen Reisealltag. Einmal brach mitten in der Ténéré das

Stecken geblieben im Sahel

Lenkgestänge. Allgemeine Ratlosigkeit, als die Vorderräder in unterschiedliche Richtungen zeigten. Armin, der mich auf jener Reise begleitete, zog wortlos eine gummierte Schelle aus seiner Hosentasche, die er, wie er später erklärte, 100 Kilometer östlich von einem bei der Rallye Paris-Dakar verunglückten Lkw abgeschraubt hatte. Das Teil passte perfekt und hielt tadellos bis in das 700 Kilometer entfernte Agadez.

Geländewagen, stellte ich auf meinen Reisen fest, hatten alles, was ich brauchte, um in der Wüste voranzukommen, selbst unter schwierigsten Bedingungen. Auf holprigen, steinigen Strecken lernte ich die große Bodenfreiheit und das stabile Fahrwerk schätzen, auf sandigen Strecken den Allradantrieb, der ein Einsanden meist verhinderte oder bei einer Einsandung dafür sorgte, dass man ohne zeitraubende Grabungen wieder freikam. Und klappte es einmal nicht mit dem Allradantrieb allein, gab es noch die Möglichkeit, den Reifendruck zu reduzieren und das untersetzte Differenzialgetriebe zuzuschalten. Nur ganz selten brauchte ich noch die Sandbleche, die ich aber dennoch immer mitführte. Dank der Nissan-Patrol-Geländewagen, mit denen ich vom Nil zum Niger unterwegs war und mehrmals die Ténéré-Wüste durchquerte, habe ich die entlegensten Regionen der Sahara und des Sahel kennengelernt.

1992 wandte ich mich dann wieder dem östlichen und südlichen Afrika zu. Wer durch diese Länder fährt, braucht eigentlich keinen Geländewagen, so gut sind sie erschlossen. Die Fernstraßen sind meist asphaltiert, und fast überall gibt es problemlos befahrbare Pisten. Bei dem Gedanken, dort mit dem Geländewagen herumzufahren, überkam mich ein Gefühl von Langeweile. Eine neue Herausforderung musste her: das Motorrad. Auf dem Motorrad würde ich Afrika nicht nur durch die Windschutzscheibe, sondern ganz unmittelbar erleben.

Ich hatte das Glück, dass BMW nach zahlreichen Verhandlungsgesprächen drei Motorräder für die Tour zur Verfügung stellte und Lufthansa den Transport der Motorräder von München nach Nairobi, der Hauptstadt Kenias, sponserte. Ich unternahm diese Reise mit drei Freunden, Gregor, Kay und Christoph. Alle vier hatten wir seit dem Erwerb des Motorradführerscheins nicht mehr auf einem Motorrad gesessen.

Aussandung des Motorrads

Äthiopischer Mönch als Beifahrer

232 / **Sand im Getriebe** /

Die Motorräder wurden uns in der Tiefgarage des BMW-Fuhrparks übergeben. Es dauerte eine Weile, bis es uns gelang, die Maschinen zu starten und die Rampe der Tiefgarage hochzufahren. Durch den Münchner Feierabendverkehr tasteten wir uns vorsichtig hinaus zum Flughafen, wo die Motorräder nach Kenia verladen werden sollten. Die ersten Kilometer in Afrika, mitten im Stadtverkehr von Nairobi, waren eine einzige Horrortour. Ein paar Tausend Kilometer weiter kam es uns dann so vor, als hätten wir nie etwas anderes getan, als mit dem Motorrad durch die Landschaften Ostafrikas zu fahren.

Ich hatte mir nicht vorgestellt, was der Umstieg vom Auto auf das Motorrad bedeutet. Reichweite und Nutzlast liegen deutlich unter denen eines Geländewagens. Ersatzkleidung musste weitgehend gestrichen werden, und mangels eines Tellers aßen wir aus dem Topf. Und vor allem ist Motorradfahren mental und physisch deutlich anstrengender als Autofahren, insbesondere für einen Fotografen, der anhalten möchte, sobald er ein interessantes Fotomotiv sieht. Dann musste ich mich erst einmal aus der Schutzbekleidung schälen, das Motorrad sicher aufbocken, die Kameratasche mühsam abschnüren, Motorrad und Gepäck im Blick behalten und nebenbei noch ein gutes Bild machen. Viel häufiger als im Auto redete ich mir ein, wenn ich ein Motiv sah, es wird schon noch einmal ähnlich wiederkehren – nur um bloß nicht anhalten zu müssen. Ich wunderte mich nicht mehr darüber, warum kein Profifotograf mit einem Motorrad unterwegs ist – von den Paparazzi einmal abgesehen.

Diese Nachteile nahm ich gern in Kauf. Endlich hatte ich das Gefühl, nicht länger in einem Blechkäfig zu reisen. Wie ich es mir vorgestellt hatte, fühlte ich mich auf dem Motorrad wesentlich näher dran am Land. Ich spürte jeden Temperaturunterschied, jeden aufkommenden Wind, all die unterschiedlichen Gerüche, hielt die Bodenbeschaffenheit regelrecht in den Händen. Und das Wichtigste: Ich war näher an den Menschen. Die Afrikaner und später dann auch die Menschen in anderen Erdteilen reagierten immer mit Interesse auf unsere Motorräder. Ihre Reaktionen reichten von simpler Neugier bis hin zu großer Hilfsbereitschaft.

Noch einen anderen Vorteil brachte das Motorrad: Trafen wir auf Polizisten, Sicherheitsbeamte oder Militärs, fragten sie uns nicht,

Das Motorrad als Attraktion   Motorradtransport auf dem Niger   Verstopfte Benzinpumpe

ob unsere Papiere in Ordnung seien, woher wir kämen oder wohin wir wollten, sondern sie erkundigten sich interessiert nach den technischen Details unserer Motorräder. In Kenia war die häufigste Frage: »How many cc? – Wie viel Hubraum?« In Mali riefen Polizisten beim Blick auf den Tacho ungläubig: »Deuxcentquarante? – 240 Stundenkilometer?« Im motorradbegeisterten Indien hingegen hörten wir angesichts der glitzernden Maschine fast jedes Mal: »How much? – Wie viel?«

Für Reisen durch Afrika und die Wüsten kamen nur sogenannte Reise-Enduromotorräder in Frage. Bauweise und Bereifung sind bei diesem Motorradtyp für Pisten und Geländefahrten ausgelegt. BMW brachte 1980 mit der R 80 GS den Urtyp des Enduro-Motorrads auf den Markt. Diese GS-Modelle wurden laufend fortentwickelt und behaupten sich bis heute erfolgreich auf dem Markt. Auch meine Reisen fanden mit GS-Modellen statt. Meine erste Motorradreise von Kenia nach Kapstadt machten wir auf drei BMW-Motorrädern R 100 GS, die noch den alten Boxermotor besaßen. Meine Reise zu den Nilquellen unternahm ich mit einer zum Gespann umgebauten 100 GS und der moderneren R 1100 GS, die nicht nur ein neues Fahrwerk, sondern auch einen komplett neuen Boxermotor hatte. Bei meinen Reisen durch die Wüsten Afrikas kam dann wieder eine R 1100 GS zum Einsatz, auf der wir zu zweit unterwegs waren. Für das Projekt »Die Wüsten der Erde« fuhren wir die R 1150 GS. Sie war vom Zubehörhersteller Touratech mit einem 42-Liter-Tank und einer Keramikkupplung ausgestattet worden. Bei meinem neuen Projekt habe ich mich für die 2007 auf den Markt gekommene BMW R 1200 GS Adventure entschieden, die sich schon wegen ihres großen Tanks sehr gut für die Wüste eignet. Außerdem wurden durch Touratech noch einige Ergänzungen montiert, vor allem wieder eine Keramikkupplung.

Motorradfahren ist in der Wüste um ein Vielfaches anstrengender als Autofahren. Jeder kleinste Fahrfehler kann zu einem Sturz führen, und so ist der Blick des Fahrers in der Regel auf die Strecke gerichtet, für die Landschaft und die Suche nach Motiven bleibt weniger Aufmerksamkeit übrig. Das Gelände erfordert permanente Wachsamkeit. Tiefsand, Geröll, Bodenunebenheiten oder Kurven müssen durch blitzschnelle Verlagerung des Körpers ausgeglichen werden. Anders als bei hubraumstarken Dieselgeländewagen muss

»Und nicht zuletzt macht Motorradfahren einfach Spaß. Es gehört zu den schönsten Gefühlen überhaupt, auf einer weiten Wüstenfläche dahinzugleiten, die eigene Spur zu ziehen und vielleicht auch mal für ein paar Minuten richtig Gas zu geben.«

Sand im Getriebe /

man häufig schalten, Gas geben und bremsen. Außerdem ist der Motorradfahrer den Witterungseinflüssen unmittelbar ausgesetzt. Kein Dach schützt vor Sonne und Regen, keine Windschutzscheibe vor Sandsturm, keine Heizung schafft trotz Minustemperaturen behagliche Wärme im Innenraum. Sicher, das Motorrad war mit beheizten Lenkgriffen ausgestattet, und wir trugen beheizte Westen – aber das machte Temperaturen von unter minus 20 °C, wie wir sie auf dem Motorrad im südamerikanischen Altiplano erlebten, nicht viel erträglicher.

Angesichts solch extremer Erfahrungen frage ich mich manchmal, warum ich überhaupt mit dem Motorrad durch die Wüsten fahre. Die Antwort ist nicht schwer. Da sind die genannten Gründe, da ist aber auch das gute Gefühl, abends die Maschine auf den Hauptständer zu stellen, das Gepäck abzuladen und das Nachtlager einzurichten, da ist das Wissen, etwas geschafft und erlebt zu haben. Und nicht zuletzt macht Motorradfahren einfach Spaß. Es gehört zu den schönsten Gefühlen überhaupt, auf einer weiten Wüstenfläche dahinzugleiten, die eigene Spur zu ziehen und vielleicht auch mal für ein paar Minuten richtig Gas zu geben.

Unterwegs zur Spitzkoppe in Namibia

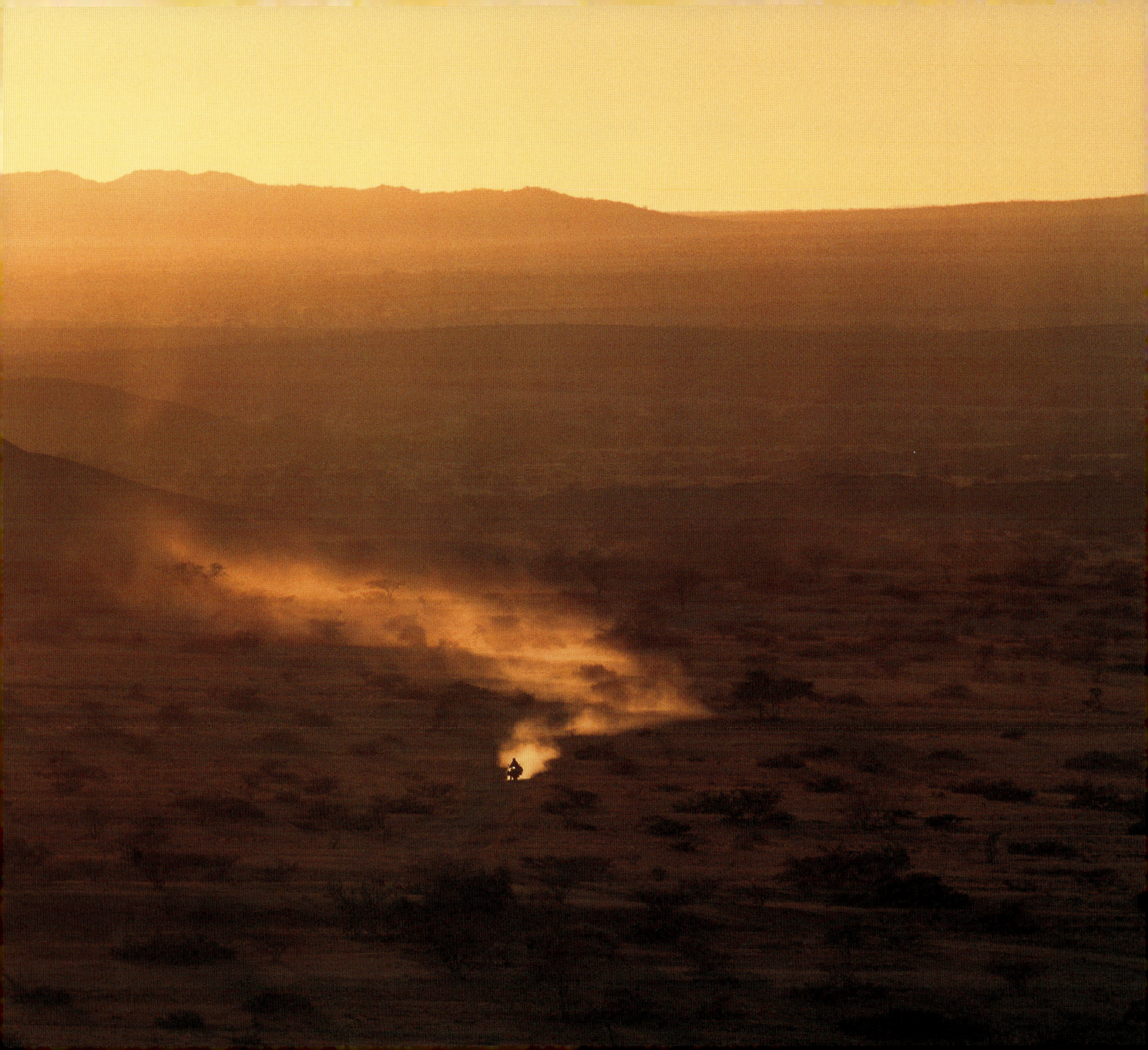

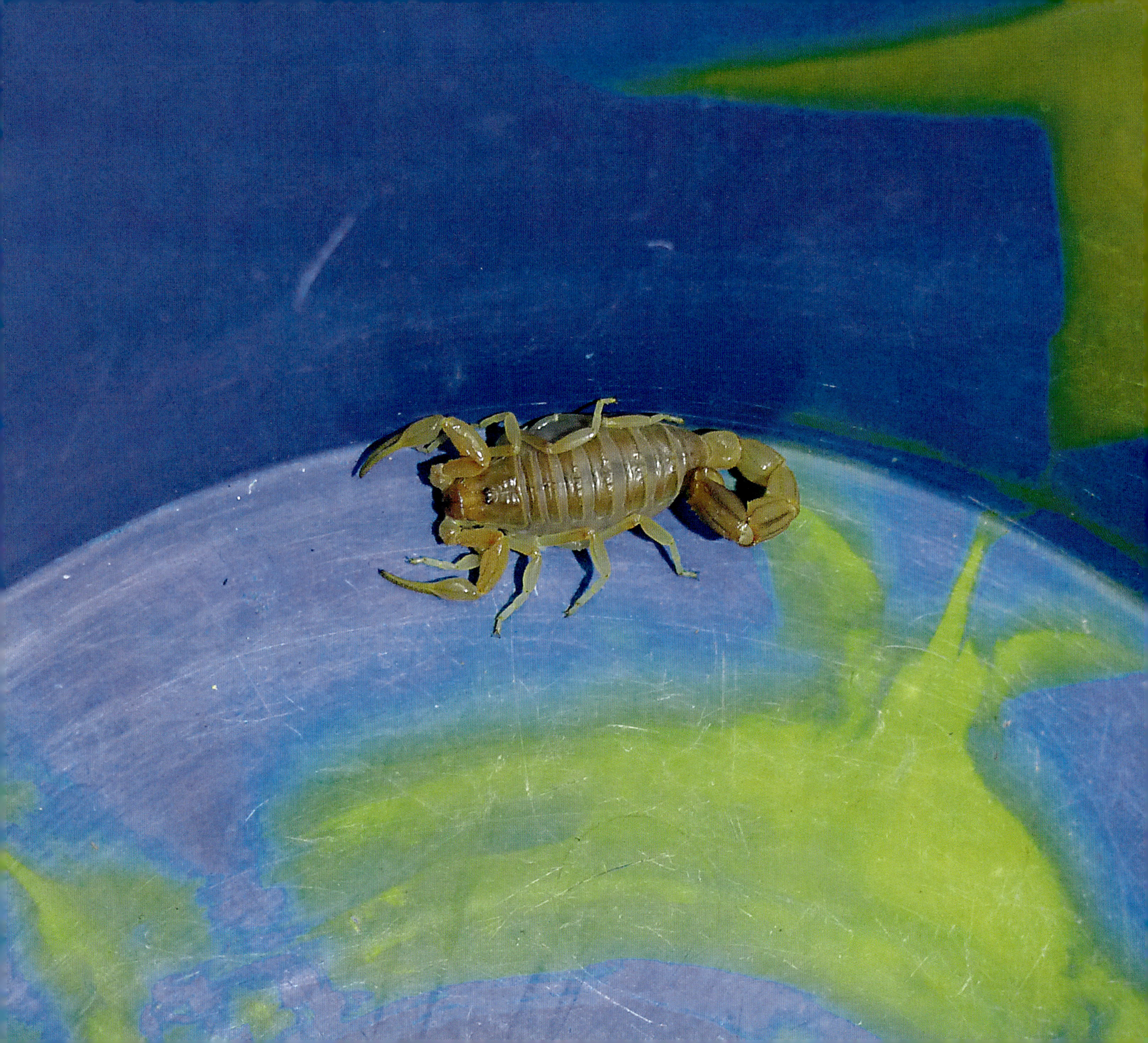

→→ Wüstenlatein

»Die Sahara ist ein heißes Land, in dem es sehr kalt werden kann.« Dieses arabische Sprichwort gilt für alle Wüsten der Erde.

Anders als das Kamel ist der Mensch physiologisch nicht an die Wüste angepasst – ohne Bekleidung könnte er an einem heißen Tag nicht mehr als acht Stunden überleben. Der Mensch hat sich im Lauf der Jahrhunderte kulturell an die extremen Bedingungen adaptiert. Beispielsweise hat er gelernt, Zelte zu bauen und Kleidung zu tragen: So tragen die Tuareg weite, mehrschichtige Gewänder, die vor Sonnenstrahlen, Überhitzung und vor Auskühlung schützen. Mir hingegen war bei einer meiner ersten Wüstenreisen, im Juni 1982 in Algerien, nichts Besseres eingefallen, als literweise Wasser über meine Kleidung zu kippen, in der vergeblichen Hoffnung, so die mörderische Hitze, die uns auf der gesamten Fahrt begleitete, aushalten zu können.

Temperaturen von über 45 °C sind in den Wüsten während der Sommermonate normal. Nachts herrschen in dieser Jahreszeit, anders als oft angenommen, keinesfalls Temperaturen unter null Grad. Die tageszeitlichen Temperaturschwankungen sind zwar größer als in den gemäßigten Breiten, doch nicht ganz so extrem, wie man immer hört: Nach einem heißen Wüstentag wird es nachts nicht kälter als 25 °C. Im Winter sind die Unterschiede zwischen der Tag- und Nachttemperatur ebenfalls höher als in Mitteleuropa, aber einer kalten Winternacht mit Minustemperaturen folgt kein heißer, sondern ein angenehm warmer, ja bisweilen sogar kühler Wüstentag. Die jahreszeitlichen Temperaturschwankungen sind allerdings extrem, vor allem in den Kontinentalwüsten. Im Gegensatz zu den küstennahen Wüsten sorgt hier kein naher Ozean für Temperaturausgleich. In der mongolischen Gobi steigen die Temperaturen beispielsweise im Sommer auf 45 °C und fallen im Winter nachts auf unter minus 40 °C.

Extreme Hitze habe ich einige Male in der Sahara erlebt. Im August 2006 verbrachte ich mit meinen Kindern mehrere Tage in Chinguetti (Mauretanien). An den Nachmittagen näherte sich die Temperatur der 50 °C-Marke. Wir waren zu keinerlei Bewegung mehr fähig, der Wasserverbrauch stieg auf acht Liter pro Person und Tag. Die höchsten Temperaturen erlebte ich im August 1997 am Assal-See in der Danakil-Wüste (Dschibuti), mit über 150 Metern unter dem Meeresspiegel einer der tiefsten Punkte Afrikas.

Mittagshitze in Mauretanien   48 °C im Schatten   Acht Liter Wasserbedarf pro Tag

Wüstenlatein /

Das Thermometer zeigte 48 °C im Schatten an. Glücklicherweise brachte mich das Motorrad in zwei Stunden an die kühlere Küste.

Es gibt Menschen, die vertragen Kälte besser als Hitze. Bei mir ist es umgekehrt. In den heißen Mittagsstunden macht es mir daher nichts aus, mich in den Wagen beziehungsweise auf das Motorrad zu setzen und weiterzufahren – statt wie jeder vernünftige Mensch eine längere Siesta zu halten und die Reise am späten Nachmittag fortzusetzen, wenn die Sonneneinstrahlung ein wenig nachlässt. Musste ich unter der sengenden Sonne allerdings das Auto reparieren oder aus dem Sand befreien, schwand mein Elan sehr schnell dahin.

Nach wenigen Reisen mied ich den Sommer und reiste überwiegend im Winter. Gründe dafür waren nicht nur die unangenehme Hitze, sondern vor allem die Lichtverhältnisse, die zum Fotografieren denkbar ungünstig sind. Im Wüstenwinter ist nicht nur das Licht schöner, sondern der Himmel ist auch von einem tiefen Blau, die Fernsicht scheinbar unendlich, und eine niedrig stehende Sonne sorgt für Plastizität und lange Schatten. Aber der Winter hat auch Nachteile, und zwar die kurzen Tageszeiten und die niedrigen Abend- und Nachttemperaturen. Kaum ist die Sonne verschwunden, wird es ungemütlich. Nicht immer fanden wir tagsüber genügend Holz, um uns nach Sonnenuntergang an einem Feuer zu wärmen, und so verbrachte ich manchen Abend ab spätestens 19 Uhr im Schlafsack. Die kältesten Wüstennächte stand ich auf dem bolivianischen Altiplano durch. Aufgrund der Höhe von gut 4.000 Meter über dem Meeresspiegel fielen die Temperaturen auf unter minus 20 °C. Die dünne Luft, die körperliche Auszehrung – das Motorradfahren war anstrengend und kräfteraubend – und ein leerer Magen machten die Stunden bis zum ersehnten Sonnenaufgang zur Qual.

Hitze allein ist für die Wenigsten, die in der Wüste unterwegs sind, bedrohlich. Eher können die Begleitumstände ihnen gefährlich werden. So sind Schlangen und Skorpione in den heißen Sommermonaten aktiver als im kalten Winter. Im Sommer wüten auch die meisten Sandstürme. Letztlich sind auch Autos – man denke nur an die Beanspruchung der Reifen und des Kühlsystems – in den heißen Monaten anfälliger für Pannen. Man könnte das Wüstenreisen mit dem Bergsteigen vergleichen: Neben Routenwahl,

Eisblumen in einer Hütte auf dem Altiplano

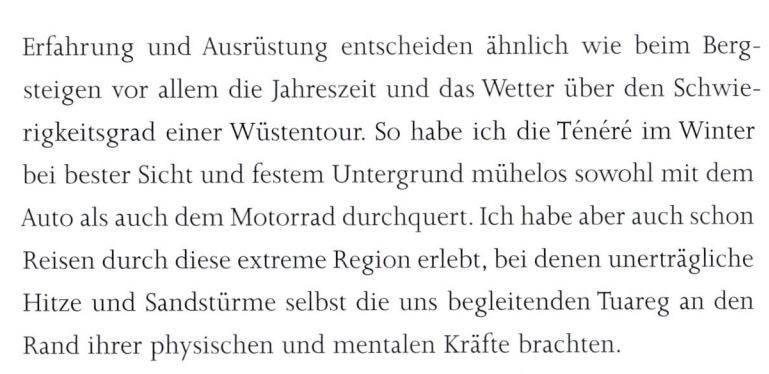

Feuer bei minus 20 °C

239 /

Erfahrung und Ausrüstung entscheiden ähnlich wie beim Bergsteigen vor allem die Jahreszeit und das Wetter über den Schwierigkeitsgrad einer Wüstentour. So habe ich die Ténéré im Winter bei bester Sicht und festem Untergrund mühelos sowohl mit dem Auto als auch dem Motorrad durchquert. Ich habe aber auch schon Reisen durch diese extreme Region erlebt, bei denen unerträgliche Hitze und Sandstürme selbst die uns begleitenden Tuareg an den Rand ihrer physischen und mentalen Kräfte brachten.

1984 hatten wir auf dem südlichen Abschnitt der Tanezrouft-Piste eine Autopanne, die einen meiner Reisepartner fast das Leben gekostet hätte. Während wir mit der schwierigen und langwierigen Autoreparatur beschäftigt waren, brach Ralf zu einem ausgedehnten Spaziergang auf, ohne Wasser mitzunehmen. Anders als wir bemerkte er nicht, dass sich von Norden eine Sandsturmwalze heranschob. Als er die dunkle Wand hinter sich endlich wahrnahm, war es zu spät. Sie verschluckte ihn völlig. Zu unserer großen Erleichterung tauchte er am nächsten Tag wieder auf. Tuareg brachten ihn zurück zu unseren Autos. Sie waren auf den einsamen Spaziergänger aufmerksam geworden, hatten sich an seine Fersen geheftet und ihn im Sandsturm gefunden, dann in ihr Lager gebracht und dort bestens versorgt.

Wenn man auf die Gefahren der Wüste zu sprechen kommt, denken viele Europäer – neben der Hitze – vor allem an Schlangen und Skorpione. Weltweit werden Jahr für Jahr 500.000 Menschen von Schlangen gebissen. Wer durch die Wüste reist, bekommt trotzdem kaum eine Schlange oder einen Skorpion zu Gesicht, und schon gar nicht in den Wintermonaten, wenn die Kälte die Tiere unbeweglich werden lässt und sie sich eingraben. Zudem sind sie nachtaktiv. Und schließlich kann man sich vorsehen. Auf all meinen Reisen durch die Wüsten bin ich nur dreimal einer Schlange zu nahe gekommen, ohne dass ich aber gebissen worden wäre. Einmal nur hat mich ein kleiner Skorpion gestochen.

Grundsätzlich gilt, dass Bewuchs und Feuchtigkeit, zum Beispiel in einem ausgetrockneten Flusslauf, erhöhte Gefahr bedeuten, denn Vegetation ist immer Teil einer tierischen Nahrungskette und Anziehungspunkt auch für Gifttiere. Wer hohe, feste Schuhe trägt, in der Dunkelheit mit der Taschenlampe den Weg ausleuchtet und im Zelt schläft, vermeidet ungewollte Begegnungen und

»Man könnte das Wüstenreisen mit dem Bergsteigen vergleichen: Neben Routenwahl, Erfahrung und Ausrüstung entscheiden ähnlich wie beim Bergsteigen vor allem die Jahreszeit und das Wetter über den Schwierigkeitsgrad einer Wüstentour.«

Wüstenlatein /

reduziert die Gefahr eines Schlangenbisses oder Skorpionstichs somit erheblich – schließlich beißen oder stechen die Gifttiere nur, wenn sie sich in die Enge getrieben fühlen. Anderseits tauchen sie meist dann auf, wenn man sie gar nicht erwartet. Schon mancher Autofahrer sah sich bei einem Reifenwechsel mit einer Schlange konfrontiert, die sich im Radhaus versteckt hatte und seit längerer Zeit mitfuhr. 1989 packte ich gerade das Fluggepäck für unsere Heimreise – nach der Durchquerung der Ténéré wollten wir von N'Djamena, der Hauptstadt des Tschad, aus nach Hause fliegen –, als ich in eine Expeditionstonne fasste und von einem Skorpion gestochen wurde. Glücklicherweise war es ein winziger, nicht hochgiftiger Vertreter seiner Gattung. Die Schmerzen ließen mich aber ahnen, was ein großer Skorpion anrichten kann.

Auch meine Begegnungen mit Giftschlangen sind mir unvergesslich geblieben, zumal sie nicht ganz ungefährlich waren. 1990 lag ich nachts im Sand der Ténéré in meinem Schlafsack, als ich mich umdrehte und mein Blick auf eine Sandviper fiel, die es sich direkt neben mir bequem gemacht hatte. In der Wüste Namib wäre ich im August 1997 beim Aussteigen aus dem Auto um ein Haar auf eine lebensgefährliche Korallenschlange getreten, die gerade noch flüchten konnte. Ebenfalls in der Namib hätte mich 2001 beinahe eine Puffotter gebissen. Sie hatte genau dort ihr Erdloch, wo ich Feuerholz sammelte. Seitdem halte ich beim Holzsammeln die Augen offen.

»In der Wüste ertrinken mehr Menschen, als dass sie verdursten«, sagt ein Sprichwort der Tuareg. Da die wenigen Niederschläge oft in Form von Wolkenbrüchen niedergehen, kann der ausgetrocknete Boden kaum Wasser aufnehmen. Es fließt ab, sammelt sich in Trockenflusstälern und verwandelt sie in reißende Ströme. Entlang dieser Wadis sind herausgerissene Bäume und weggeschwemmte Brücken eindrückliche Zeugen dafür, welche Gewalt die Wassermassen haben. Die tückische Gefahr liegt darin, dass Hunderte Kilometer entfernt heftige Regenfälle eine Sturzflut auslösen können, deren Flutwelle heranrast, während man ahnungslos unter Sternen lagert. Für mich ist es daher oberstes Gebot, bloß nicht in einem Trockenflusstal mein Lager aufzuschlagen.

Luftspiegelung am Wau en Namus

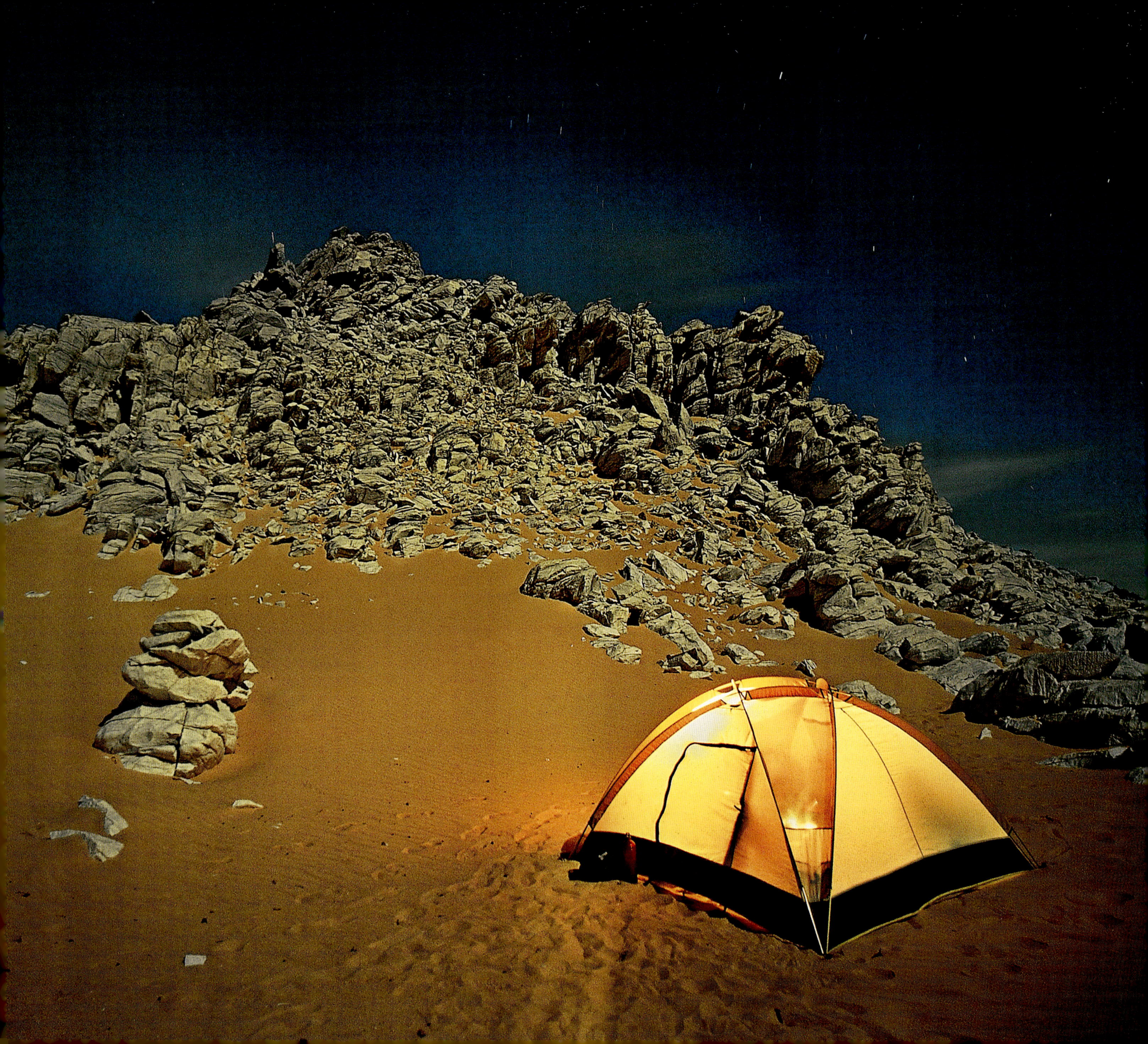

Übernachtung in den Marmorbergen der Ténéré

→→ Vollpension

Ein Drittel seiner Lebenszeit verbringt der Mensch im Bett. Auf Reisen sind es »Betten«, die nicht unterschiedlicher sein könnten. Der unangenehmste Schlafplatz, auf dem ich in meinen 30 Reisejahren jemals eine Nacht hinter mich gebracht habe, war ein Schalensitz im eiskalten Busbahnhof von Chicago. Dort strandete ich eines Abends, als ich mit 18 um die Welt trampte. Am Sitz war ein klappbarer Videoschirm installiert, auf den ich meinen Kopf bettete. Die unbequeme Körperhaltung, Lautsprecherdurchsagen, gleißendes Neonlicht und die Angst um mein Gepäck ließen mich immer wieder aus einem oberflächlichen Minutenschlaf hochschrecken. Die Nacht zuvor hatte ich – ebenfalls aus Geldnot – bei McDonald's verbracht, mit dem Vorteil, dass es dort wenigstens warm war.

Die vornehmste Schlafstatt durfte ich auf meinen Reisen durch die Wüsten der Welt genießen. Elke und ich erhielten eine Einladung der Hotelleitung ins Sieben-Sterne-Hotel »Burj al Arab« in Dubai. Das Hotel machte seinem Ruf alle Ehre. Am meisten beeindruckte uns aber der spektakuläre Blick aus über 300 Meter Höhe auf das aus dem Wüstensand sich erhebende Dubai. Doch auch der wandgroße Spiegel im Badezimmer, der trotz ewiger Duschorgien nicht anlief, fand unsere volle Bewunderung.

Andere Hotelaufenthalte verliefen weniger friedlich. Auf unserer Fahrt durch die Peruanische Küstenwüste übernachteten Elke und ich in der Stadt Ica in einem einfachen Hotel. Unser Zimmer lag im vierten Stock. Mitten in der Nacht krachte es fürchterlich. Bevor wir noch recht bemerkten, dass der Badezimmerspiegel von der Wand gefallen und am Boden zersplittert war, setzten weitere Erdstöße ein, alles begann wieder zu wanken, und wir wurden heftig durchgeschüttelt. In Todesangst sprangen wir aus den Betten, rissen die Zimmertür auf und stürzten das enge Treppenhaus hinunter. Als wir unten ankamen, war das Erdbeben vorbei. Erst jetzt kam uns zu Bewusstsein, dass wir uns in einem erdbebengefährdeten Gebiet befanden. Einige Jahre später, im August 2007, wurde Ica von einem verheerenden Erdbeben heimgesucht, bei dem über 500 Menschen den Tod fanden.

Ein zweites Mal stand ich in einem Hotel Todesangst aus. Im April 2006, auf der Tour durch die nordamerikanischen Wüsten, machte ich in Los Angeles kurz Zwischenstation und fand in einer

> »Ich weiß nicht, wie viele Nächte ich in meinem Leben draußen unter dem Wüstenhimmel verbracht habe. Es werden mehr als 1.000 sein.«

der trostlosen Vorstädte ein Motelzimmer. Es war schon spät, aber ich konnte nicht schlafen und trat unschlüssig vor die Zimmertür, die auf den Innenhof des Motels hinausging. Im selben Moment fuhr ein schwerer Wagen in den Innenhof, direkt auf mich zu. Wenige Meter vor mir bremste er scharf ab, und im Widerschein der Lichtreklame sah ich zwei finster aussehende Männer in dem Wagen sitzen. Der Fahrer kurbelte das Fenster herunter. »Hey Brother, come here«, heischte er mich in einem Ton an, der keinen Widerspruch duldete. Einen langen Augenblick fürchtete ich, er würde den Revolver ziehen und auf mich schießen, wenn ich zurück ins Zimmer flüchtete. Dann sagte ich mir, dass ich zu viele Gangsterfilme gesehen haben musste. Also ging ich todesmutig auf ihn zu und fragte höflich, ob ich ihm behilflich sein könne. Ja, er wolle Feuer für seine Zigarette, war die Antwort.

In den Wüsten hingegen stellt sich die Hotelfrage eher selten. Fast immer lagerte ich unter freiem Himmel. Da die unendliche Weite vielerlei Übernachtungsmöglichkeiten bietet, entspann sich unter meinen Reisegefährten häufig eine Diskussion über den richtigen Lagerplatz. Manche wollten in Sichtweite der Straße oder Piste nächtigen, so könnten sie bei einem möglichen Überfall auf die Hilfe Vorüberfahrender hoffen. Sie hätten gegebenenfalls lange warten müssen, denn nur auf »belebten« Strecken kamen überhaupt ein paar Fahrzeuge vorbei. Andere zogen einen nicht einsehbaren Lagerplatz vor. Elke wiederum hatte eine Abneigung gegen Mulden, und wären sie nur wenige Zentimeter tief gewesen. Im Allgemeinen ließ man sich bei der Suche nach einem Lagerplatz von der Windrichtung, dem Untergrund und der Exposition gegenüber der Abend- und Morgensonne leiten. Mehr als einmal hatten wir das Lager schon fertig eingerichtet, bekamen dann ein ungutes Gefühl, was die Sicherheit anbelangte, und machten uns erneut auf die Suche nach einem besseren Übernachtungsplatz. Ein Zelt wurde nur aufgebaut, wenn Moskitos, Regen oder Kälte keine andere Wahl ließen. In den meisten Fällen bestand mein Nachtlager aus einer blauen, zerschlissenen Plastikplane, einer löchrigen Thermarest-Decke und dem Schlafsack.

Ich weiß nicht, wie viele Nächte ich in meinem Leben draußen unter dem Wüstenhimmel verbracht habe. Es werden mehr als 1.000 sein. Ein einziges Mal wurde die absolute Stille der Wüsten-

Hotel unter den Sternen

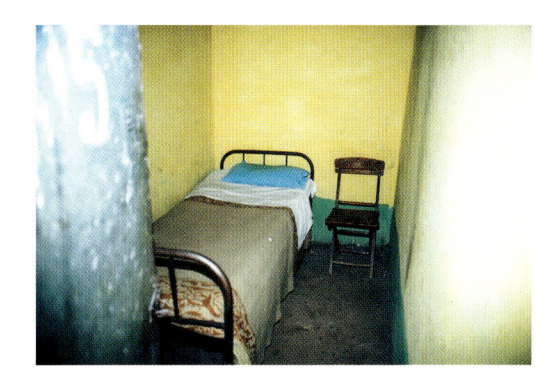

Null-Sterne-Hotel

nacht gestört. Mit einigen Reisegefährten lagerte ich in der algerischen Sahara und schlief seelenruhig in meinem Schlafsack, als plötzlich Hunde den Übernachtungsplatz überfielen und sich erst knurrend über unsere Essensreste und dann über uns hermachten. Im ersten Schreck griffen wir uns Steine, die in der Geröllwüste reichlich vorhanden waren, und warfen sie nach den Hunden, um sie zu vertreiben. Mehrere Steine trafen nicht die Hunde, sondern einen Reisepartner im Schlafsack, sodass zwischen dem Hundegebell immer wieder Schreie ertönten. Am lautesten schrie ein Gefährte, der aus dem Schlaf gerissen wurde, als ihn ein Hund durch den Schlafsack in den Fuß biss.

Unterwegs kommt man, insbesondere wenn man mit dem Motorrad reist, immer wieder mit Einheimischen ins Gespräch, und häufig erhielt ich die Einladung, bei ihnen zu Hause zu übernachten. Vielfach bestanden meine Gastgeber darauf, dass ich im Haus, oft genug im freigemachten Ehebett, schlafen sollte.

Gern erinnere ich mich auch an die Nächte in den Jurten der Nomaden in Zentralasien. Dutzende davon stehen am Karakulsee im Pamir. Überragt werden sie vom Eisriesen Muztagh Ata, dessen Schmelzwasser die Hochweiden bewässern, auf denen die Kirgisen Jaks und Pferde halten. Im letzten Tageslicht erreichten Elke und ich den über 4.000 Meter hoch gelegenen See. Es war bitterkalt, so waren wir froh über die spontane Einladung eines jungen Hirten, uns in seine Jurte zu folgen. Dort empfing uns Mirkamil, charismatisches und warmherziges Oberhaupt der aus drei Generationen bestehenden Kirgisenfamilie, die in dieser Jurte zusammenlebte. Mittelpunkt der kreisförmigen Jurte und damit des Familienlebens war der glühende Ofen. Mit getrocknetem Jakdung befeuert, hielt er die Jurte trotz der klirrenden nächtlichen Kälte angenehm warm. Nach einem üppigen Mahl aus Jakfleisch und Nudeln wurde uns ein Lager aus Jakfellen bereitet, auf dem wir wie im Himmel schliefen.

1995 im Norden Äthiopiens hätte ich allerdings besser daran getan, ein gastfreundliches Angebot auszuschlagen und unter freiem Himmel zu nächtigen. Mönche des Klosters Debre Damo hatten meinen Reisegefährten und mir einen Schlafplatz in einem stallähnlichen Gebäude angeboten. Ich schlief auf Heu gebettet in meinem Schlafsack, wurde aber nachts mehrmals wach, weil ich

Spaghetti einmal täglich

Kekse mit Senf

Stollen in der Sahara

Vollpension /

erst an der Schulter, dann an den Armen und schließlich am ganzen Körper ein Jucken verspürte. Nach dem Aufstehen war ich übersät mit gut 200 roten, heftig juckenden Flecken. Ich fühlte mich elend und wurde zusehends besorgter, da mir die Mönche wie auch die Dorfbewohner unisono versicherten, sie hätten so eine Hautreizung noch nie gesehen.

Ein paar Stunden später entzündeten sich die roten Flecken an den Stellen, wo sie mit meiner Kleidung in Berührung kamen. Ich kaufte mir auf dem Markt einen viel zu großen Trainingsanzug, schnitt die Bündchen ab, damit der Stoff nicht auf der Haut scheuerte, und beobachtete mit einer gewissen Panik, wie sich die entzündeten Stellen weiter ausbreiteten. Die schlimmsten Krankheiten gingen mir durch den Kopf. Erst am Abend, als ich auf dem Rücken eines meiner Reisepartner auch einen roten Fleck entdeckte, beruhigte ich mich ein wenig. Es war also doch keine innere Krankheit. Die Bekämpfung der Entzündungen erforderte Unmengen von Salben. Erst nach zwei Wochen fühlte ich mich wieder wohl in meiner Haut. Heute weiß ich, dass mich Wanzen so zugerichtet hatten. In einem Guesthouse in Tibet begegnete ich ihnen 2002 wieder, doch diesmal lag die Zahl der Bisse glücklicherweise im einstelligen Bereich.

Was das Essen unterwegs angeht, so muss dies nicht so eintönig sein, wie es angesichts der kargen Landschaften, die man durchquert, zu befürchten sein könnte. Auch der Wüstenreisende kommt durch Oasen, Orte und Städte, wo man auf den lokalen Märkten Grundnahrungsmittel, Obst und Gemüse kaufen kann. Trotzdem ist es mir im Laufe von 30 Jahren nicht gelungen, eine brauchbare Reiseküche zu entwickeln. Wenn ich in der Wüste unterwegs war, gab es abends fast immer Spaghetti zu essen, meist sogar ohne geeignete Saucen und Beilagen. Diese Askese werde ich sicher auch in Zukunft beibehalten, denn es gibt zwingende Gründe für meine spartanischen Mahlzeiten: Die Fahrzeuge sind mit Benzinkanistern, Werkzeug und Ersatzteilen, Trinkwasserkanistern, Schlafsäcken, Zelt, Fotoausrüstung und vielem anderem so beladen, dass ich für Lebensmittelvorräte nur begrenzten Stauraum erübrigen kann – was insbesondere für das Motorrad gilt. Spaghetti bieten sich an, weil dabei Packmaß und Gewicht in einem sehr guten Verhältnis zum Nährwert stehen – ähnlich wie bei Reis, der aber

Nudeln mit Beilage

nicht zu meinen Lieblingsgerichten zählt. In den Stunden um Sonnenuntergang ziehe ich es vor zu fotografieren, anstatt Zwiebeln zu schneiden. Wenn ich schon einmal einen Markt betrete, dann nicht, wie die meisten Menschen, um einzukaufen, sondern wegen der zahlreichen Bildmotive, die sich mir dort bieten. Was den Einkauf angeht, so beschränke ich mich meist auf das Allernotwendigste, wie zum Beispiel frische Früchte. Und schließlich bin ich oft in abgelegenen Gegenden unterwegs, wo menschliche Ansiedlungen, Läden und Märkte Hunderte Kilometer entfernt sind und die kulinarische Vielfalt begrenzt ist.

In Sachen Kocher habe ich im Laufe der Jahre allerhand Modelle ausprobiert. Benzinkocher verstopften, für Gaskocher gab es oft keine Kartuschen. Jetzt nehme ich den denkbar einfachsten Kocher, den sogenannten Hobo, eine Erfindung nordamerikanischer Wanderarbeiter, für unterwegs mit. Er besteht aus vier Edelstahlflächen, die zu einem nach oben hin offenen Quader aufgefaltet werden. Dahinein kommen am Wegesrand gefundene Holzreste und brennbare Müllteile, die aufgrund des Kamineffekts eine erstaunliche Kochleistung erbringen.

Auf einer Westafrikareise mit meinen Kindern hatten wir von einer Firma 200 gefriergetrocknete Fertigessen zu Testzwecken erhalten. Die Namen der Speisen klangen verlockend, die Auswahl war erstaunlich groß, und beim Aufgießen des Beutelinhalts mit heißem Wasser fühlte selbst ich mich mit meinen Kochkünsten nicht überfordert. Nach dem zwanzigsten Beutel schmeckte aber jedes Gericht gleich, und meine Kinder fragten dann doch wieder nach Spaghetti.

Wichtiger als ein abwechslungsreiches Abendessen ist mir ein guter Kaffee zum Frühstück. Auch wenn das Frühstück meist nur aus einem Stück Brot besteht, muss der Kaffee heiß, stark und süß sein. Selbst auf dem Motorrad finde ich immer noch einen Platz für eine kleine Espressokanne und Kaffeevorräte. Von einer winterlichen Saharadurchquerung ist mir in Erinnerung geblieben, dass ich das Nachmittagskaffeetrinken auf dem Motorradsitz kaum abwarten konnte: Es gab einen Schluck frischen Espresso und ein Stück Christstollen nach altem Familienrezept, den meine Mutter mir mitgegeben hatte. Ein ebenso großartiger Moment ist es, wenn nach endlosen Tagen der Wüstendurchquerung, womöglich noch

Datteln und Aprikosen in Marrakesch

Tuareg-Tee

Vollpension /

mit einem Sandsturm, die Oase näherkommt und die ersten Palmen sichtbar werden. Beim Gedanken an frische Datteln läuft mir dann schon das Wasser im Mund zusammen.

Wenn die Wüsten bis an die Küsten reichen, wird der karge Speiseplan durch Meeresfisch angereichert. So aß ich am Strand von Nouakchott, der Hauptstadt Mauretaniens, den besten Fisch meines Lebens, frisch gefangen und von Marktfrauen in siedendem Fett auf kleinen Holzfeuern zubereitet. Ein Hochgenuss ist für mich auch der Kapitänsfisch aus dem Nigerfluss, der in vielen kleinen Restaurants in Timbuktu, Gao und Mopti auf der Speisekarte steht. Dazu noch ein Stück Ziegenkäse, der von den Tuareg hergestellt und angeboten wird, und schon wird die Wüste für einen Abend zu einem kulinarischen Paradies.

Bei meiner ersten Reise verzichtete ich noch weitgehend darauf, in den vielen kleinen Restaurants der Orte, durch die meine Reiseroute mich führte, die mir fremde einheimische Küche zu probieren. Bald aber siegte meine Neugierde über die Vorsicht, und seither habe ich sicherlich Tausende Restaurants und ähnliche Lokalitäten besucht, Hunderte einheimischer Gerichte kennengelernt und in Gesprächen mit anderen Gästen viel Interessantes aus dem Alltagsleben der Menschen dort erfahren – besonders, wenn man, da Hektik außerhalb von Europa unbekannt ist, stundenlang auf das Essen warten muss. Wenn ich auch von Anfang an gewisse »Sicherheitsstandards« beachtet habe, war es wohl unausweichlich, dass ich gelegentlich »Montezumas Rache« zu spüren bekam. Nach einem solchen Erlebnis beschränkte ich mich eine Zeit lang darauf, bei einer Cola oder einem Tee die Atmosphäre des Lokals und später dann am Lagerfeuer meine obligatorischen Spaghetti zu genießen. Irgendwann erlag ich aber wieder den Verlockungen eines Restaurantbesuchs, denn gekocht wird unter freiem Himmel, und bei knurrendem Magen fällt es schwer, den verführerischen Düften der einheimischen Speisen zu widerstehen.

Spannend war es auch, wenn wir unterwegs von Einheimischen eingeladen wurden. In der Glut eines offenen Feuers gebackenes Fladenbrot oder ein kräftig gewürztes Gemüsekuskus schmecken köstlich. Warme Kamelmilch, rohe Innereien oder Meerschweinchenwurst sind hingegen gewöhnungsbedürftig. Ich habe immer davon probiert, eine Ablehnung, selbst höflich formuliert, hätte

Mittagsrast in Eritrea

Brunnen in der Ostsahara

meine Gastgeber beleidigt, teilten sie doch so manches Mal ihr kärgliches Mahl mit mir. Überdies war mir bewusst, welche Mühe die Frauen – und unterwegs auch die Männer – zum Zubereiten der Speisen aufwandten, mit denen ich bewirtet wurde. Besonders beeindruckt haben mich Einladungen zu großen Familienfesten, beispielsweise Hochzeiten. Viele Tiere wurden geschlachtet, und das Essen fand in einer feierlichen Zeremonie statt, die der Gastgeber in der Regel mit einer religiösen Formel eröffnete. Manchmal konnte ich, wenn ich eingeladen wurde, zu der Mahlzeit sogar etwas beisteuern: Im Zuge der Globalisierung werden vielerorts industriell hergestellte Nudeln angeboten, was eine Veränderung der Essgewohnheiten bewirkt hat. Daher passierte es mir in den letzten Jahren häufiger, dass meine Spaghetti von meinen Gastgebern mit Genuss verzehrt wurden.

Durst und Wüste gehören zusammen. Kein Wunder, dass die Zubereitung und das Trinken von Tee zum Beispiel bei den Tuareg fast ein Ritual ist. Nicht nur bei einer Mahlzeit, auch bei jedem kleinen Ereignis, sei es eine Pause bei der Arbeit oder ein nachbarschaftlicher Besuch, wird Tee getrunken. Dem Gast werden drei Gläser stark gesüßten Tees angeboten, selbst nur eines davon abzulehnen, wäre unhöflich.

Im Reisealltag steht zum Trinken meist nur Brunnenwasser zur Verfügung. Oft ist es stark salzhaltig, durch Schwebeteilchen bräunlich gefärbt, nicht selten auch mit Krankheitserregern durchsetzt. Diese lassen sich mit Chlortabletten zwar einigermaßen zuverlässig abtöten, was dem Wasser aber einen üblen Chlorgeschmack gibt. Bei sengender Hitze erreichte die Temperatur in der Wasserflasche die von heißem Tee. Meine Fantasie malte sich dann aus, dass mich am Abend eine eiskalte Flasche Mineralwasser mit viel Kohlensäure erwartete oder gar eine Maß Bier. Bier und Wein blieben aber Wunschträume, weil mich die meisten Reisen durch islamisch geprägte Länder führten. Bei einer Fahrt hatten Elke und ich eine Flasche Rotwein auf dem Motorrad bis in die algerische Zentralsahara transportiert. Als wir sie mitten im Dünenmeer des Grand Erg Oriental, der Großen Östlichen Sandwüste, feierlich öffneten, war der Wein durch die Hitze ungenießbar geworden. Und so mussten wir unseren Durst wieder einmal mit warmem Wasser löschen.

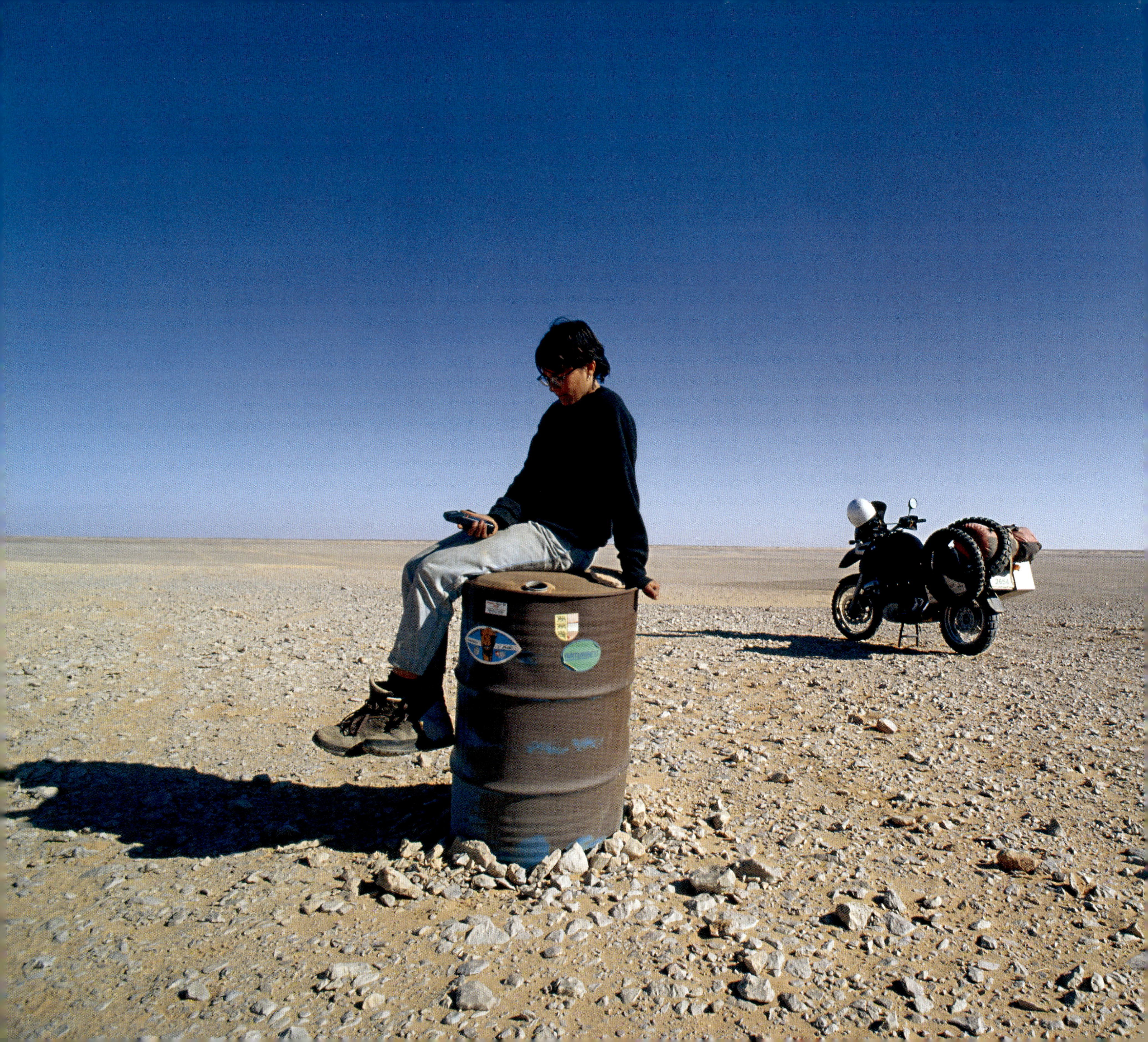

Im Grenzgebiet Tschad-Niger

→→ Wo gehts nach Timbuktu?

Was wäre, wenn der flimmernde Berg in der Ferne gar nicht der Berg auf unserer Karte wäre? Wenn wir den falschen Spuren folgen würden? Wenn die ins Nichts führten und wir im Nichts eine Panne hätten? Wenn ein Sandsturm die Spuren verwischte? Wie lange würden die Wasservorräte zum Überleben reichen?

Diese Fragen wollten mir bei meinen ersten Saharadurchquerungen in den 1980er-Jahren nicht aus dem Kopf gehen. Pisten bestanden aus vagen Fahrspuren, manchmal unzählig vielen, die sich überschnitten, auseinanderliefen, auf Sand- oder Schotterfeldern verloren. Auf Pistenmarkierungen war kein Verlass. Wenn eine Piste überhaupt markiert war, stammten die vorhandenen Wegmarken – übereinandergelegte Steine, Tonnen, Eisenstangen oder Betonpfeiler – meist noch aus der französischen Kolonialzeit. Entsprechend oft waren sie zugeweht, umgefallen, umgefahren worden oder gänzlich verschwunden.

Spuren können trügerisch sein. Viele stammen von Schmugglern, die Abkürzungen fahren, entlegene, versteckte Orte oder Grenzgebiete anvisieren. In Geröllwüsten ist eine Autospur oft nach 40 Jahren noch zu erkennen. Wer einer so alten Spur folgt, riskiert, am Ende vor einem ausgetrockneten Brunnen oder einem verlassenen Bohrloch zu stehen.

In den 1980er-Jahren kursierte an den Lagerfeuern der Saharafahrer die tragische Geschichte von einer belgischen Familie, die von der viel befahrenen Hoggarpiste auf die gesperrte, gänzlich unbefahrene Piste nach In Azoua geraten war. Noch bevor sie ihren Irrtum bemerkten, hatte sich ihr Peugeot 504 im Sand fest gefahren. Hektische Anfahrversuche ruinierten die Kupplung, und damit saßen sie in der Falle. Nach vier Tagen waren die Wasservorräte leer getrunken. Verzweifelt flößten die Eltern ihren Kindern, die wegen der Hitze schon ohne Bewusstsein waren, noch das Kühlwasser ein. Auch dies ging zu Ende, und sie gaben auf. Erst erdrosselten sie die Kinder, dann schnitten sie sich die Pulsadern auf. Von solchen Dramen hörte man immer wieder. Dem *Spiegel* waren die vielen Unglücksfälle einen längeren Artikel wert, worin zu lesen war, dass unter europäischen Saharaabenteurern jährlich rund 80 Tote zu beklagen seien.

Die wenigsten Wüstenfahrer, ob sie nun aus reiner Abenteuerlust unterwegs waren oder um Autos zu verschieben, kamen auf

Mohamed aus Agadez

Mit Mohamed Ali aus Al Katrun

Sandsturm in der Ténéré

252 / Wo gehts nach Timbuktu? /

den Gedanken, die Dienste eines einheimischen Führers in Anspruch zu nehmen, es sei denn, sie waren im Niger unterwegs, wo das Durchqueren der Wüste nur mit einheimischem Führer gestattet ist. Die Führer, in den meisten Fällen Tuareg oder Tubu, stammen aus Nomadenfamilien und zeichnen sich durch eine beeindruckende Kenntnis der Wüste aus. In den 1980er-Jahren traf man noch Tuareg-Führer, die mit den Salzkarawanen durch die Ténéré gezogen waren und von Kindheit an gelernt hatten, sich in der Wüste zu orientieren. Heute leben die Führer in den Städten und arbeiten teilweise für Reiseagenturen, sind aber nichtsdestotrotz nach wie vor Meister ihres Fachs.

Ich lernte damals Mohamed kennen, einen Targi (Einzahl von Tuareg), der mich auf vielen Reisen durch die Ténéré begleitet hat. Immer wieder war ich fasziniert, wie souverän er selbst in den Weiten der Sandwüste bei einer Distanz von mehreren Hundert Kilometern auf einen bestimmten Brunnen zusteuerte. Dabei bietet die Ténéré auf den ersten Blick keine natürlichen Anhaltspunkte wie markante Berge, welche die Orientierung erleichtern würden. Wir kannten uns schon Jahre, als Mohamed mir das Geheimnis seiner Kunst verriet. Er orientierte sich vor allem an der Ausrichtung der kleinen Sandrippel und der Dünenzüge, die sich, einem Kompass vergleichbar, nach der Richtung des vorherrschenden Nordostpassats formieren. Dann achtete er auf winzige Zeichen, die uns Europäern gar nicht auffallen würden. Zum Beispiel verraten Reste von Kamelstricken und Kameldung die Karawanenrouten. In der Umgebung von häufig frequentierten Brunnen oder Oasen las er aus den Kamel- und Autospuren, ob sie auf das Ziel zuliefen oder sich von ihm entfernten. Und nachts gaben ihm die Sterne, allen voran der Orion, die Himmelsrichtung an. Einmal durchquerte ich mit Mohamed den Erg von Bilma, ein schier unendliches Meer aus Sand und Dünen, als mehrere Tage lang ein Sandsturm tobte, der uns jede Sicht raubte. Schon bei klarem Wetter zählt diese Route zu den schwierigsten der Sahara. Himmel und Erde waren jetzt aber ein verschwommenes Gelb, der Horizont war nicht mehr auszumachen. Amerikaner nennen solche Sichtverhältnisse im Schneesturm »Whiteout«. Im Zeitlupentempo, Meter für Meter, tasteten wir uns Richtung Süden. Angestrengt spähte ich durch die Windschutzscheibe in die tobende gelbe

GPS-Gerät und IGN-Karte

Hilfe von Einheimischen

Wolke, im Augenwinkel registrierte ich Mohameds ruhige Handbewegungen, die mir den Weg wiesen. Wie konnte er sich hier bloß orientieren? Keine Spuren, keine Landmarken, keine Sonne, keine Zeichen, nichts als Sand. Als nach zwei Tagen der Brunnen von Dibella aus dem Nichts vor uns auftauchte, war mein Respekt vor diesem Mann, der den Orientierungssinn der Zugvögel zu haben schien, immens geworden. Trotz hohem Salzgehalt und grober Verunreinigungen fassten wir am Brunnen 200 Liter Wasser, bevor uns wieder der Sandsturm verschluckte. Erst als wir fast unser Ziel erreicht hatten, flaute er ab.

Ein anderer Führer, den ich nie vergessen werde, ist Mohamed Ali, ein feingliedriger, freundlicher Tubu aus der Oase Al Katrun im äußersten Süden Libyens. Ihn hatte ich engagiert, um uns vom Süden Libyens über die eigentlich geschlossene Grenze in den Nordtschad und weiter bis an den Rand der Ténéré im Niger zu führen. Das Gebiet, das wir durchqueren mussten, war riesig und unübersichtlich. Pisten existierten kaum, dafür auf der Tschadseite aber jede Menge Landminen, ein Überbleibsel aus dem Krieg gegen Libyen. Ohne einen Führer wäre diese Reise unmöglich durchzuführen gewesen. Mohamed Ali hatte die gleiche untrügliche Orientierungsgabe wie sein Kollege Mohamed aus Agadez und kannte alle wichtigen Leute entlang der Strecke, seien es die Fahrer der Schmuggler-Lkws oder die korrupten libyschen Militärs auf den entlegenen Außenposten, die die unsichere Grenze zum nahen Tschad überwachen sollten, er hatte auch ein untrügliches Gespür dafür, ob und gegebenenfalls wie viel Schmiergeld angebracht war. Manchmal reichte auch schon ein Polaroidbild, das ich von den Uniformierten anfertigte, dass wir unbehelligt weiterfahren konnten. Außerdem wusste er es durch eine geschickte Routenführung und das Einhalten bestimmter Fahrzeiten zu vermeiden, dass wir den Grenzpatrouillen der Libyer begegneten, die von unserem illegalen Grenzübertritt nichts erfahren durften – sonst hätten wir wieder umkehren und mit einer Geldstrafe oder Schlimmerem rechnen müssen. Mitten in der Nacht verließen wir heimlich Al Katrun, die letzte libysche Oase, und drei Tage später hatten wir ohne Zwischenfälle den tschadischen Grenzposten Zouar erreicht. Und obwohl häufig Minenfelder bedrohlich nah an unsere Route heranreichten, brachte uns Mohamed Ali genauso

> »Wer ein GPS-Gerät mitführt, hat damit noch längst nicht jedes Risiko von vornherein ausgeschaltet. Das Gerät gibt eine Richtung an, macht aber keinerlei Angaben dazu, ob diese Richtung überhaupt befahrbar ist.«

sicher nach Seguidine im nördlichen Niger. Dort engagierten wir den nächsten Führer – wieder einen Mohamed –, und mit ihm durchquerten wir die Ténéré.

Heute hat praktisch jeder Wüstenfahrer sein GPS-Gerät dabei. Üblich geworden ist ein Gerät mit integrierten, hochauflösenden Karten, die selbst Wegepunkte und Pisten zeigen, die in der Landschaft kaum als solche zu erkennen sind. Ein GPS-Gerät ohne Karten bringt nichts. Niemand kann sich orientieren, wenn er nur seine Position in Grad und Minuten kennt. Erst die Einordnung der GPS-Daten auf der Karte vermittelt eine Vorstellung davon, wo man sich befindet.

Wer ein GPS-Gerät mitführt, hat damit noch längst nicht jedes Risiko von vornherein ausgeschaltet. Das Gerät gibt eine Richtung an, macht aber keinerlei Angaben dazu, ob diese Richtung überhaupt befahrbar ist. Liegen Schluchten oder Bergrücken zwischen dem eigenen Standort und dem anvisierten Ziel, muss man einen Umweg fahren oder gar umkehren, was angesichts knapp kalkulierter Treibstoffvorräte gefährlich werden kann. Ein Blick auf genaue topografische Karten ist hier unerlässlich. Vor allem sollte man in Betracht ziehen, dass selbst die fortschrittlichste Technik einmal ausfallen kann, und neben detailliertem Kartenmaterial auch einen Kompass und ein Fernglas mitnehmen, sicherstellen, dass der Kilometerzähler genau arbeitet, und in der Geländebeobachtung nicht nachlassen. Und selbst die genaueste Karte zeigt nicht jedes Hindernis an – wie zum Beispiel eine durch Weichsand unpassierbare Ebene –, und schon gar kein Minenfeld, das möglicherweise in der vom GPS-Gerät so zielsicher angegebenen Richtung liegt. Und so steht für mich fest, dass ich auch in Zukunft lieber mit einem orts- und geländekundigen einheimischen Führer reisen werde.

Kurs Tassili du Hoggar

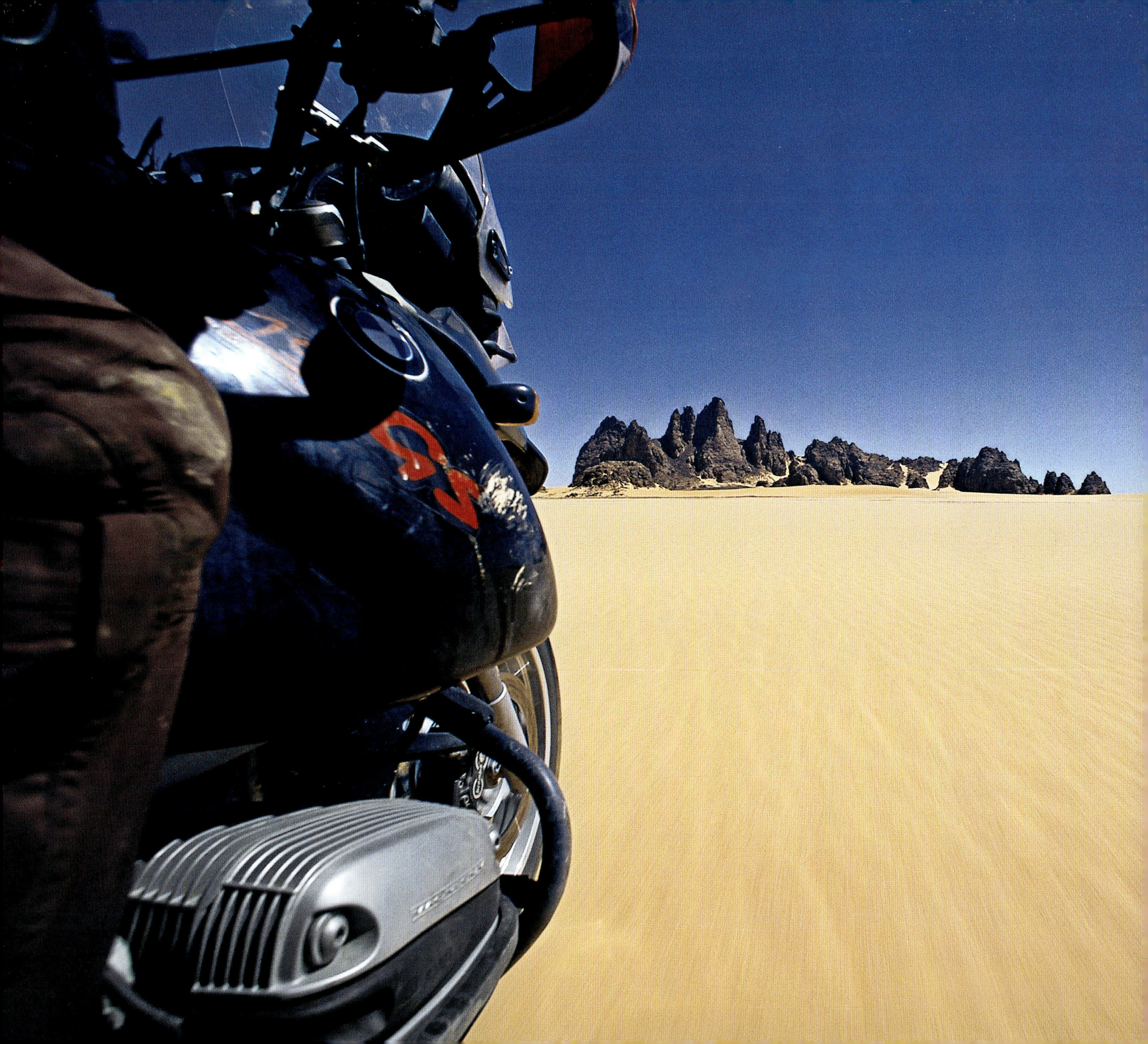

TOURIST'S POLICE
إن للمتقين مفازا
شرطة سياحة
Tourist Police

Ägyptische Touristenpolizei im Dienst

→→ Räuber und Gendarm

Wer heute in den Wüsten des Altweltlichen Trockengürtels unterwegs ist, reist längst nicht mehr so risikolos wie vor 30 Jahren. In vielen der betreffenden Länder haben Kriege, Bürgerkriege oder Aufstände stattgefunden, deren Folgen heute noch spürbar sind. Andere Länder werden aktuell von kriegerischen Auseinandersetzungen heimgesucht, und ganz allgemein ist festzustellen, dass der Terrorismus und die Gewaltbereitschaft stark zugenommen haben.

Die instabile politische Lage hat mehrere Gründe. Bei der Etablierung staatlicher Strukturen hatten die Wüstenbewohner, die meist Nomaden sind, das Nachsehen, sodass eine ganze Reihe von Völkern sich heute gezwungen fühlt, für bessere Lebensbedingungen zu kämpfen, wenn nötig mit Gewalt. Darüber hinaus sind Wüstengebiete so weitläufig und mit einer so rudimentären Infrastruktur versehen, dass sie von den staatlichen Autoritäten kaum kontrolliert werden können. In vielen Wüstenregionen ist die Staatsmacht nur an den größeren Orten präsent und wird selbst dort oft genug in Frage gestellt oder gar angegriffen. In den unendlichen Räumen dazwischen herrscht das Recht des Stärkeren. Das gilt beispielsweise für den Norden Kenias, für das Grenzgebiet zwischen Mauretanien und Mali wie für das zwischen dem Tschad und Niger und für den Ogaden im Osten Äthiopiens, wo Banditen ganze Landstriche kontrollieren.

Ein weiteres Problem stellen die zunehmende Verarmung, Arbeitslosigkeit und Perspektivlosigkeit vor allem junger Menschen dar. Hinzu kommt, dass die rasche Modernisierung in den Ländern der südlichen Kontinente mit einem Verfall des gesellschaftlichen Wertesystems einhergeht, was bei Jugendlichen zu soziokultureller Entwurzelung führen kann. Aus all dem resultiert ein Anstieg von Beschaffungskriminalität, die an Orten, die von vielen Reisenden frequentiert werden, durch das Wecken neuer Begehrlichkeiten verstärkt auftritt. Von daher ist es unbedingt angeraten, die üblichen Vorsichtsmaßnahmen zu ergreifen.

Trotzdem kann man auch heute noch Wüsten bereisen, ohne dass man befürchten muss, in ein vermintes Gebiet oder zwischen die Fronten zu geraten, entführt, in Geiselhaft gehalten oder gar ermordet zu werden. Sämtliche Wüstengebiete außerhalb des Altweltlichen Trockengürtels, also die Wüsten Amerikas, des südlichen Afrikas und Australiens, bieten ein geringes Sicherheitsrisiko.

Warnung durch den Wirt in Hassi Bel Gebbour

Die Sicherheitslage im Norden Malis, insbesondere in der Region Kidal, ist wegen gelegentlicher Raubüberfälle angespannt. In den Grenzgebieten zu Mauretanien, Niger und Algerien kommen Überfälle auf Autos vor. Für Reisen im südlichen Teil Malis einschließlich der Strecke von Bamako nach Mopti bestehen zur Zeit keine Sicherheitsbedenken. Überlandfahrten zwischen Mopti und Timbuktu sollten nur in Gruppen erfolgen. **Reisen östlich von Timbuktu sollten nur im Konvoi und mit Polizei- oder Militäreskorte unternommen werden.**

Warnung des Auswärtigen Amtes

Bewaffneter Konvoi in Nordkenia

Räuber und Gendarm

Und auch in den afrikanischen, arabischen und asiatischen Wüsten lauert nicht immer und überall nur Gefahr.

Meine Reisevorbereitungen beginnen stets mit einem Blick auf die Website des Auswärtigen Amtes. Zu jedem Land sind dort Sicherheitsempfehlungen zu finden, die einen ersten Anhaltspunkt bieten. Diese Informationen ergänze ich durch Berichte in der internationalen Presse, Internetrecherchen und persönliche Kontakte zu anderen Reisenden, mit denen ich mich austausche. Bin ich in einer gefährlichen Region unterwegs – was sich bei den Reisen zu dem Projekt »Die Wüsten der Erde« nicht immer vermeiden ließ –, ändere ich die Reiseroute, sobald die Lage vor Ort auch nur den geringsten Anlass zur Sorge gibt. Um immer auf dem aktuellen Informationsstand zu sein, erkundige ich mich bei Polizeistationen und vor allem bei Bus- und Lkw-Fahrern, die ja viel herumkommen, nach den neuesten Entwicklungen.

So hat ein Gespräch mit dem Besitzer eines Fernfahrer-Cafés in einem winzigen Nest namens Hassi Bel Gebbour Elke und mich 2003 davor bewahrt, dass wir Opfer der groß angelegten Entführungen auf der sogenannten Gräberpiste in Algerien wurden. Wir kehrten dort ein, um eine Tasse Tee zu trinken, und gewohnheitsmäßig fragte ich den älteren Mann nach der »situation de sécurité« auf der Piste nach Amguid und weiter zur Gräberpiste. Zu meiner Überraschung schüttelte er den Kopf: »Sécurité ça va pas.« Ich fragte, was los sei, doch er wiederholte nur seinen Rat, die Strecke zu meiden. Einen Reim konnte ich mir darauf zwar nicht machen, folgte aber seiner Empfehlung, und wir fuhren die Teerstraße über In Amenas, womit wir einen weiten Umweg in Kauf nahmen. Mit hoher Wahrscheinlichkeit wären wir an jenem Tag von einer Entführergruppe abgefangen und als Geiseln verschleppt worden, so wie es einer Gruppe Motorradfahrer tatsächlich passiert ist. Intuition? Nein, eher Vorsicht und die Bereitschaft, die Warnungen von Einheimischen ernst zu nehmen.

Auf gefährlichen Strecken habe ich mich entweder Konvois angeschlossen, die von örtlichen Behörden organisiert wurden, oder mir auf eigene Kosten einen bewaffneten Begleitschutz besorgt. Die Strecken durch die Chalbi- und Kaisutwüste im Norden Kenias außerhalb eines Konvois zu befahren, kann man heute gar nicht mehr wagen, da mit Kalaschnikows bewaffnete Banden die Pisten

Schutz oder Gefahr?

Nach dem Diebstahl in Mali

unsicher machen. Sie haben es vor allem auf das Ladegut der Lkws oder auf Geländewagen abgesehen. Bewaffnete Begleitung kann das Risiko aber auch erhöhen, denn die Waffen können etwaige Angreifer dazu verleiten, sofort zu schießen, weil Gegenwehr zu erwarten ist.

Das Motorrad als Reisefahrzeug stellt einen Sicherheitsgewinn dar. So wurden wir selbst auf gefährlichen Strecken, auf denen Lkws und Geländewagen regelmäßig verschwinden, nie angegriffen. Der Grund ist höchstwahrscheinlich, dass kaum ein Räuber weiß, wie man eine schwere Maschine fährt, und diese aus eben dem Grunde auch keinen Käufer findet.

Auf meinen Reisen bin ich nur wenige Male bestohlen oder ausgeraubt worden. In den Außenbezirken von N'Djamena wurde ich von einem Soldaten angehalten. Als ich die verlangten Papiere aus einer Tasche hervorkramte, fiel sein Blick auf ein Bündel französischer Franc-Noten. Die vorgehaltene Kalaschnikow veranlasste mich, ihm die Scheine schleunigst auszuhändigen.

Das war der Auftakt zu einer Pechsträhne, die gerade noch rechtzeitig zu Ende ging: Kaum hatte ich mich etwas von dieser bedrohlichen Situation erholt, da wurde ich in einen kleinen Unfall verwickelt und landete auf einer Polizeistation, wo ich, obwohl unschuldig, eine »Strafe« zahlen musste. Es war noch keine Stunde vergangen, da stach mich ein Skorpion, als ich das Fluggepäck für die Heimreise packte. Gegen Mitternacht stieg ich ins Flugzeug und landete am nächsten Morgen pünktlich in Paris – nicht ahnend, dass das Glück zu mir zurückgekehrt war. Die nächste planmäßige Maschine der französischen Fluggesellschaft UTA von N'Djamena nach Paris wurde über dem Erg de Bilma von einer libyschen Bombe in Stücke zerrissen. Alle 300 Passagiere und Besatzungsmitglieder kamen ums Leben.

Ein weiterer Diebstahl ereignete sich 2009 in Mali. In einem Dorf nahe der alten Stadt Djenné schlitzte ein Junge unsere Zelte auf und stahl das gesamtes Gepäck mit meiner kompletten Fotoausrüstung, meinem Notebook, GPS, Pass und Geld. Zu unserer großen Erleichterung fanden wir am nächsten Morgen alles – bis auf 500 Euro – im Umkreis von einem Kilometer verstreut wieder. Beim Durchwühlen des Gepäcks war dem Dieb wohl klar geworden, dass er sich mit unseren Besitztümern nicht im Dorf blicken

»Meine Reisevorbereitungen beginnen stets mit einem Blick auf die Website des Auswärtigen Amtes. Zu jedem Land sind dort Sicherheitsempfehlungen zu finden, die einen ersten Anhaltspunkt bieten.«

lassen konnte. Er wäre sofort als Räuber identifiziert und entsprechend bestraft worden.

Insgesamt erlebte ich in den 30 Jahren, in denen ich reise, nur drei gefährliche Zwischenfälle. Zum ersten kam es, als Steffi und ich im dicht besiedelten Nildelta auf einem Weg, der mitten durch die Felder führte, den Wagen abstellten und dort die Nacht zu verbringen gedachten. Als es Abend wurde, setzten wir uns wegen der Moskitos in den Fahrzeuginnenraum und lasen im Licht einer Neonlampe. Plötzlich meinte ich, draußen Schatten zu sehen, und schaltete die Lampe aus. Wir blickten auf eine große Anzahl Männer, die dicht gedrängt um unser Auto herumstanden. Kaum hatten wir sie bemerkt, forderten sie uns auch schon barsch auf, auszusteigen. In Panik verriegelten wir die Türen, starteten den Wagen und wollten flüchten. Im selben Moment sprang einer der Fellachen mit einem Gewehr auf die Motorhaube und zielte auf mich. Die anderen schrien und gestikulierten wild umher. Die Situation wirkte äußerst bedrohlich, ich fürchtete um unser Leben. Steffi brach in Tränen aus, und das rettete uns. Unter den Männern war eine Frau, der Steffis Verzweiflung nicht entging. Mit lauter Stimme redete sie auf die Männer ein, und es gelang ihr, ihnen klarzumachen, dass von uns nichts zu befürchten war. Schlagartig wurde es ruhiger. Man bedeutete uns, schnellstens zu verschwinden, was wir uns, am ganzen Körper zitternd, kein zweites Mal sagen ließen. Erst als wir wieder auf der Landstraße waren, beruhigten wir uns. Sicherlich hatten die Dorfbewohner genauso viel Angst vor uns gehabt wie wir vor ihnen.

Zehn Jahre später lagerten wir am Rande des Djado-Plateaus im Nordosten von Niger. Katja, meine Reisegefährtin, und ich waren auf einen Felsen weit oberhalb unseres Standortes geklettert und wollten im Licht der Nachmittagssonne ein paar Fotos machen, als plötzlich ein offener Toyota Landcruiser mit aufmontierter Flak und zwölf bewaffneten Männern auf unseren Lagerplatz zuraste. Die Männer sprangen vom Fahrzeug, die anderen Reisegefährten waren rasch umstellt. Der Anführer setzte sich zu den einheimischen Führern, die gerade Tee zubereiteten. Durch unsere Teleobjektive beobachteten Katja und ich, dass sich unsere Gefährten nach einer gewissen Zeit zwar hinsetzen durften, aber weiter festgehalten wurden. Quälend lange zwei Stunden beriet sich der

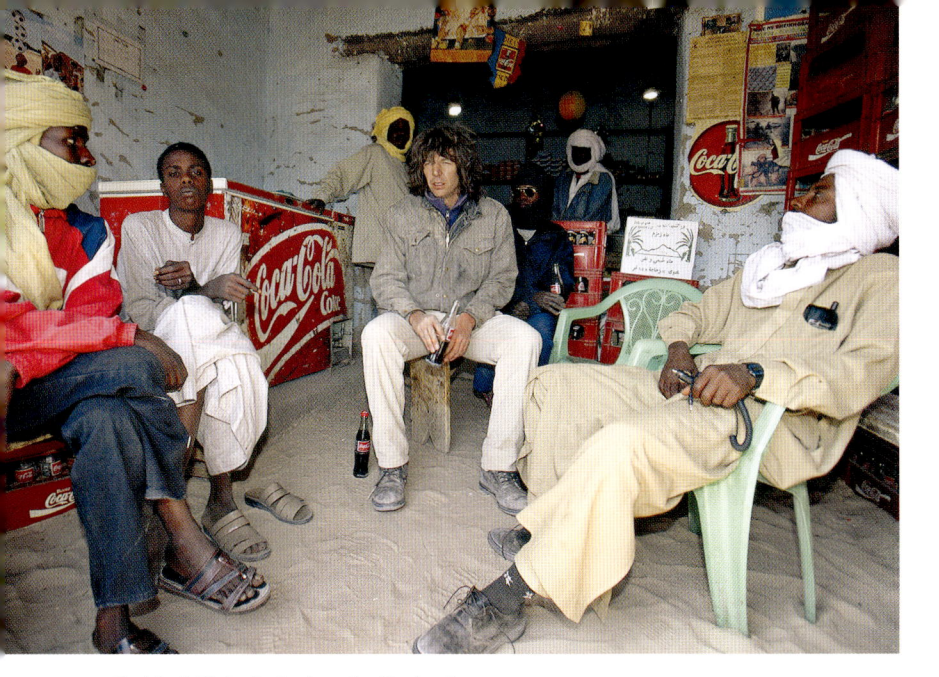

Rat bei Einheimischen im Tschad

Spur der Drogenhändler im Iran

261 /

Anführer mit seinen Leuten. Dann setzte er von seinem Wagen aus einen Funkspruch ab. Über die große Distanz klangen Wortfetzen herüber, wir konnten aber nicht verstehen, wovon die Rede war. Wieder wurde debattiert. Endlich traf ein Funkspruch ein, und augenblicklich entspannte sich die Situation. Die Bewacher senkten ihre Maschinengewehre, der Anführer ließ sich noch Reifenflickzeug geben, und dann rasten die Männer auf und davon. Katja und ich wagten uns aus dem Versteck. Wir erfuhren, dass die Männer Tubu-Rebellen aus dem Tschad waren, die auch im Norden von Niger operierten. Ich musste an die französische Archäologin Françoise Claustre denken, die Mitte der 1970er-Jahre drei Jahre lang von den Tubu als Geisel festgehalten worden war.

Im Jahre 2000 gerieten Elke und ich im Iran in eine brenzlige Situation. Stundenlang waren wir der Spur eines Lkws gefolgt, die uns nach Auskunft eines Ziegenzüchters sicher von Norden her durch die gefürchtete Wüste Lut führen sollte. Nach 80 Kilometern – inzwischen wurde es dunkel – machte die Spur plötzlich eine Kehrtwendung von 180 Grad und führte wieder zurück. Am Wendepunkt stießen wir auf Fußspuren und die Spur eines weiteren Lkws, der vom südlichen Rand der Lut gekommen war. Erst zwei Stunden später begriffen wir, dass wir der Spur eines Drogenlasters folgten und dass an der Stelle, wo beide Spuren die mysteriöse Kehrtwendung gemacht hatten, die Drogen von einem Fahrzeug auf das andere umgeladen worden waren. Es herrschte nun völlige Dunkelheit, und so bemerkten wir zu spät, dass wir zwischen die Fronten des offensichtlich flüchtenden Lasters und der iranischen Drogenpolizei geraten waren, die uns beide für den jeweiligen Feind hielten. Mehrmals fuhren sie auf uns zu, um uns ins Visier ihrer Gewehre zu nehmen. Hätten wir angehalten, wären wir vermutlich sofort beschossen werden. In völliger Panik rasten wir über das gottlob ebene Gelände davon. Nach zehn Kilometern hielten wir an, atmeten tief durch und überlegten, was wir tun sollten, bis uns einfiel, dass das GPS-Gerät die Positionsdaten einer heißen Quelle gespeichert hatte, an der wir tagsüber vorbeigekommen waren. Sie lag nur zehn Kilometer entfernt. Die Quelle war bei einheimischen Reisenden sehr beliebt, und tatsächlich hatten dort schon ein paar Leute ihr Nachtlager aufgeschlagen. Später am Abend wurden wir von zwei Iranern, die auch auf

> »Die Ruhe, die die Wüste ausstrahlt, hat mich immer angezogen. Doch der friedliche Eindruck kann täuschen. Die Wüsten oder Wüstenregionen, die Kriegsgebiete waren oder sind, zeigen noch immer, verborgen im Sand oder Geröll, manchmal seit Jahrzehnten, Spuren dieser militärischen Konflikte: Landminen und Raketen.«

Räuber und Gendarm /

einem Motorrad unterwegs waren, eingeladen, uns zu ihnen ans Feuer zu setzen. Im Laufe der Unterhaltung dämmerte uns, dass die beiden nichts anderes als Drogenkuriere waren. Zum Glück waren weit und breit keine Polizisten zu sehen, und wir verbrachten eine sehr geruhsame Nacht.

Die Ruhe, die die Wüste ausstrahlt, hat mich immer angezogen. Doch der friedliche Eindruck kann täuschen. Die Wüsten oder Wüstenregionen, die Kriegsgebiete waren oder sind, zeigen noch immer, verborgen im Sand oder Geröll, manchmal seit Jahrzehnten, Spuren dieser militärischen Konflikte: Landminen und Raketen. Und weil die minenverseuchten Gegenden oft sehr abgelegen und nahezu unbewohnt sind, fehlt der politische Wille, die Minen abzuräumen. Das gilt insbesondere für einige Regionen Ägyptens, wo Minen aus dem Zweiten Weltkrieg liegen, für den Norden des Tschad, das Aïr-Gebirge in Niger und die äthiopisch-eritreische Danakilwüste. Bei meinen Fahrten durch den nördlichen Tschad und die Danakilwüste habe ich mich daher immer sklavisch an frische Spuren vorausgefahrener Fahrzeuge gehalten. Manchmal half alles nichts, man musste ein minenverseuchtes Gebiet durchqueren, wollte man überhaupt vorwärtskommen. Dann war es das beste, in nahen Oasen minenkundige Führer zu engagieren und sich von ihnen auf einem sicheren Weg durch die Minenfelder lotsen zu lassen.

Nur einmal brach mir der Angstschweiß aus: an den Seen von Band-i-Amir im afghanischen Hindukusch. Das Gebiet war zwischen der Nordallianz und den Taliban lange umkämpft gewesen und immer noch entsprechend vermint. Die Fotos, die ich mir vorgestellt hatte, waren nur von einem ganz bestimmten Punkt aus zu machen. Um dahin zu gelangen, musste ich eine lange Strecke über ein Gelände laufen, in dem weit und breit kein Weg zu erkennen war. Vorsichtig setzte ich einen Fuß vor den anderen, inständig hoffend, dass mein Führer, ein Hazara aus der Stadt Bamiyam, wirklich die Stellen kannte, die minenfrei waren.

Rakete im nördlichen Tschad

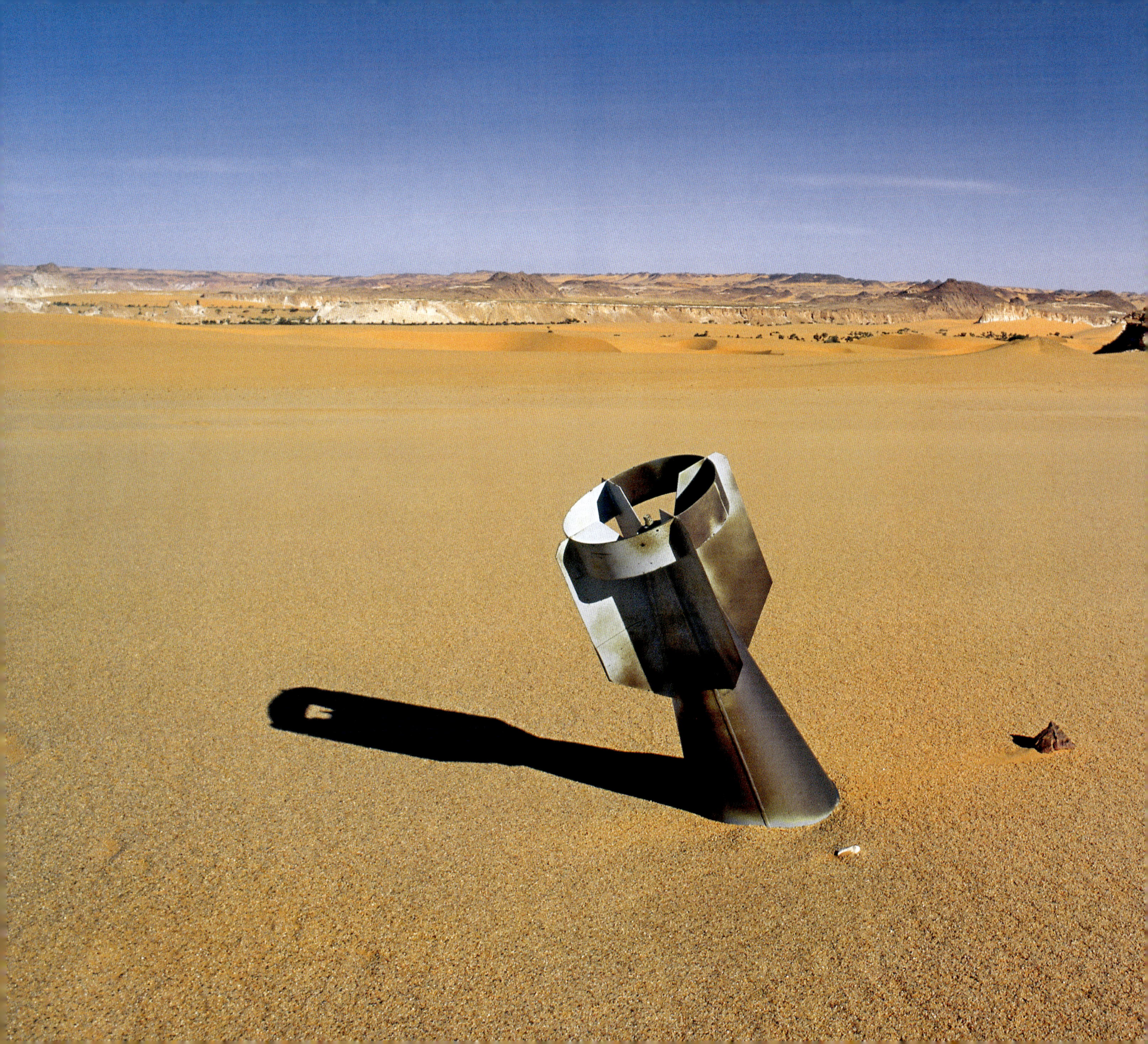

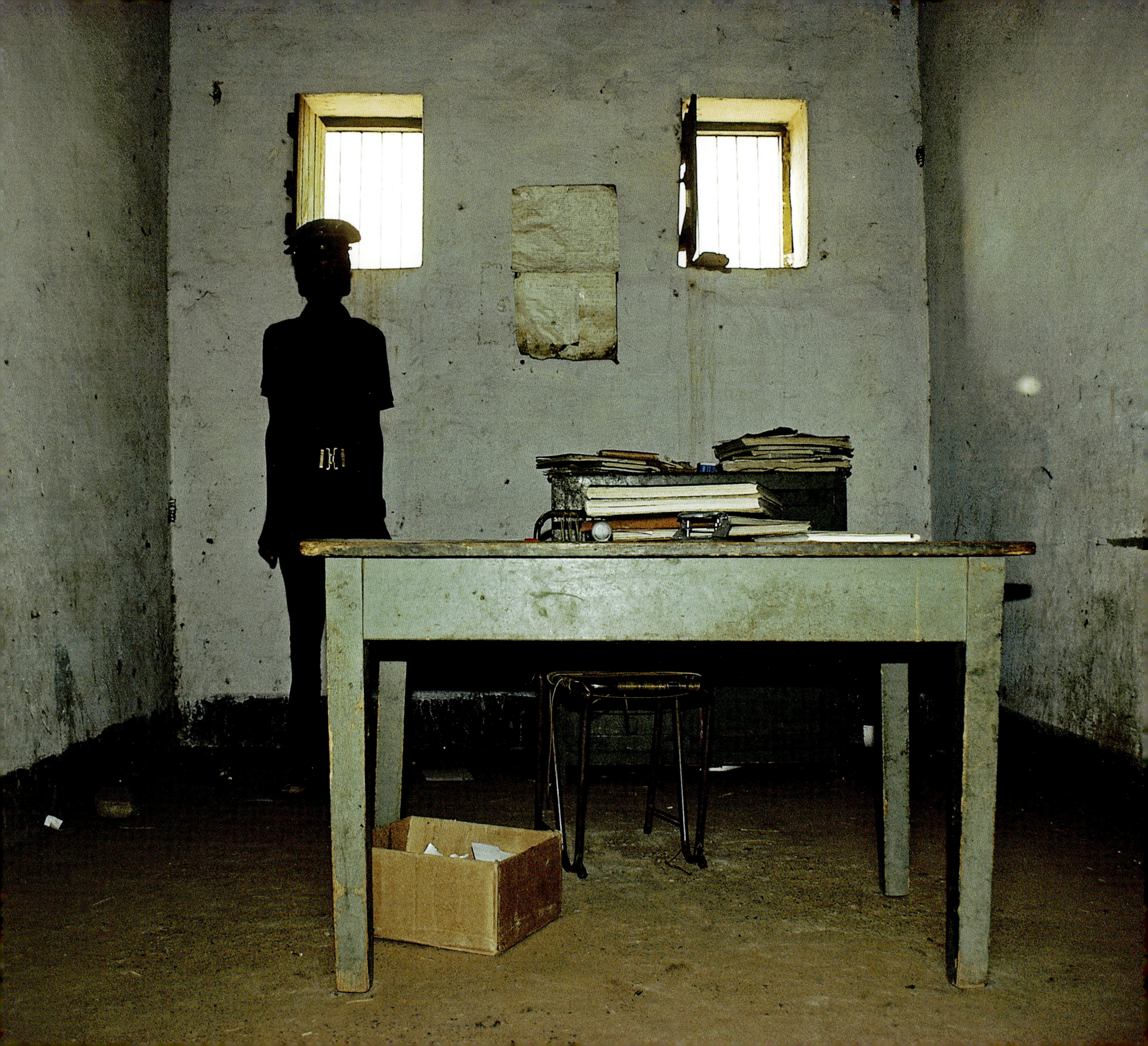

Der Zoll in Port Sudan

→→ Papier ist geduldig

Innerhalb Europas sind Grenzen und Grenzkontrollen weggefallen. Ausweise, Führerschein und Versicherungen sind in der ganzen Europäischen Union gültig. Wer in Afrika, Asien und Lateinamerika so weit reist, dass er mehrere Grenzen überqueren muss, sieht sich hingegen vor eine Menge Probleme gestellt.

Die Schwierigkeiten beginnen mit der Beschaffung der Einreisevisa. Seit Deutschland im Rahmen der EU-Einreisegesetze für die Bürger der meisten Nicht-EU-Staaten die Visabestimmungen drastisch verschärft hat, haben diese Staaten ihrerseits nachgezogen. So gilt in den meisten Saharaländern für Deutsche, Österreicher und Schweizer eine strikte Visapflicht. Die Erteilung der Visa durch die jeweiligen Botschaften in Berlin oder noch in Bonn kann zum ersten Reiseabenteuer werden.

Mein Pass kam einmal wochenlang nicht von der Botschaft der Republik Niger zurück, und der Tag meiner Abreise rückte immer näher. Ich versuchte anzurufen, zu faxen, doch die Leitungen waren dauernd besetzt. Dann las ich in der Süddeutschen Zeitung, dass Passanten im Botschaftsgebäude Feuer entdeckt und die Bonner Feuerwehr alarmiert hatten. Wie sich herausstellte, verheizten die Botschaftsangestellten ihre Einrichtungsgegenstände, denn sie froren. Es war Winter, und die Stadtwerke Bonn hatten wegen unbezahlter Rechnungen Strom und Gas abgestellt. Ich setzte mich in den Zug nach Bonn und sprach bei der Botschaft vor. Einer der Angestellten hatte ein Einsehen, stempelte das Visum in meinen Pass und sorgte dafür, dass der zuständige Beamte es noch am selben Tag unterschrieb. Sozusagen in der letzten Minute hielt ich meinen Pass mit gültigem Einreisevisum wieder in den Händen! Inzwischen beauftrage ich einen sogenannten Visaservice, der für eine angemessene Gebühr alle notwendigen Visa beschafft.

Die Einreise muss in aller Regel drei Monate nach Ausstellung erfolgen, sonst wird das Visum ungültig. Reist man aber für längere Zeit durch mehrere Länder, dann bleibt nichts anderes übrig, als die Visa unterwegs zu beschaffen. Gibt es in dem Ausreiseland eine Botschaft oder ein Konsulat des Landes, in das man einreisen möchte, bekommt man, wenn man Glück hat, ein Visum, manchmal schnell, manchmal nach wochenlanger Wartezeit. An einigen Grenzen sind die Zöllner befugt oder willens, eine Einreisegenehmigung zu erteilen. Es ist mir aber auch schon passiert, dass ich

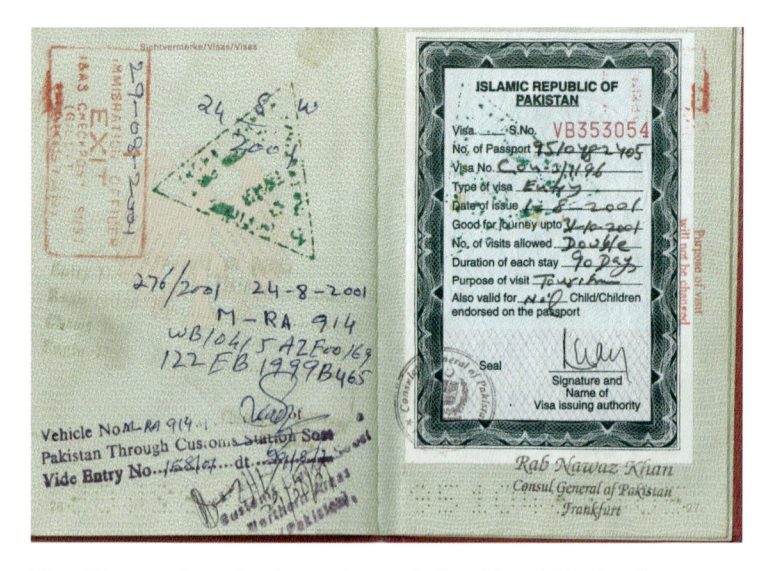

Visa, Ein- und Ausreisestempel erforderten über 20 Reisepässe

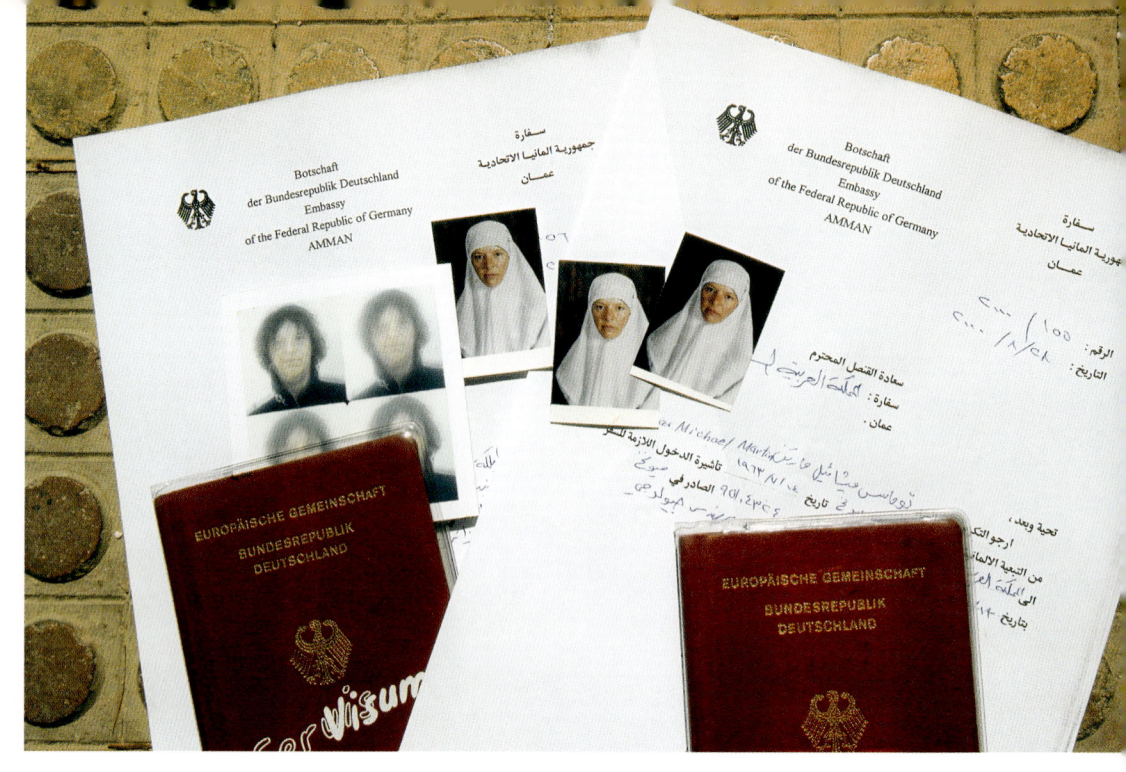

Visaanträge für Saudi-Arabien

Papier ist geduldig /

meine Reiseroute ändern musste, weil alle meine Bemühungen erfolglos blieben.

Fast genauso wichtig wie der Reisepass ist der gelbe Internationale Impfpass. Darin müssen nach den Bestimmungen der bereisten Länder jeweils vorgeschriebene Impfungen, in der Regel wenigstens die Gelbfieberimpfung, nachgewiesen sein. In den 1980er-Jahren war für viele Länder noch die Pockenimpfung obligatorisch, obwohl die Pocken 1980 von der WHO für ausgerottet erklärt worden waren. Da mir der entscheidende Stempel im Impfpass fehlte, wäre 1982 fast meine Einreise in die Volksrepublik Kongo gescheitert. Ich fuhr mit Achim, der schon bei der Mofareise nach Marokko mit von der Partie war, auf einem Schiff von Bangui, der Hauptstadt der Zentralafrikanischen Republik, die Flüsse Ubangi und Kongo hinunter nach Brazzaville, der Hauptstadt des Kongo. Plötzlich hörten wir, wie der Grenzbeamte andere Passagiere nach der Pockenimpfung fragte. Der Schichtwechsel der Beamten war meine Rettung. Wir legten ein Fünfmarkstück unter die entsprechende Seite im Impfpass, rubbelten mit dem Bleistift den Bundesadler durch, klebten noch eine Schülerjahresmarke der Augsburger Verkehrsbetriebe, die Achim in seiner Hosentasche fand, daneben und beglaubigten das Ganze mit einer autoritär wirkenden Arztunterschrift. Der Grenzbeamte war zufrieden.

Was für den Reisenden der Reisepass, ist für das mitgeführte Fahrzeug das Zollpassagierscheinheft, das sogenannte Carnet de Passage. Es wird von den Automobilklubs für eine vorübergehende zollfreie Einfuhr ausgestellt und garantiert dem Land, in das man mit dem Fahrzeug einreisen möchte, dass das Fahrzeug wieder ausgeführt beziehungsweise im Falle eines Verkaufs ordnungsgemäß verzollt wird. In vielen Ländern Afrikas, Asiens und Südamerikas sowie in Australien ist das Carnet de Passage für Reisende zwingend vorgeschrieben, wenn nicht, beschleunigt und verbilligt es jedenfalls die Grenzformalitäten. Ich führe es immer mit, weil ich so meistens verhindern kann, dass mein Fahrzeug in meinen Pass eingetragen wird. Unterbreche ich die Reise und fliege zwischendurch zurück nach Hause – was im Notfall, wie zum Beispiel bei meiner Blinddarmentzündung, eintreten kann –, kann ich das Fahrzeug in dem Reiseland stehen lassen und die Reise, wenn ich wiederkomme, problemlos fortsetzen.

Gefälschte Papiere

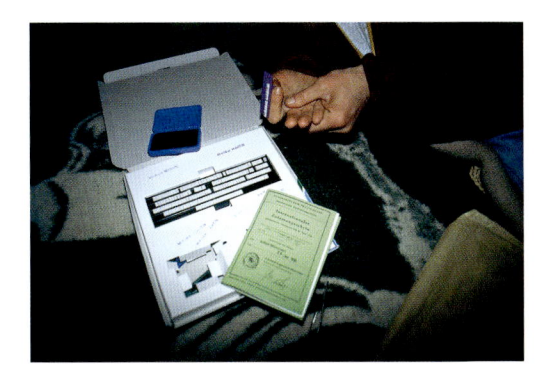

Ägyptische Kennzeichen für das Motorrad

Bei einer Einreise nach Indien konnte ich nicht verhindern, dass mein Motorrad in meinen Pass eingetragen wurde. Und wie das Unglück es wollte, musste ich ausgerechnet bei dieser Reise zwischendurch nach Hause fliegen. Ich gedachte das Motorrad in Indien beim Zoll stehen zu lassen, was aber nur möglich war, wenn ich es vom indischen Zoll aus meinem Pass austragen ließ. Mir schwante nichts Gutes, ich ahnte aber nicht, dass die Formalitäten im New Custom House in Neu-Delhi zwei volle Arbeitstage in Anspruch nehmen würden. Es war alles andere als einfach, hinter Aktenstapeln, die sich in den Räumen bis an die Decke türmten, den jeweils richtigen Beamten zu finden, und das noch in der richtigen Reihenfolge. Insgesamt waren 40 verschiedene Beamte in den Vorgang involviert. Von diesem Marathon durch die indische Bürokratie sind mir die hygienischen Verhältnisse auf den Toiletten und in der Kantine sowie die meterhohen, tropfsteinähnlichen Gebilde in den Ecken des Treppenhauses in Erinnerung geblieben. Sie waren entstanden, weil die Vorübergehenden immer auf dieselben Stellen spuckten. Als ich das Motorrad ein halbes Jahr später wieder abholen wollte, musste ich die gleichen 40 Beamten bemühen, diesmal allerdings in umgekehrter Reihenfolge. Nach wiederum zwei Tagen bekam ich das Motorrad aus dem Zollhof heraus – die Parkgebühr betrug knapp 2.000 Euro.

Selbst wenn man in Besitz eines Carnet de Passage ist, bleibt einem der Hürdenlauf durch die Bürokratie nicht immer erspart. In Ägypten benötigte ich einmal fünf Arbeits-, also zehn Kalendertage, um mein Motorrad aus dem ägyptischen Zoll zu bekommen. Die Beamten wollten nicht nur den Namen meiner Eltern, sondern auch den meiner Großeltern wissen, einschließlich des Geburtsnamens meiner Mutter und meiner Großmütter. Dann unterzog man das Motorrad einer Art TÜV-Prüfung, bei der das Fehlen eines Feuerlöschers moniert wurde, und erklärte mir, ich müsse ägyptische Kennzeichen kaufen, mit den deutschen dürfe ich nicht auf ägyptischen Straßen fahren. Ich kaufte die Schilder – natürlich mit arabischen Schriftzeichen – und montierte sie aus Versehen falsch herum ans Motorrad, ohne dass es drei Wochen lang einen Polizisten gestört hätte.

Wer mit dem eigenen Fahrzeug nach China einreisen will, muss eine ganze Reihe von Bedingungen erfüllen: Vor Reiseantritt ist bei

> »Im Tschad waren die Reisepapiere nur gültig, wenn sie die Unterschrift des Innenministers höchstpersönlich trugen. Ich saß schon tagelang in N'Djamena fest, der Hauptstadt des Landes, als ich mich entschloss, ihn zu Hause aufzusuchen, um endlich an seine Unterschrift zu kommen. Der Minister duschte gerade, erklärte sich dann aber bereit zu unterschreiben.«

lizenzierten Reiseagenturen eine chinesische Zulassung mit entsprechenden Kennzeichen und ein chinesischer Führerschein zu beantragen. Ferner wird für jeden geplanten Kilometer eine Art Wegegeld fällig. Und man muss einen offiziellen Führer engagieren, der die Reisenden begleitet, meist im eigenen Auto. Das ist nicht nur mit großem Aufwand verbunden, sondern kann auch schnell einen fünfstelligen Eurobetrag kosten, für die chinesischen Behörden sicherlich eine willkommene Deviseneinnahme. Einziger Trost dabei ist, dass man diese Formalitäten von Europa aus erledigen kann und die Papiere beim Grenzübertritt bereitliegen.

Auch viele afrikanische Länder setzen ihren ganzen Ehrgeiz darein, Individualreisen mit dem eigenen Fahrzeug strikt zu reglementieren. Im Tschad waren die Reisepapiere nur gültig, wenn sie die Unterschrift des Innenministers höchstpersönlich trugen. Ich saß schon tagelang in N'Djamena fest, der Hauptstadt des Landes, als ich mich entschloss, ihn zu Hause aufzusuchen, um endlich an seine Unterschrift zu kommen. Der Minister duschte gerade, erklärte sich dann aber bereit zu unterschreiben. So etwas gelingt nur mit Hilfe von Transiteuren, den Vermittlern zwischen den Behörden und ihren Kunden. Transiteur ist im Tschad ein anerkannter Beruf, der ein sicheres Einkommen bietet.

Noch ein paar Worte zum Thema Geld. Unterwegs hohe Summen an Bargeld mit sich zu führen, ist schon aus Sicherheitsgründen nicht angebracht. So schwierig das Reisen in den letzten drei Jahrzehnten aufgrund der zahlreichen Kriege und Bürgerkriege auch geworden ist – was den Geldtransfer unterwegs angeht, ist es aber leichter geworden. Selbst in Ländern mit einer kaum ausgebauten Infrastruktur wie dem Tschad oder Afghanistan gibt es heutzutage in der Hauptstadt mindestens eine Bank, die bei Vorlage einer gängigen Kreditkarte Bargeld auszahlt. Selbst in Provinzstädten finden sich Filialen von Western Union. Dorthin kann man sich von Europa aus Geld schicken lassen und es wenige Stunden später abheben – ein Service, der seinen Preis hat. Viel günstiger ist es, wenn man – wie zu Hause – das Geld am Automaten zieht, was in erstaunlich vielen Ländern heute möglich ist.

Aufgrund der anhaltenden Stärke des Euro gegenüber dem Dollar ist der Euro in manchen Ländern Afrikas und Arabiens inzwischen beliebter als der Dollar, in anderen, meist anglofonen

Mein chinesischer Führerschein   Geldwechsel in Usbekistan

Staaten mit engen Wirtschaftsbeziehungen zu den USA, zählt nach wie vor der Dollar. So führe ich unterwegs sowohl einen Barbestand in Euro als auch in Dollar mit, und in entlegenen Regionen, wo lokale Banken noch keine Kreditkarten kennen oder es gar keine Bank gibt, tausche ich die Geldscheine in die jeweilige Landeswährung um. Von 100-Dollar-Noten kursieren in Afrika so viele Fälschungen, dass diese Scheine von vielen Banken, Wechselstuben und Geschäftsleuten zurückgewiesen werden. Akzeptanz finden nur 10-, 20- und 50-Dollar-Noten.

Die Zeiten, in denen in vielen Ländern der Erde ein blühender Schwarzmarkt für Devisen herrschte, sind vorbei, da die meisten Staaten im Zuge der Globalisierung ihre Währungen freigegeben haben. Ich kann mich aber noch gut daran erinnern, wie ich 1982 auf einer öffentlichen Toilette am Roten Platz in Moskau 100 US-Dollar in Rubel schwarz tauschte. Der Kurs war elfmal höher als der offizielle Bankkurs. 1982, auf unserer Fahrt den Kongofluss hinunter, legte das Schiff in einer Hafenstadt an, die zu Zaire gehörte, der heutigen Demokratischen Republik Kongo. Die Passagiere, die von Bord gingen, wurden sofort von zahlreichen Geldwechslern umringt. Die Landeswährung hieß Zaire. Ein Zaire, als Schein im Umlauf und weniger als einen Pfennig wert, war nur im Tausenderpack erhältlich. Wer eine größere Summe umtauschen wollte, sah zu seinem Erstaunen, dass die entsprechenden Packen nicht gezählt, sondern gewogen wurden. Und man brauchte ein größeres Behältnis, um das Geld zu transportieren.

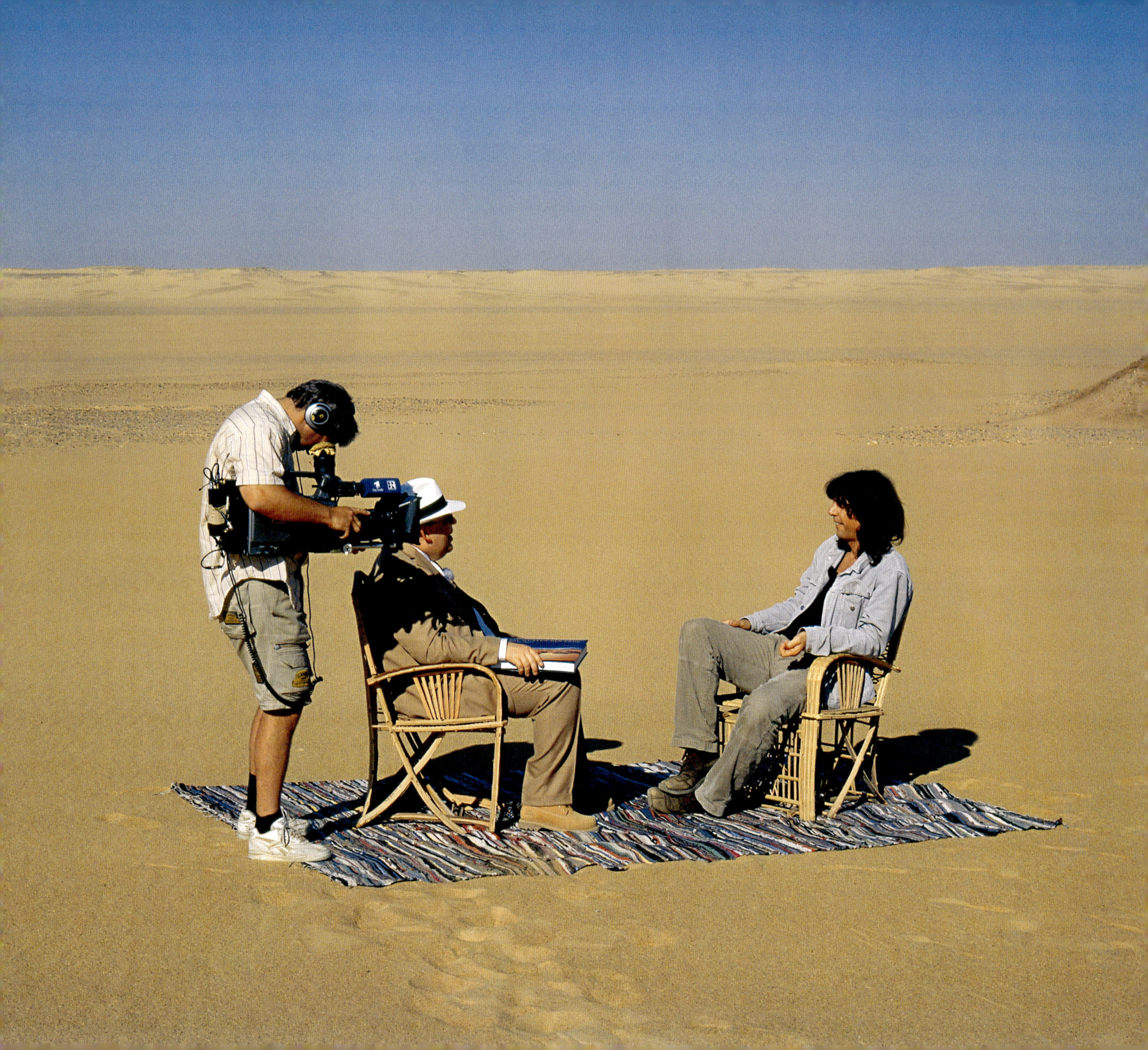

Mit dem Buchkritiker Denis Scheck in der Sahara

→→ Traumberuf Abenteurer?

In Gesprächen habe ich oft den Eindruck gewonnen, dass viele denken, ich säße zu Hause stets auf gepackten Koffern und mein einziger Wunsch sei es, schnellstens wieder eine Wüste zu durchqueren. Diese Vorstellung entspricht so gar nicht meinem Leben.

Ich bin zwar leidenschaftlich gern mit meiner Kamera in den Wüsten unterwegs, als genauso spannend empfinde ich aber auch das Tourneeleben, das mich kreuz und quer durch den deutschsprachigen Raum führt und mich immer wieder in Kontakt mit den unterschiedlichsten Menschen bringt. Und ich bin gern in München, genieße die Ruhe zu Hause und arbeite vormittags gemeinsam mit meiner langjährigen Mitarbeiterin Tine im Büro. Meine Freizeit verbringe ich in der Natur, meist am Ammer- und Wörthsee oder in den Alpen. In Oberbayern fühle ich mich zu Hause, dort bin ich geboren, und dort möchte ich auch immer leben. In den Wüsten bin ich Gast, wenn auch ein Gast, der sich dort gut auskennt und sehr wohl fühlt. Ich denke, meine Verwurzelung zu Hause und meine gleichzeitige Lust am Reisen hat viel mit meinen Eltern zu tun. Mein Vater ist ein sehr heimatbezogener Mensch, meine Mutter reist leidenschaftlich gern.

Ich habe die letzten drei Jahrzehnte als eine Zeit voller Kontraste zwischen ganz unterschiedlichen Lebenswelten wahrgenommen. Fortwährend zwischen Timbuktu und Oberbayern, zwischen Büro und Tournee, zwischen Elternsprechtagen und Salzkarawanen zu wechseln, finde ich faszinierend. So manch einer würde das Hin- und Herspringen zwischen den Welten als aufreibend empfinden, ich hingegen habe aus dieser Art zu leben immer viel Motivation und Ideen bezogen.

Wichtig in meinem Leben sind meine beiden Kinder Gina und David. 1987 war ich mit meiner damaligen Freundin Steffi vom Nil zum Niger gereist und hatte gerade eine neue Tournee begonnen, als wir im Januar 1988 Eltern wurden. Unsere Tochter Gina wurde in der 26. Schwangerschaftswoche geboren, ihre Überlebenschancen waren minimal. Sofort sagte ich eine geplante Reise nach Mali ab. Die Sorge um unsere Tochter stand nun an erster Stelle. Sie prägte in den nächsten Monaten unseren Alltag und hielt auch an, als Gina viele Monate später die Klinik als gesundes, aber noch sehr empfindliches Baby verlassen konnte. Dass ich Vater war, kostete viel Kraft und Zeit, was durch die Freude, die das Leben

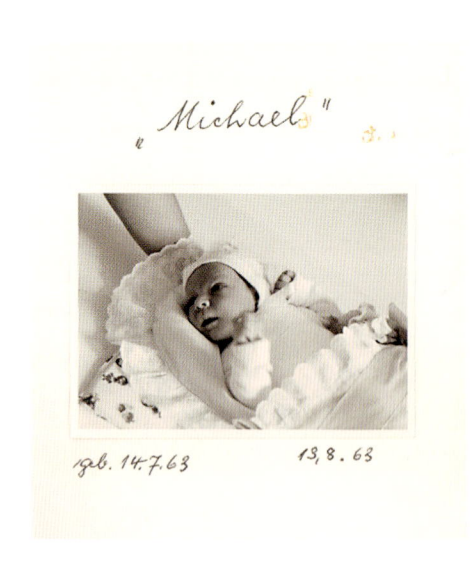

Meine Geburtskarte

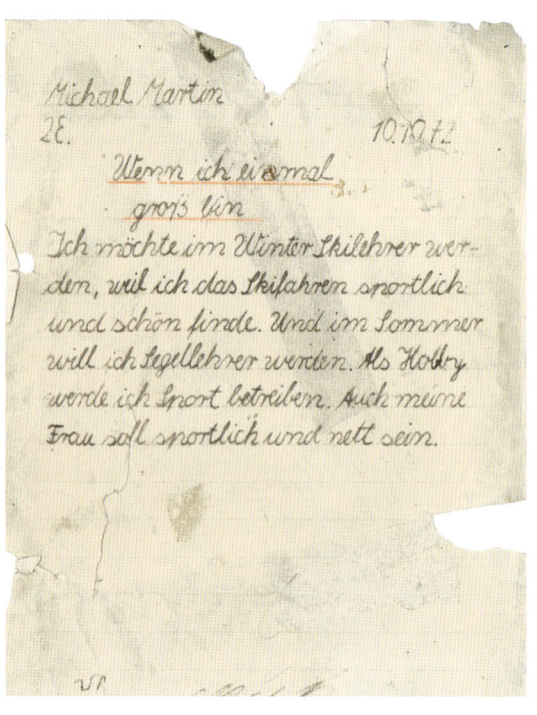

Aufsatz in der zweiten Klasse

Meine Familie 1977

Traumberuf Abenteurer?

mit Kind bietet, und die vielen neuen Erfahrungen mehr als aufgewogen wurde. Eine Herausforderung bestand für mich darin, mein Reise- und Tourneeleben mit meinem Vatersein zu vereinbaren. Nun lernte ich meine Freiheit als Selbstständiger schätzen, denn ich konnte mir meine Zeit gemäß den Bedürfnissen unserer jungen Familie frei einteilen und Gina auch während meiner Arbeit betreuen. Bei Vorträgen nahm ich meine Tochter einfach mit. Ginas Schlafplatz war oft eine kleine Matratze hinter der Leinwand, wo sie seelenruhig schlief, während ich meine Dias zeigte. Am Schluss war Gina das letzte »Gepäckstück«, das ich ins Auto hob. Auch meine Geschäftspartner nahmen nie Anstoß daran, wenn ich mit meiner kleinen Tochter zu Besprechungen kam.

Ein Jahr nach ihrer Geburt nahmen wir Gina zum ersten Mal mit nach Afrika, was ich heute nicht mehr tun würde. Keiner von uns dreien hatte etwas von dieser Ostafrikareise. Erst als sie vier war, machte Gina das Reisen durch Afrika Spaß. Kay Maeritz, ein Freund und Kollege, und ich nahmen Gina mit auf eine sechswöchige Reise durch Namibia und Botsuana. Nie wieder wurde ich so unkompliziert und so oft von den Einheimischen angesprochen – aus der Begegnung mit dem kleinen europäischen Kind ergaben sich immer herzliche Kontakte. Später nahm ich Gina nach Algerien, in den Niger, die Mongolei, die Emirate, nach Australien und in die USA mit. Die Reisen waren dann für uns beide angenehm, wenn wir die heißen Monate und schwierige Länder mieden. Da ich das Fotografieren im Reisealltag auf wenige kurze Situationen beschränkte, blieb uns genug Zeit für gemeinsame Erlebnisse.

In den letzten Jahren war ich auch viel mit meinem Sohn David unterwegs, der 1996 geboren wurde. So reiste ich mit ihm und Gina in die Sahara, nach Westafrika und durch das südliche Afrika. Auch für ihn waren das freie Campen, das tägliche Weiterziehen und die vielen Begegnungen mit einheimischen Kindern prägende Erlebnisse. Dass ich meinen Kindern etwas von »meinen« Wüsten zeigen kann, macht mich froh. Oft fällt mir auf, dass sie das Gesehene viel mehr beschäftigt, als es ihnen selbst bewusst ist, und ich bin sicher, dass der Blick über den Tellerrand sie sensibel gemacht hat für die Vielfalt unserer Welt.

Als ich im Alter von 17 Jahren den ersten Diavortrag über meine Reisen hielt, hätte wohl niemand und am allerwenigsten ich selbst

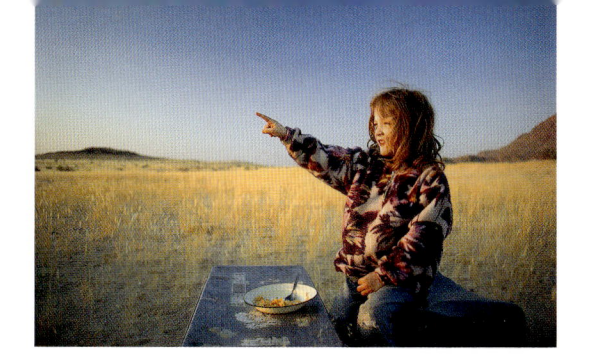

Frühstück in der Namib / Gina und Jamil auf Lamu

Mit meinen Kindern in Marokko

gedacht, dass ich daraus einmal einen Beruf machen würde. Spätestens seit meiner Studienzeit war mir aber klar, dass ich nichts lieber tat, als reisen, fotografieren und darüber berichten, und dass ich das keinesfalls nur in meiner Freizeit betreiben wollte. Diesen beruflichen Weg eingeschlagen zu haben, habe ich nicht eine Minute bereut. Seit nunmehr fast 30 Jahren bin ich noch genauso begeistert wie damals, als alles angefangen hat.

Begeisterung ist sicher ein wichtiger Motor, aber sie läuft ins Leere, wenn man nicht selbstkritisch prüft, wo die eigenen Talente liegen. Ich hatte das Glück, dass ich dies schon als Jugendlicher herausgefunden habe. Ich sehe meine Talente im Fotografieren, Präsentieren und Organisieren. Das Talent zu fotografieren habe ich wohl von meinem Vater geerbt, der wie ich als Jugendlicher fotografierte und mit seiner Agfa Box Fotowettbewerbe gewann. Als leidenschaftlicher Anhänger des Bauhausstils und der modernen Malerei prägte er mein ästhetisches Empfinden. Meine Mutter legte mir das rednerische Talent in die Wiege. Die Lehrerin und spätere Gymnasialdirektorin verstand es, ihre Schüler sogar für Latein zu faszinieren, und ermutigte mich immer, meine Gedanken in klare, überzeugende Worte zu fassen. Grafische und rhetorische Begabung allein hätte nicht gereicht, um in meinem Beruf erfolgreich zu sein. Organisationstalent und unternehmerische Risikobereitschaft sind ebenso Voraussetzung. Hier hatte ich in meiner Familie keine Vorbilder. Geholfen hat mir aber, dass ich erste geschäftliche Erfahrungen mit der Vermarktung meiner Fotos schon früh sammeln konnte. Steigt man später in den Beruf »Abenteurer« ein, ist es ungleich schwerer.

Nach meinen Diavorträgen sprechen mich des Öfteren Leute aus dem Publikum an und sagen mir, dass sie von einem so abenteuerlichen Leben träumen und viel lieber nur reisen würden, als ihr Arbeitsleben beispielsweise am Schreibtisch zu verbringen. Es stimmt, dass ich in den drei Jahrzehnten meiner Reisen viel Abenteuerliches erlebt habe, doch bin ich deswegen Abenteurer von Beruf? Bin ich nicht eher Reisender, Fotograf, Diareferent, Buchautor, Projektmanager, Fundraiser? Eigentlich alles zusammen. Wer mich fragt, wie er sich mit Reisen, Fotografieren und Vorträgen eine berufliche Existenz aufbauen kann, weil er den Alltagstrott hinter sich lassen möchte, dem versuche ich also zu erklären, dass

»Die Leistungen der Sponsoren machten zu der Zeit maximal fünf Prozent meines Reiseetats aus. Und dabei ist es bis heute geblieben! Mit den Jahren wurden die Sachleistungen zwar umfangreicher, der finanzielle Aufwand meiner Reiseprojekte stieg aber in vergleichbarem Maße, sodass Sponsoring nach wie vor keine große Rolle für mich spielt – wenn man es aus rein finanzieller Sicht betrachtet.«

mein Beruf nicht nur aus Reisen und Fotografieren besteht. Ich muss planen, organisieren, Sponsoren suchen, mit Vortragsveranstaltern, Verlagen und Druckereien verhandeln, täglich jede Menge E-Mails schreiben und viel telefonieren. Und bis man sich in dem Beruf einen Namen gemacht hat, ist es ein sehr langer Weg.

Vor dem Antritt der ersten Reise steht erst einmal die Anschaffung einer professionellen Foto- und Reiseausrüstung; unterwegs fallen dann Kosten für das Fahrzeug und den eigenen Lebensunterhalt an. Dieser Finanzierungsaufwand amortisiert sich vielleicht erst Jahre später, denn es dauert sicherlich einige Zeit, bis die Vermarktung des Reiseprojekts finanzielle Früchte trägt. Mit anderen Worten: Wer Reisen zu seinem Beruf machen möchte, braucht ein gewisses Geldpolster. Und da die Wenigsten auf eine reiche Erbschaft zurückgreifen können, ist es üblich geworden, nach Sponsoren Ausschau zu halten. Um unrealistischen Vorstellungen von den Möglichkeiten, die sich aus der Zusammenarbeit mit Firmen ergeben, gleich entgegenzutreten, möchte ich hier betonen, dass Sponsoring zwar zur Verminderung der Reisekosten beitragen kann, niemals aber kostendeckend erfolgt. Auch meine Reisen werden, im Gegensatz zu dem, was manche glauben, keinesfalls komplett von Sponsoren finanziert.

Firmen handeln in aller Regel rational und haben nichts zu verschenken. Sie wägen das Verhältnis zwischen Kosten und Nutzen genau ab und beantworten die meisten Bitten um Sponsoring daher mit einem Negativbescheid. Aufgrund der Vielzahl der Anfragen erhält man, wenn überhaupt eine Antwort, meist einen Standardbrief mit einer höflich formulierten Absage.

Mehrere solcher Briefe waren mir bereits ins Haus geflattert, als ich 1985 bei Minolta anfragte, mit deren Kameras ich schon zehn Jahre lang fotografierte, ob sie sich vorstellen könnten, meine Arbeit zu sponsern. Zu meiner großen Überraschung erhielt ich von der zuständigen Abteilung das Angebot, mir ihr Spitzenmodell, die Minolta 9000, samt Objektiven zur Verfügung zu stellen. Im Gegenzug sollte ich bei meinen Diavorträgen durch Logos und Prospekte für Minolta werben. So prangte fortan das blaue Minolta-Logo auf meinen Plakaten – und blieb dort bis 1989 auch das einzige Logo. Erst bei der Vorbereitung meiner Reise durch die Ténéré gelang es mir, weitere Firmen wie Climb High, Spezialist

Illustration zu unserer Sponsoringanfrage an Peugeot

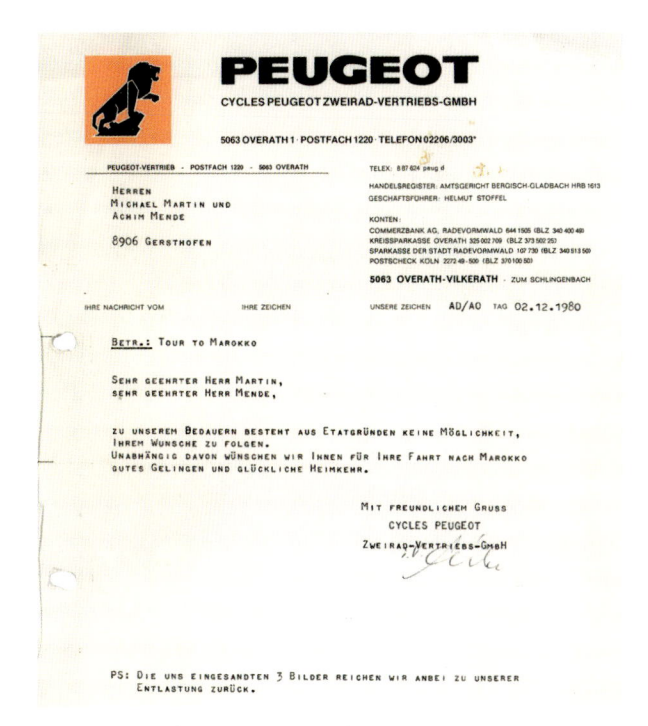

Antwortschreiben von Peugeot

für Outdoor-Artikel, und Mariner, den Hersteller der bekannten Außenbordmotoren, zu bewegen, mich mit Sachaufwendungen zu unterstützen. Die Leistungen der Sponsoren machten zu der Zeit maximal fünf Prozent meines Reiseetats aus. Und dabei ist es bis heute geblieben! Mit den Jahren wurden die Sachleistungen zwar umfangreicher, der finanzielle Aufwand meiner Reiseprojekte stieg aber in vergleichbarem Maße, sodass Sponsoring nach wie vor keine große Rolle für mich spielt – wenn man es aus rein finanzieller Sicht betrachtet. Von größter Bedeutung ist das Sponsoring allerdings bei der Planung und Durchführung meiner Reisen: So unterstützt mich die Firma BMW, mein langjähriger Partner, nicht nur, indem sie mir die Motorräder zur Verfügung stellt, sondern auch dadurch, dass meine Maschinen überall in der Welt von den BMW-Werkstätten vor Ort gewartet werden. Brauche ich ein Ersatzteil, reicht ein Anruf in München, und das Teil wird per Kurierdienst weltweit verschickt. Selbst bei meinen Bemühungen zur Beschaffung eines Einreisevisums für Saudi-Arabien erhielt ich von der BMW-Niederlassung in Riad Unterstützung. Leider ohne Erfolg, obwohl die Ölscheichs gern BMW fahren.

Und wertvoll sind für mich auch die Kontakte, die sich durch meine Partnerfirmen ergeben. So zeigte ich dank der Vermittlung von Leica, des bekannten Kameraherstellers, meine Diavorträge in Katar, und BMW Japan lud mich zum BMW-Motorradtreffen in die japanischen Berge ein, wo ich auch Gelegenheit hatte, meine Diashows vorzuführen.

Viele Sponsoren zeigen sich erstaunlich großzügig, was Gegenleistungen angeht, und fordern kaum welche ein. Andererseits stößt man gelegentlich auch auf Firmen, die es am liebsten sähen, dass man sich als Litfaßsäule präsentiert – da fällt es mir leicht, auf die Zusammenarbeit zu verzichten, denn ein Übermaß an Werbung wirkt genauso kontraproduktiv wie ein Sponsor, der den Ruf, den ich mir mit meiner Arbeit erworben habe, in einem fragwürdigen Licht erscheinen ließe.

Wer jetzt davor zurückschreckt, meinen beruflichen Fußstapfen zu folgen, dem möchte ich sagen: Reisen und Fotografieren kann man auch als Amateur – nomen est omen – mit Begeisterung betreiben, und Abenteuer gibt es überall.

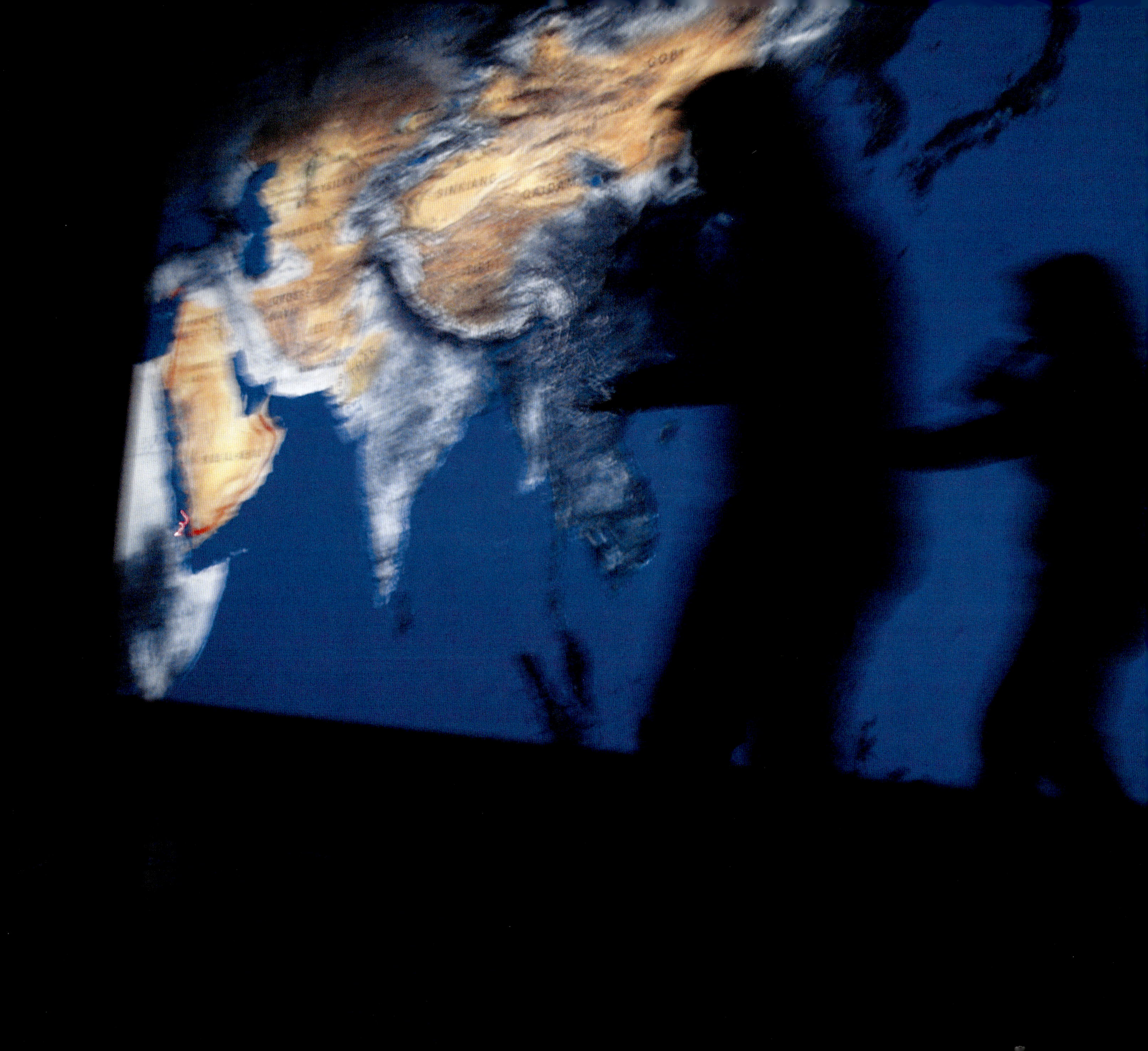

→→ Backstage

Achim, mein Schulfreund, mit dem ich in die Alpen radelte und von den Berggipfeln aus den Sternenhimmel fotografierte, und ich waren 15 Jahre alt, als wir unseren ersten Diavortrag sahen. Der Weltenbummler Helfried Weyer zeigte in der Augsburger Kongresshalle Bilder aus Marokko. Dabei setzte er mehrere Diaprojektoren mit Überblendtechnik ein und kommentierte die Dias. Das Ganze wurde mit Musik untermalt.

Noch auf dem Heimweg beschlossen wir, es dem bekannten Fotografen gleichzutun und die Dias von unseren Fahrradtouren zu einem Vortrag zusammenzustellen. Denn wir hatten nicht nur Sternenfotos, sondern auch jede Menge Landschaftsbilder mit nach Hause gebracht. Und vor allem hatten wir viel erlebt! Der Vortrag hieß »Um frei zu sein, bedarf es wenig« und fand Ende 1978 in der Paul-Klee-Stube des Gasthauses Strasser in unserem Heimatort Gersthofen statt. Fotokopierte DIN-A3-Plakate und ein kleiner Artikel in der Lokalzeitung hatten acht zahlende Zuschauer angelockt. Achim und ich kommentierten abwechselnd, ein weiterer Schulfreund legte Schallplatten auf und untermalte damit die jeweiligen Bilder. *Wheel in the Sky* von Journey passte perfekt zu dynamischen Fahrbildern, bei stimmungsvollen Landschaftsaufnahmen erklang *Shine on You Crazy Diamond* von Pink Floyd. Die Synchronisation zwischen unseren wechselseitigen Kommentaren, den Bildern und der eingespielten Musik ließ bestimmt zu wünschen übrig, aber den acht Zuschauern machte der Vortrag offensichtlich genauso viel Spaß wie Achim und mir. Wir wiederholten das Experiment noch mehrmals im Augsburger Kulturhaus Kresslesmühle – vor 50 und mehr Zuschauern.

Während Multivisionsvorträge wie die von Helfried Weyer in gediegenem Rahmen vor einem meist älteren Publikum stattfanden und nicht zuletzt auch dazu dienten, Leica-Produkte zu bewerben – daher der Name »Leicavision« –, tauchten in Augsburg bald weitere Plakate von freien Referenten auf, die von ihren Fernreisen berichteten. Diese Novität war unmittelbar mit der Entwicklung auf dem Reisemarkt verknüpft. Anfang der 1980er-Jahre eröffneten erste Billigfluganbieter ihre Reisebüros und boten zu einem Bruchteil des offiziellen IATA-Tarifs Tickets nach Bangkok, Delhi, Kapstadt oder Lima an. Damit wurden individuelle Fernreisen auch für Studenten und Normalverdiener erschwinglich.

Mein erster Diaprojektor

Mein Heimatort, wo ich meinen ersten Diavortrag hielt

Backstage /

Sogenannte alternative Reiseführer lieferten handfeste Tipps, wie man mit wenig Geld durch Afrika, Asien oder Australien kommen konnte. Sie beschrieben die schönsten Trekkingtouren und nannten die günstigsten Herbergen, sparten aber an Illustrationen. Wenn überhaupt, enthielten sie nur winzige, undeutliche Schwarz-Weiß-Fotos.

Diese visuelle Lücke schlossen die Reise-Diavorträge, die zu der Zeit in Mode kamen. Die Nachfrage war enorm. Im Januar 1983 genügten Achim und mir 30 fotokopierte DIN-A3-Plakate und ein einzeiliger Veranstaltungshinweis in der *Süddeutschen Zeitung*, um für unseren Vortrag »Sahara, Sahel, Regenwald« 800 Zuschauer zu mobilisieren. Sie drängten sich im großen Pulk vor dem Münchner Stadtmuseum, dessen Saal nur 200 Besucher fasste – der Verwalter hatte ihn uns für 100 DM vermietet. Auch wenn wir anfangs nur einen Eintrittspreis von vier DM oder fünf DM erhoben, holten wir angesichts des geringen Werbeaufwands und des enormen Besucherandrangs die Kosten unserer Afrikareise schnell wieder herein. Achim und ich waren nicht die Einzigen – wenn auch die Zahl der Globetrotter, die nach ihrer Rückkehr Vorträge hielten, zunächst noch überschaubar war. Meist wurden einfache Reiseberichte geboten, oft mit schlichten Amateurfotos und holpriger Rhetorik, einige Plakate versprachen zusätzliche »Tipps zum Nachmachen«. Im Laufe der 1980er-Jahre entwickelte sich daraus eine regelrechte Vortragsszene. Ursprünglich organisierten viele Globetrotter ihre Vorträge noch im »Nebenberuf«, bald lief es aber so gut, dass sie ihr Studium oder ihren Beruf an den Nagel hängten, durch die Welt reisten und anschließend Diashows zeigten.

Die Werbung für diese Veranstaltungen gestaltete sich denkbar einfach. Statt per Zeitungsankündigung oder auf Litfaßsäulen Reklame zu machen, begab man sich höchstselbst in die Innenstädte und brachte eine bestimmte Anzahl Plakate mit Tesafilm oder Kleister an Hauswänden und Bretterzäunen an. In der Heimatstadt war diese Form der Werbung durchaus zu bewältigen, doch eine ganze Tournee auf die Beine zu stellen, war eine organisatorische und physische Herausforderung. Da viele Plakate von Hausbesitzern, Stadtreinigungen oder Konkurrenten abgerissen wurden, musste oft drei- oder viermal plakatiert werden, und das in mehreren Großstädten gleichzeitig. So war ich mit dem Zug kreuz und

Alex unterwegs zum Plakatieren

Wojo beim Plakatekleben in Nairobi

quer in Deutschland unterwegs, um in Hamburg, Hannover, Stuttgart oder Köln für meine Vorträge mit Plakaten zu werben. Das Tramper-Monatsticket der Deutschen Bundesbahn gewährte für jeweils vier Wochen freie Fahrt in allen Zügen. Der eine oder andere Zugreisende wird sich gefragt haben, was ich mit den Plakatbündeln, einem Kleistereimer und vielen Rollen Tesafilm wohl im Schilde führte. Die Zugreisen zwischen den einzelnen Städten nutzte ich zum Aufwärmen, Essen und oft genug auch zum Übernachten. Auch der Plakatnachschub aus München funktionierte dank der Bundesbahn reibungslos. Am Bahnhof München-Pasing warf ein Freund während des zweiminütigen Intercitystopps Tausende Plakate in das Gepäckabteil des Großraumwagens, teilte mir telefonisch die Zug- und Wagennummer mit, und ich holte die Plakate an irgendeinem Bahnhof in Norddeutschland aus dem Waggon. Das klappte viele Dutzend Male, nur einmal wurde ein Zug umgeleitet, und statt nach Köln fuhren die Plakate nach Amsterdam, wo sie auch verblieben.

Die Diavorträge machten mir im Laufe der Zeit immer größeren Spaß. Das Publikumsecho ermutigte mich, auf diesem Wege weiterzumachen, und bald erwiesen sich die Vorträge als ein probates Mittel, meine Reisen zu finanzieren. 1982 zeigte ich »Nordafrika – Mit dem Auto durch die Sahara«, 1983 »Sahara – Sahel – Regenwald: Mit dem VW-Bus 13.000 Kilometer durch Hitze, Staub und Schlamm« sowie »Ostafrika«, 1984 dann »Sahara – Durch die Wüste nach Schwarzafrika«, mit Bildern meiner Touren mit dem Peugeot 504. Diese Vorträge setzten sich vorwiegend aus spannenden Reiseerlebnissen zusammen, darunter nicht zuletzt einige Autopannen mit abenteuerlichen Folgen. Um mein Publikum an möglichst Vielem von dem teilhaben zu lassen, was ich unterwegs sah und erlebte, trug ich die Kamera immer mit mir herum und hielt so ziemlich alle Ereignisse im Bild fest. So entstanden zahlreiche Schnappschüsse, die die Vorträge sehr anschaulich machten.

1989 mietete ich für meine Diashow »Ténéré« den Kongresssaal des Deutschen Museums in München. Das war in mehrfacher Hinsicht ein Wagnis. Zum einen hatte nur Reinhold Messner es bisher geschafft, mit einem Diavortrag den Saal zu füllen – der immerhin 2.400 Plätze aufwies. Zum anderen war der Raum so

»Diavorträge sind sicher die anstrengendste Art und Weise, dem Publikum Bilder zu zeigen und eine Geschichte zu erzählen. Bei Buch und Film sorgen Verlage, Vertriebsgesellschaften und Marktmechanismen für die Verbreitung, als Diareferent aber reise ich zu meinen Zuschauern und kommuniziere direkt mit meinem Publikum.«

Backstage /

riesig, dass die Kleinbilddias, damit ihre Leuchtkraft und Schärfe zum Tragen kamen, aufs Mittelformat hochdupliziert und lichtstärkste Mittelformat-Diaprojektoren eingesetzt werden mussten. Die technischen Probleme waren bald gelöst, es blieb noch die bange Frage, ob sich ein genügend großes Publikum einfinden würde. In den Straßen Münchens hängte ich 4.000 Plakate auf. Meine Sorge erwies sich als unberechtigt. Eine Woche vor der Veranstaltung war der Kongresssaal ausverkauft. Je näher der Abend kam, umso aufgeregter wurde ich. Noch nie hatte ich live vor 2.400 Zuschauern gesprochen. In den Stunden unmittelbar vor dem Vortrag befiel mich heftiges Lampenfieber, das erst verschwand, als ich schon einige Bilder gezeigt hatte. Die Veranstaltung fand so großen Beifall, dass eine Wiederholung angesetzt wurde. Insgesamt hielt ich den Vortrag viermal im ausverkauften Kongresssaal, ich war überglücklich.

Immer noch fragten mich Mitstudenten, wie lange ich die Vorträge noch weiterführen wolle. Ich glaubte die eigentliche Frage herauszuhören: Wann ich endlich einmal einen bürgerlichen Beruf ergreifen würde? Daran dachte ich schon längst nicht mehr.

Was ich tat, entsprach genau meinen Talenten und Neigungen, und warum sollte das nicht mein Beruf werden?

Inzwischen war das Angebot an Diavorträgen in den deutschen Städten weiter gewachsen, wobei allerdings nicht unbedingt immer auf Qualität geachtet wurde. Nur selten waren Fotografie, Kommentare und Rhetorik auf gleich hohem Niveau. Der eine oder andere Globetrotter sorgte allein durch eine massive Plakatwerbung, die ja außer der eigenen Arbeitszeit nicht viel kostete, für volle Säle – zumindest so lange, bis die Ordnungsämter das wilde Plakatieren durch drastische Strafen zu unterbinden suchten. Und allmählich war zu spüren, dass das Publikum auf das Überangebot reagierte: Die Besucherzahlen pro Veranstaltung sanken kontinuierlich, nicht zuletzt auch aufgrund der rasanten Entwicklung der Mediengesellschaft, die viele andere Informationsmöglichkeiten über ferne Gegenden bot.

Als diese Entwicklung sich Ende der 1980er-Jahre abzeichnete, begann ich, mich mit meinen Diashows bei Vortragsveranstaltern zu bewerben. Neben der freien Vortragsszene gab es in der Provinz zahlreiche Kulturvereine, Volksbildungswerke, Kulturämter und

Zuschriften von Vortragsbesuchern

andere Institutionen, die seit Jahren Vorträge über Reisen in weit entfernte Länder im Programm hatten, aber immer mit denselben Referenten, und von daher ihrem Publikum gern einmal etwas Neues bieten wollten. Durch meine vielen Eigenveranstaltungen in Großstädten war ich relativ bekannt geworden, und so luden mich die Veranstalter trotz meines unkonventionellen Auftretens und meines jugendlichen Alters ein.

Es war für mich eine neue Erfahrung, gegen festes Honorar in einem Ort aufzutreten, dessen Namen ich noch nie gehört hatte. Plötzlich hatte die Länge der Schlange an der Kasse keine Auswirkungen mehr auf meine Finanzen. Ich musste nicht mehr plakatieren, mich nicht mehr bei jedem einzelnen Vortrag um Werbung und Pressearbeit kümmern – der örtliche Veranstalter erledigte alles. Bald erhielt ich Anfragen von Volkshochschulen, Tagungsstätten, Buchhandlungen, Rundfunkanstalten, Zeitungen und Fotoklubs – die Tournee umfasste nun 50 Veranstaltungen und mehr. So konnte ich eine bestimmte Diashow viel häufiger zeigen als früher und die Finanzierung des nächsten Reiseprojekts auf eine solide Basis stellen.

Längst waren meine Reisen nicht mehr zweckfrei – es war klar, dass sich daraus ein Diavortrag ergeben würde. Die Reise vom Nil zum Niger im Jahre 1987 war die erste, bei der die Routenwahl, Motivsuche und Zeiteinteilung in Hinblick auf den späteren Vortrag erfolgten. Einerseits ging damit ein Stück Spontaneität verloren, andererseits setzte die einmalige Chance, dass meine Bilder und Geschichten nach der Reise schnell ein großes Publikum finden würden, jede Menge Kreativität frei. So erwies sich das Medium »Diavortrag« als der Dreh- und Angelpunkt meiner Berufskarriere. Seit 1995 programmiert Alex Schwindt, ein Multimediafachmann, meine Diavorträge. Stefan Bässgens Überblendgeräte bieten mir immer neue Gestaltungsmöglichkeiten. Christoph Hofbauer und Klaus Hledik betreuen seit über 20 Jahren alle Werbemittel. Das Hinzuziehen von Fachleuten hat zwar seinen Preis, spart aber Zeit, schont Nerven und garantiert vor allem Professionalität.

Mein Perfektionismus lässt mich ungehalten werden, wenn die äußeren Bedingungen einem optimalen Ablauf der Veranstaltung entgegenstehen. Voraussetzung für einen Diavortrag ist Ruhe und Dunkelheit. Keinem Kammerorchester würde man Straßenlärm

In der Muffathalle in München

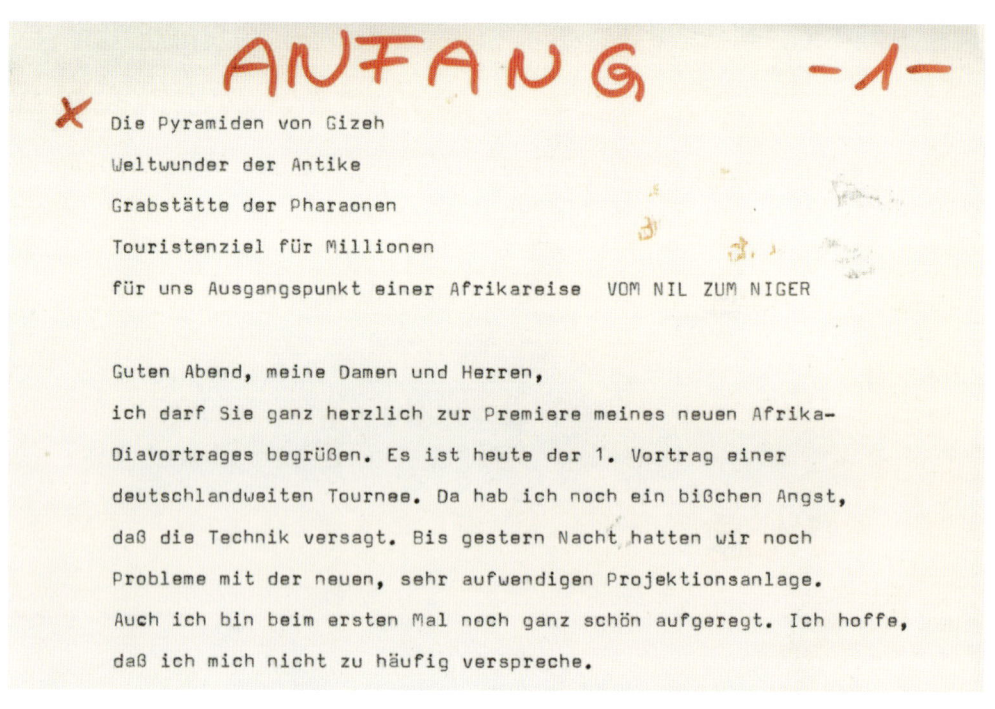

ANFANG —1—

Die Pyramiden von Gizeh
Weltwunder der Antike
Grabstätte der Pharaonen
Touristenziel für Millionen
für uns Ausgangspunkt einer Afrikareise VOM NIL ZUM NIGER

Guten Abend, meine Damen und Herren,
ich darf Sie ganz herzlich zur Premiere meines neuen Afrika-
Diavortrages begrüßen. Es ist heute der 1. Vortrag einer
deutschlandweiten Tournee. Da hab ich noch ein bißchen Angst,
daß die Technik versagt. Bis gestern Nacht hatten wir noch
Probleme mit der neuen, sehr aufwendigen Projektionsanlage.
Auch ich bin beim ersten Mal noch ganz schön aufgeregt. Ich hoffe,
daß ich mich nicht zu häufig verspreche.

Am Anfang hilft ein Manuskript

Backstage

oder einen Presslufthammer im Nebenraum zumuten. Den Diareferenten werden hingegen laute Saallüftungen, viel zu helle Notausgangslampen oder mangelnde Verdunklung zugemutet. Mit der Zeit entwickelte ich diverse Tricks, um die Säle dunkel zu bekommen und gleichzeitig die Lichtleistung der Diaprojektoren zu erhöhen. Bei einer Bildgröße von sechs mal vier Metern, die einer 40.000-fachen Vergrößerung des Kleinbilddias entspricht, ist aber das Maximum erreicht. Projizierte man größer, würde das Bild zu dunkel, und erhöhte man die Lichtleistung des Projektors, würde das Dia wegen der Hitze schmelzen.

Diavorträge sind sicher die anstrengendste Art und Weise, dem Publikum Bilder zu zeigen und eine Geschichte zu erzählen. Bei Buch und Film sorgen Verlage, Vertriebsgesellschaften und Marktmechanismen für die Verbreitung, als Diareferent aber reise ich zu meinen Zuschauern und kommuniziere direkt mit meinem Publikum, was jedes Mal höchste Konzentration erfordert. Meinen Diavortrag »Wüsten der Erde« habe ich fast vierhundertmal gehalten. Die ersten zwanzig Mal benötigte ich ein Manuskript, dann hatte ich Text und Timing verinnerlicht und konnte den ganzen Vortrag bildsynchron und auswendig darbieten – Dias, eingespielte Musik und gesprochenes Wort verschmolzen zu einer Einheit. Man könnte denken, alles Weitere wäre Routine. Aber ich stelle mich auf jeden Vortrag und jedes Publikum neu ein, selbst noch nach Hunderten von Veranstaltungen spüren die Besucher meine Begeisterung für das Reisen und meinen Enthusiasmus für den Beruf.

Vielen Zuschauern ist der persönliche Kontakt wichtig, und sie freuen sich über die Gelegenheit, dass sie nach dem Vortrag ein paar Worte mit mir wechseln können. Und auch ich freue mich, etwas über die Reiseerlebnisse meines Publikums zu erfahren und seine Reaktion auf meinen Vortrag kennenzulernen. Natürlich bin ich glücklich über jeden Applaus und jeden Besucher, der mir ein Lob ausspricht, insbesondere, wenn es jemand ist, der aus den bereisten Ländern stammt. Aber ich bin auch dankbar für kritische Kommentare, denn an jedem Vortrag, das zeigt meine Erfahrung, gibt es immer noch etwas zu verbessern.

Wenn die Diavorträge sich zu einem »Dauerbrenner« entwickelt haben, so liegt das neben der spezifischen Kommunikationssituation sicherlich auch daran, dass ich den Themen Afrika und

Tourneekalender

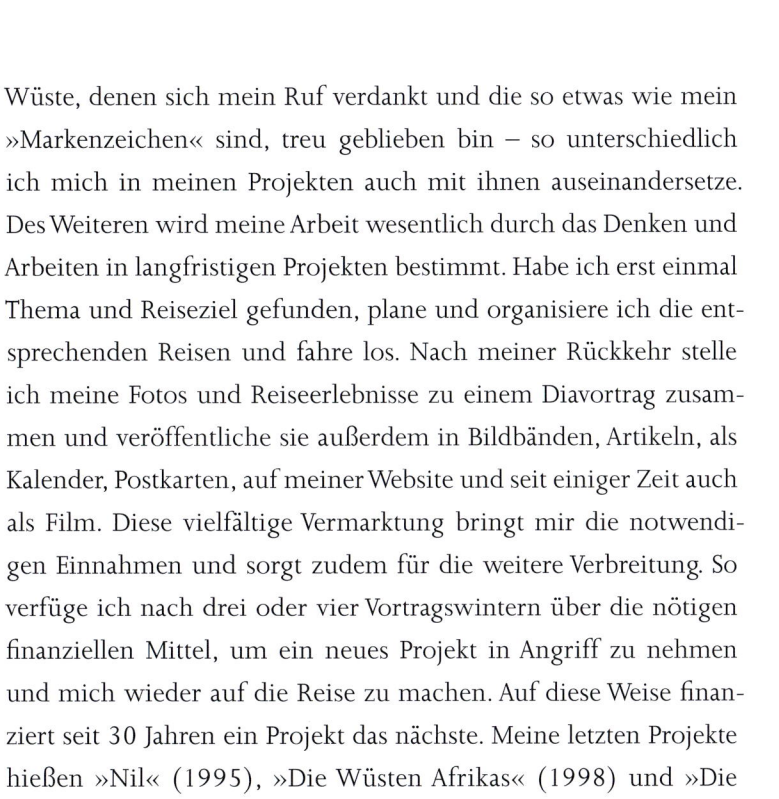

Unser Buchtisch

Wüste, denen sich mein Ruf verdankt und die so etwas wie mein »Markenzeichen« sind, treu geblieben bin – so unterschiedlich ich mich in meinen Projekten auch mit ihnen auseinandersetze. Des Weiteren wird meine Arbeit wesentlich durch das Denken und Arbeiten in langfristigen Projekten bestimmt. Habe ich erst einmal Thema und Reiseziel gefunden, plane und organisiere ich die entsprechenden Reisen und fahre los. Nach meiner Rückkehr stelle ich meine Fotos und Reiseerlebnisse zu einem Diavortrag zusammen und veröffentliche sie außerdem in Bildbänden, Artikeln, als Kalender, Postkarten, auf meiner Website und seit einiger Zeit auch als Film. Diese vielfältige Vermarktung bringt mir die notwendigen Einnahmen und sorgt zudem für die weitere Verbreitung. So verfüge ich nach drei oder vier Vortragswintern über die nötigen finanziellen Mittel, um ein neues Projekt in Angriff zu nehmen und mich wieder auf die Reise zu machen. Auf diese Weise finanziert seit 30 Jahren ein Projekt das nächste. Meine letzten Projekte hießen »Nil« (1995), »Die Wüsten Afrikas« (1998) und »Die Wüsten der Erde« (2004). Das letzte Projekt war nicht nur mein größtes und anstrengendstes, sondern auch mein erfolgreichstes.

Mein Diavortrag »Wüsten der Erde« führte mir noch einmal die Möglichkeiten und Wirkungen dieses Mediums vor Augen. 1.400 Dias, dem Publikum in Überblendtechnik dargeboten, das fesselte die Zuschauer von der ersten bis zur letzten Sekunde. Wieder einmal zeigte sich, dass professionelle Dias, wahlweise kombiniert mit Musik oder reportagehaftem Kommentar, eine stärkere Wirkung entfalten als Filmsequenzen. Ein gutes Bild hat eine stark verdichtete Aussage und lässt dennoch Spielraum für Eigeninterpretationen der Zuschauer. So schildert der Diavortrag die 900-Tage-Reise in »nur« 140 Minuten – der parallel entstandene Fernsehfilm braucht hierfür 330 Minuten.

Die Vortragsreihe »Wüsten der Erde« hatte ich zu fünf Tourneen zusammengefasst, die erste Tournee dauerte sechs Monate und bestand aus 160 Einzelveranstaltungen. Die Reisen kreuz und quer durch Deutschland sind für mich genauso faszinierend wie meine Wüstenreisen. Ich war bei Motorradklubs, in Altenheimen und auf Banketten großer Banken, in Millionärsvillen, in Turnhallen, auf Schiffen und in Biergärten, ich sprach mit Tausenden Menschen, die unterschiedlicher nicht hätten sein können. Es gab Tage, da

Entspannung im Hotel

Schwertransport mit Technik und Werbemitteln

Backstage /

erlebte ich den Tourneealltag als aufregend und spannend, aber auch Tage, da wäre ich am liebsten ganz allein irgendwo in der Natur unterwegs gewesen.

Und wie sieht so ein Tourneetag typischerweise aus? Er beginnt früh. Um sechs Uhr wache ich in einem einfachen Hotelzimmer der Etap-Kette auf, jogge eine Stunde lang – bei den Vorträgen muss ich schließlich fit sein – und frühstücke dann schnell. Ich bearbeite ein paar E-Mails, bis um zehn Uhr auch das letzte Büro meiner Geschäftspartner besetzt ist und ich wichtige Fragen telefonisch regeln kann. Inzwischen sind auch Thilo und Detlev, meine Mitarbeiter und Freunde, aufgestanden. Nach einem gemeinsamen zweiten Frühstück geht es am späten Vormittag auf die Autobahn. Je nachdem, wie weit wir in der vorigen Nacht noch gefahren sind, können es ein paar Hundert Kilometer bis zum nächsten Veranstaltungsort sein. Wir sind mit einem Mercedes Sprinter unterwegs, der sowohl für die 1.500 Kilogramm Ausrüstung und Bücher als auch für uns drei genügend Platz bietet. Da wir seit Jahrzehnten zusammenarbeiten und gut befreundet sind, ist die Stimmung meist ausgelassen.

Am Nachmittag treffen wir am Veranstaltungsort ein, besichtigen den Saal und laden aus. Thilo baut die Technik auf, Detlev den Büchertisch, ich regele geschäftliche Dinge. Manchmal reicht die Zeit noch für einen Spaziergang und ein Abendessen, manchmal muss ich Pressetermine wahrnehmen. Um 18.30 Uhr wird der Saal geöffnet. Detlev betreut den Büchertisch, Thilo startet die Werbeshow und baut die Werbe-Displays auf. Ich nutze die verbleibende Zeit, um mit meinen Kindern oder Freunden zu telefonieren. Um 19.30 Uhr beginnt der Vortrag, gegen 22.30 Uhr ist er zu Ende. Thilo und Detlev bauen ab, ich beantworte Fragen der Zuschauer und rede mit den Veranstaltern. Kurz vor Mitternacht sitzen wir wieder im Transporter. Je nachdem, wo der Vortrag am nächsten Tag stattfindet, fahren wir zurück nach München, nicht selten von Bonn, Kassel oder Freiburg aus, oder aber ins Hotel. Der Tag endet meist nicht vor ein Uhr morgens. Oft klingt er aus mit einer Flasche Bier aus dem Automaten des Etap-Hotels, dessen karge Einrichtung mir im Laufe der Jahre vertraut geworden ist.

Einladungen zu Vorträgen ins Ausland waren immer ein logistisches Abenteuer. Wegen der hohen Transportkosten nahm ich bei

Vortrag in Dubai  Lost in Translation  Vortrag bei der UN in Tokio

längeren Flugreisen – unter anderem nach Japan, Argentinien, Kanada, Katar, Dubai oder Algerien – nur einen Teil der Ausrüstung mit. In Japan führte die Netzspannung von 110 Volt dazu, dass die Projektoren nur schwach glommen; in Dubai ließ die Luftfeuchtigkeit die Dias anlaufen. In Japan gelangte ich einmal an die Grenzen meiner Vortragskunst: Mein zweieinhalbstündiger englischer Live-Kommentar wurde simultan ins Japanische übersetzt, und irgendwann wusste ich nicht mehr, ob ich es wirklich bin, der die Bilder kommentiert, oder mein japanischer Doppelgänger.

Ein Höhepunkt meiner Referententätigkeit war mein Vortrag vor der Royal Geographic Society in London. Als ich an jenem Pult stand, an dem schon David Livingstone über die Suche nach den Nilquellen gesprochen hatte, und vor 800 begeisterten Zuhörern meinen Diavortrag hielt, ergriff mich ein ganz besonderes Gefühl, das mich manche trostlose Veranstaltung der letzten 30 Jahre vergessen ließ.

Mit dem Projekt »Die Wüsten der Erde« geht für mich die Ära der Diavorträge zu Ende. Ich habe die Anzahl der Vorträge nie gezählt, es sind aber sicher weit über 1.000 gewesen. Auch wenn die Diaprojektion hinsichtlich Schärfe und Brillanz nach wie vor unerreicht ist, bietet die digitale Fotografie heute doch so viele Vorteile, dass ich meine nächste Reise digital fotografieren und die Bilder auch digital projizieren werde. Ich setze darauf, dass die Beamer zu dem Zeitpunkt, wenn ich mit dem neuen Vortrag an die Öffentlichkeit trete, eine solche Schärfe aufweisen, dass ihre Projektionsqualität an die von Diaprojektoren heranreicht. Die gestalterischen Möglichkeiten der digitalen Projektion wie Bildfahrten, Masken und sonstige Effekte werde ich allerdings nicht nutzen. Auf jeden Fall präsentiere ich auch weiterhin unmanipulierte Bilder und erlebte Geschichten in einfacher Überblendung.

Ich freue mich schon darauf, wenn ich bald strahlend helle Digitalbilder auf riesige Leinwände von der Größe neun mal sechs Meter und mehr projizieren kann. Das Anlaufen der Dias, den Staub darauf und das Scharfstellen des Projektors während des Vortrags werde ich sicher nicht vermissen. Vorbei sein wird endlich auch die Angst um die Originaldias. Wie viele Hundert Nächte haben meine Mitarbeiter und ich die Diakästen in unsere Hotelzimmer geschleppt, damit sie bloß nicht gestohlen wurden!

»In den letzten 30 Jahren haben mir viele Menschen geholfen, meine Ideen umzusetzen. Es waren Freunde, Verwandte, Mitarbeiter und Geschäftspartner, die mich zu Hause und auf Reisen unterstützt haben. Zu größtem Dank bin ich auch all den Menschen in Afrika und in den Wüsten der Erde verpflichtet, die mir ihr Vertrauen geschenkt und mir oft weitergeholfen haben. Leider reicht der Platz nicht aus, jeden Einzelnen namentlich zu nennen, daher hier nur eine Auswahl.«

Dank /

Mohamed Ali / Karl Johaentges / Wolfgang Kleinert / Cheikh Mellakh / Günther Tröber / Heike Holzleiter / Andreas Winzen / Armin Peither / Barbara Kunz / Mohamed Al Fatou / Marcos Montorio / Barbara Huber / Sebastian Seitz / Peider Defilla / Carola Groneberg / Gabriela Domonell / Randall / Barbarina Derksen / Detlev Kratz / Saleem Faige / Gaby Rösch / Manfred Endres / Franz Erlmeier / Jörg Reuther / Thilo Mössner / Katja Zirkel / Julia Aigner / Dorothea Büchele / Nicole Pramberger / Sabine Kaiser / Katja Kreder / Gregor Karch / Kay Maeritz / Gudrun Honke / Gertie Hartig-Kleebauer / Bernd Henrichs / Holger Fritzsche / Wojo Kavcic / Horst Bidiak / Jeremy Vaggers / Joachim Kuolt / Uli Waggershauser / Klaus Hledik / Martin Schellmooser / Christoph Hofbauer / Liu Wen Hua / Ulrich Kobler / Martin und Eli Nutz / Michael Osang / Paula Schwermer / Ralf Jahraus / Ulli Sutter / Abdulhalim Albader / Katharina Iserienrien / Christoph von Tschirschnitz / Hans de Visser / Herr Carl / Gaby Bachmeier / Bernhard Wipfler / Roland Adams / Mirkamil / Nara / Thomas Bauer / Achmed Ewaden / Hassan / David Berghof / Sheik Seid / Yvonne Meyer-Lohr /

Dieter Kirchner / Karlheinz Rau / Robert Meisner / Nils Sparwasser / Ute Heek / Monika Thaler / Gert Frederking / Hanns-Peter Cohn / Gero Furchheim / Michael Agel / Franz Geisenhofer / Andreas Achter / Thomas Brunner / Gabi Bachmeier / Khalifa Al-Baidly / Stefan Bässgen / Georg Höhenleitner / Herbert Schwarz / Jochen Schanz / Bernhard Edmaier / Angelika Jung-Hüttl / Norbert und Eli Rosing / Jackie Blackwood / Gerhard Göttler / Alex Schwindt / Rainer und Sylvia Jarosch / Tine Wittmann / Gerda und Gerhard Martin / Steffi und Bernd Wittmann / Baschir / Bettina Schippel / Bettina Reinemann / René Carl / Ulrike Walleitner / Elke Wallner / Heiko Beyer / Rudi Hradil / Steffen Richter / Michael Schott / Yosua Baba / Ditmar Boseke / Matti Heilmann / Uwe Blaettner / Achim Mende / Uli Bubmann / Alexander Ramisch / Thomas Sbampato / Rudolf Gabriel / Annette Johann / Dieter Loßkarn / Andreas Altmann / Martin Breutmann / Peter Oeller / Erwin Neureuther / Hardy Brenner / Herr Boll / Walter Kamm / Frau Grönning / Heiner Faust / Steffen Keil / Jürgen Korzer / Hartmut und Ina Köhler / Phil Newton / Clemens Schüssler / Stefan Erdmann / Laszlo Szell /

Impressum /

Die Deutsche Bibliothek verzeichnet diese Publikation in der Deutschen Nationalbibliografie; detaillierte bibliografische Daten sind im Internet über http://dnd.ddb.de abrufbar.

2. Auflage 2010
Copyright / © 2009 Frederking & Thaler Verlag GmbH, München
www.frederking-thaler.de

Fotografie und Text / Michael Martin, München
Bildnachweis / Holger Fritzsche / 85 / 96 / 99 / 232 / 245 / 267 / Rainer Jarosch / 162 / Wojo Kavcic / 219 / Katja Kreder / 4 / 84 / 110 / 113 / 115 / 118 / 119 / 215 / 232 / 233 / 235 / 241 / 252 / Joachim Kuolt / 182 / Kay Maeritz / 217 / Achim Mende / 10 / 13 / 15 / 16 / 22 / 24 / 46 / 48 / 77 / 80 / Thilo Mössner / 192 / 208 /273 / 276 / Armin Peiher / 62 / 213 / Jörg Reuther / 173 / 198 / 201 / 208 / 287 / Wolfgang Seel / 53 / Elke Wallner / 127 / 128 / 134 / 143 / 148 / 152 / 217 / 246 / 249 / 255 / 261 / Bernd Wittmann / 236 / Stefanie Wittmann / 42 / 61
Satellitenkarten / Die Satellitenkarten wurden durch das Deutsche Fernerkundungsdatenzentrum des DLR in Oberpfaffenhofen auf Basis von Satellitenaufnahmen der Satelliten Terra/Aqua (Datenquelle: NASA-GSFC) sowie der Landsat-Serie erstellt.
Projektleitung / Ute Heek, München
Lektorat / Gudrun Honke, Bochum
Typografie und Gestaltung / Yvonne Meyer-Lohr, Düsseldorf
Lithografie / Reproline Mediateam, München
Herstellung / Bettina Schippel, München
Druck und Bindung / Printer Trento, S.r.l., Trient
Printed / in Italy

Alle Rechte vorbehalten

ISBN / 978-3-89405-702-2

Der ganze oder teilweise Abdruck und die elektronische oder mechanische Vervielfältigung gleich welcher Art sind nicht erlaubt. Abdruckgenehmigungen für Fotografien und Text in Verbindung mit der Buchausgabe erteilt der Frederking & Thaler Verlag.

Michael Martin bei Frederking & Thaler /

Die Wüsten der Erde
Dieses Buch ist eine Sensation: Es ist der bislang opulenteste Bildband des Ausnahmefotografen Michael Martin und zugleich ein faktenreiches Sachbuch. Und es ist das erste Buch überhaupt, das derart umfassend und ausführlich sämtliche Wüsten der Erde darstellt - eine Vielfalt an Landschaften, Naturphänomenen, Lebensformen und Kulturen, die man so noch nie gesehen hat.

372 Seiten / 231 Abbildungen / 30,0 x 30,0 cm / Hardcover mit Schutzumschlag
ISBN 978-3-89405-435-9 / Euro [D] 50,00 / Euro [A] 51,40 / sFr. 83,90

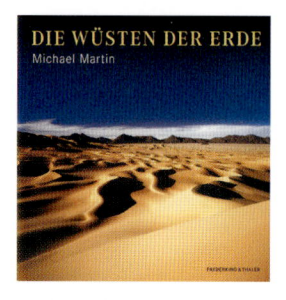

Die Wüsten der Erde - 365 Tage
In Zusammenarbeit mit der UNO vermittelt Michael Martin, der Wüstenfotograf, in diesem Band nicht nur Schönheit und Faszination der Wüste, sondern auch Wissen und Information. Ein Begleitbuch durchs Jahr!

752 Seiten / 367 Abbildungen / 23,5 x 16,5 cm / Hardcover
ISBN 978-3-89405-663-6 / Euro [D] 19,90 / Euro [A] 20,50 / sFr. 35,90

Vortragstermine von Michael Martin unter: www.michael-martin.de